圖説 史記

（西汉）司马迁 著

强尚龙 冯增录 郭枫义 编译

西安交通大学出版社
XIAN JIAOTONG UNIVERSITY PRESS

国家新闻出版广电总局向全国推荐优秀出版物

史記

七十列传
上

图书在版编目(CIP)数据

图说史记.七十列传.上/强尚龙,冯增录,郭枫义编译.
—西安:西安交通大学出版社,2015.8(2016.12重印)
ISBN 978-7-5605-7707-4

Ⅰ.①图… Ⅱ.①强… ②冯… ③郭… Ⅲ.①中国
历史-古代史-纪传体-通俗读物 Ⅳ.①K204.2-49

中国版本图书馆 CIP 数据核字(2015)第 181087 号

书　　名	图说史记·七十列传(上)
编　　译	强尚龙　冯增录　郭枫义
责任编辑	郭　剑

出版发行	西安交通大学出版社
	(西安市兴庆南路 10 号　邮政编码 710049)
网　　址	http://www.xjtupress.com
电　　话	(029)82668357　82667874(发行中心)
	(029)82668315(总编办)
传　　真	(029)82668280
印　　刷	陕西奇彩印务有限责任公司

开　　本	700mm×1000mm　1/16　印张 23.75　字数 311 千字
版次印次	2015 年 8 月第 1 版　　2016 年 12 月第 3 次印刷
书　　号	ISBN 978-7-5605-7707-4/K·123
定　　价	49.80 元

读者购书、书店添货,如发现印装质量问题,请与本社发行中心联系、调换。
订购热线:(029)82665248　(029)82665249
投稿热线:(029)82668133
读者信箱:xj_rwjg@126.com

序言

　　史苑奇葩——《图说史记》丛书含苞欲放。在该书付梓前夕,歌民、歌文先生约我为该书作序。细细品读,我悟出八个字:功莫大焉,可喜可贺!

　　西汉王朝是继秦王朝之后在中华大地上建立的又一个中央集权的大一统国家。"汉承秦制",却吸取了秦王朝"仁义不施"的教训,采取无为而治和与民生息的政策,从而出现了中国封建社会少有的"文景之治"和"汉武盛世"。经济的发展、国力的雄厚、疆域的开拓、社会的稳定,以及各民族文化的交流融合,为东方巨人的崛起创造了条件。中华民族第一次文化高潮以空前磅礴的气势奔腾而至。历史要求对黄帝以来的数千年文化进行总结,而适时肩负起这一伟大历史使命的就是世界文化巨人司马迁;对黄帝以来三千年历史文化作出全面总结的,便是太史公倾毕生之心血凝成的鸿篇巨制《史记》。

　　《史记》是我国第一部纪传体通史,为"二十四史"之首,它囊括了政治、经济、军事、法律、教育、宗教、学术、科技、民族、历史、文学、美学、天文、地理、人才、伦理、道德、社会、民俗和医学等各个方面的内容。《史记》在中华传统文化国学精品中是无以伦比的百科全书。中国人,不能不读《史记》。

　　《史记》中的本纪、世家、列传都以人物为中心展开历史画卷,从而塑造了许许多多既具有时代特征,又具有鲜明个性的人物形象,开创了我国纪传体史书的先河,其选材、剪裁和人物形象塑造、心理描写、性格表现等手法、技巧,对后世历史、传记、小说、戏剧乃至叙事诗歌的创作都具有深远的影响。

　　《十二本纪》仿效《春秋》按年月记大事的体制,以历代帝王为历史事件的中心人物,当然也包括司马迁心目中扭转乾坤的盖世英雄。它记述历代帝王的兴替及其重大的政治事件,并以其前后继承关系显示历史的发展,作为全书的总纲,用以统帅整个历史的论述,形成了华夏民族统一的思想观念和基本意识,对华夏一统思想的形成奠定了基石。

《三十世家》记述了西周和春秋战国以来主要诸侯国以及西汉所封诸侯、勋贵的历史，可以认为是纪、传结合的国别史。当然其中也记载了司马迁认为应该与公侯相提并论的特别重要的人物史迹。司马迁以公侯为中心编年纪事，既是对《十二本纪》内容的承接，又是对历史社会更深入的剖析，展示出了一幅更为宏阔、更为生动、更为深入的历史画面。

《七十列传》除《匈奴列传》、《大宛列传》、《西南夷列传》、《南越列传》、《东越列传》、《朝鲜列传》等记叙当时中国境内非汉族君长和外国君长统治的历史外，其他人物记述得非常广泛，包括贵族、官吏、学者、政治家、军事家、文学家、刺客、游侠、商人等不同阶层、不同职业的各种人物。在记述中，他偏重于个体人物人生得失的探究，表现出不同层面、不同性格的人物以及各自不同的命运，道理发人深省，令人感叹不已。《七十列传》的文笔挥洒自如，写法不拘一格，语言辩而不华，质而不俚，成为后世文学的典范。

《史记》的语言生动传神，简洁流畅，甚至有许多陕西省关中地区方言口语化的特点。历史上每当繁缛、怪癖、艰涩的文风出现时，杰出的文学家便以《史记》为典范提倡新文风，韩愈、柳宗元以复古为革新的古文运动，便是有名的例证。然而，时隔两千多年，祖国语言已经发生了很大的变化，不仅中等文化程度的广大读者通读《史记》原文会感到困难，即使是古代史专业和古代文学、古汉语专业以外的各种专业学者要研究《史记》，也难免遇到文字障碍。有鉴于此，姚歌民、冯巧丽、姚歌文、冯晓薇诸君组织强尚龙、冯增录、郭枫义等先生会同西安交通大学城市学院艺术系多位老师合作编著了这套《图说史记》丛书，陕西盛星皓月文化传播有限公司董事长雷建强先生为本书的编辑出版提供了全方位的帮助。丛书将文言文全部翻译成白话文，并精心搭配了4000多幅生动的手绘插图，对难认、难解的字词作了注音，为一般读者扫除了阅读障碍。丛书以创新的形式，全方位、新视角、多层面地向读者呈现了这部中华历史经典，全景式再现了华夏三千年恢弘的历史画卷。这为帮助广大读者，尤其是青少年朋友更好地理解原著提供了便利条件，尤其是"图说"给读者带来了身临其境的阅读体验和感同身受的时空遨游。

我郑重地把《图说史记》丛书推荐给大家，它确实值得一读。还是我前边的话，歌民诸君的辛勤劳作功莫大焉、可喜可贺！

薛引生

（中国史记研究会常务理事）

专家推荐

在中国传统文化国学精品中，惟有《史记》是无以伦比的"百科全书"，它有取之不尽的思想源泉，养育着一代又一代人。这一特殊的历史价值与地位，使《史记》成为中国学人的根柢书。司马迁的思想、精神、人格对中国知识阶层，对中华民族产生了不可估量的影响，以至于不研究司马迁和《史记》，就有中国文化从何谈起之感。《史记》又融文、史、哲、经于一炉，成为各个学科的研究对象。中国自 20 世纪80 年代改革开放以来，学术界发表《史记》论文 2000 余篇，出版《史记》论著约 150余部，作者达 1200 余人，可以说是《史记》研究的黄金时代。余平生致力于《史记》研究，积渐已达 50 余年，躬逢盛世，其乐无比，其中甘苦，每体味三生。研读《史记》看似容易，深入实难。司马迁早有警言："非好学深思，心知其意，固难为浅见寡闻道也。"（《史记·五帝本纪》）余观《史记》研习者中，涉猎者多，专精者少，有突破性建树者更鲜也。总之，非好学深思，并持之以恒者，是难以有成的。

——张大可（中国史记研究会会长、教授）

伟大的历史学家司马迁的《史记》是一部以五十二万字高度浓缩的三千多年中国历史的史卷，同时也是一部大数据史书。这部书里不仅浓缩了中国人的历史和文化，同时也是一部启发全人类智慧、培养无尽的洞察力的一部好书，是一本历史文化经典史书。

——金瑛洙（韩国灵山圆佛教大学校教授、韩国司马迁学会创立人）

《史记》是文、史、哲合一的著作，其中蕴藏先民和司马迁极为丰富的智慧结晶。各人尽可以有个别不同的领会，各自受用无穷。

——李伟泰（台湾大学教授、文学博士）

古人说"以史为鉴",现代人说"读史使人聪明"。《史记》是中国史学的宝典,司马迁透过人物的塑造,呈现历史的真实,呈现多元的政治、社会图像,更呈现人物的典型性与历史的普遍性,有助于后人从历史中汲取智慧。

《图说史记》丛书深入浅出,生动地传达了司马迁的历史书写与历史智慧,文不甚深,言不甚浅,读之益人神智,值得推荐给所有人,引领读者进入司马迁由睿智的历史观察呈现的博大深刻的历史世界。

——林聪舜(台湾师范大学博士、台湾清华大学中国
文学系教授兼系主任、美国普林斯顿大学访问学者)

本书在编写上既严肃认真,又不失生动活泼,企图引领读者于轻松惬意的阅读中获取历史知识,在笔法上力求短小精悍、生动幽默。本书以浅显易懂的文字,活泼、灵妙的图画相配合,使《史记》的人物事迹跃然纸上,为广大读者提供了一种新的阅读《史记》的方式,更为学术的普及化注入一股源头活水。

——刘锦源(台湾清华大学博士、马偕学校
财团法人、马偕医护管理专科学校教授)

目录

七十列传（上）

伯夷列传第一
人物像

伯夷　　　　　　　　叔齐

伯夷列传第一

学者们虽然珍藏了很多书籍，但他们还是信奉《六经》，并往往从《六经》中去考察真实可信的依据。《诗经》和《尚书》虽然有些残缺，但虞、夏时期的一些文献资料还是能考察清楚的。

唐尧将要退位时，用禅让的方式把帝位传给了德业丰厚的虞舜。虞舜让位给夏禹时，他先征求了四方诸侯和州牧的意见，然后由他们来推荐继任者。大臣们推荐了夏禹，舜就把禹放在帝王位置上进行了长期的考察。

禹施政几十年后，舜帝看到他大兴德业，功盖天下，这才把帝位传给了他。这充分说明社稷的至尊至重，王者大统非常人所能为；选任继承者是多么严肃和慎重的事啊！

可是一些杂记却说，唐尧要把帝位让给许由，许由以此为耻辱,不肯接受,于是出逃隐居了。
还说夏朝时卞随和务光也不肯接
受帝位,于是两人就投水自尽了。
这些说法传奇色彩太浓,岂能与
选任君王这种严肃的事相提并
论呢?

太史公说:"我为了考察事
实真相,曾登上过箕山,山上流
行着这里可能还有许由坟墓的说法。

"孔子依次论列古代的仁人、圣人和贤人,像吴太伯、伯夷这样的人,孔子
都做了非常详细的记述。在我的听闻中,许由、务光把'义'贯彻到了极致,但经
书里却没有关于他们的一丁点儿文字记载,我很想知道这究竟是为什么。

"孔子说:'伯夷、叔齐不记旧恨,因而心中的怨恨也就很少。他们追
求仁义,心中持守着仁义,他们还有什么可怨恨的呢?'但我对这种说法
产生了疑问,为伯夷的想法感到悲哀,看到他们未被经书所记载的轶事
后更觉得惊讶!"

传是释义经书的著作,传说伯夷、叔齐是孤竹君的儿子。父亲要立
叔齐为国君,但父亲去世后,叔齐却要把君位让给伯夷。伯夷说:"这是
父亲的遗命啊!"于是就逃走了。叔齐不肯继承君位也逃走了。国人只
好拥立孤竹君的另一个儿子为国君。

伯夷、叔齐听说西伯昌能够让国人老有所养,于是就一起投奔于他。当他们到了周国后西伯昌已经去世了,儿子武王载着父亲的木制灵牌,追尊父亲西伯昌为文王,带兵前往孟津,借着父亲的盛名在那儿会盟诸侯,准备讨伐殷纣。

伯夷、叔齐勒住武王的马缰绳进谏说:"父亲死了不葬,却去发动战争,这能说是孝顺吗?作为臣子去杀害君主,这能说是仁义吗?"

武王的护卫人员拿起了兵器想要杀掉他们,太公吕尚阻拦说:"他们是有节义的人,不要乱杀。"就搀扶着让他们离开了。

武王平定了商纣,天下归顺了周朝,可伯夷、叔齐却认为以暴制暴是耻辱的事情,坚决不归顺周朝。他们不吃周朝的粮食,隐居在首阳山中,以采摘野菜、野果为食充饥。

他们忍饥挨饿，将死之时作了一首歌，歌词是："我孤零零地登上西山啊，凄惨惨地采摘那里的野菜充食；以暴制暴的君王啊，丝毫感觉不到自己的错处。神农、虞、夏的时代已飘然逝去，茫茫乾坤我们在哪儿归宿？苍天啊，我将要死去，命运啊，竟是这样的孤苦！"就这样，他们饿死在了首阳山中。从这些记载看来，他们到底是怨恨呢还是不怨恨呢？

有人说："上天对每一个人都是公平的，只要你向善，上天总是祖护着你的。"那么，伯夷、叔齐这样的人是善还是不善呢？他们一生追求仁义，修养品行，又怎么能够被饿死呢！

在孔子的七十名得意门生中，孔子仅仅称赞过颜渊好学，然而颜渊总是穷困潦倒，粗茶淡饭也难以为继，而且过早地去世了。难道老天竟是这样祖护着向善的人吗？

盗跖整天滥杀无辜，把人的心肝当烤肉吃，真可谓暴戾恣睢！他聚集党徒几千人横行天下，无恶不作，这样的人竟然长寿而终，他究竟遵循了什么道德呀？这些都是很有说服力的例证啊。

近世也是如此，那些操行不轨、专门从事作奸犯科的人却终生过着安逸舒适的生活，享受着无与伦比的快乐，他们用卑鄙的手段聚集着肮脏的钱财，儿子、孙子累世享用不绝啊！那些选择正道做事，选择适宜的时机说话，从来不走歪门斜道，不是公平正当的事不会去做，这样的人反而灾祸不断，这样的例子数不胜数，我为此深感困惑啊。倘若真有所谓的天道，那么这还算不算天道呢？

孔子说："道不同不相为谋。"也就是说各人根据各人的意志去行事吧。所以他又说："富贵如果能够追求到，即使做个车夫我也愿去做；假如追求不到，那还是依照自己的意志去做事吧。"他还说："岁寒，然后知松柏之后凋。"是的，世道混浊的时候，品行高洁的人才会显露出来，这难道不是因为有的人把富贵安乐看得太重，才显得另一些人把富贵安乐看得很轻的原因吗？

孔子说："君子最怕的事是死后得不到好的名声。"贾谊说："贪婪的人为财而死，高尚的人为名而死，自命不凡的人为权势而死，只有平民百姓才爱惜自己的生命啊。"

《易经》说："同样明亮的东西会交相辉映，同类事物会相互应求。""龙腾而云起，虎啸而风生，圣人出现而万物靓丽。"因此伯夷、叔齐固然有贤德，自从被孔子称赞后，他们的名声就更加昭著了；颜渊固然好学，但追随孔子后他的名声才更加彰显。

身居岩穴的隐士，有的扬名于后世，有的名声被埋没，同样也是这个道理。而那些名声被埋没的人实在是可惜啊！民间的普通人想砥砺德行，留下名声，如果不依附声望极高的青云之士是很难扬名于后世的！

管晏列传第二
人物像

管仲

鲍叔牙

晏子

越石父

管晏列传第二

管仲,名夷吾,颍上人。年轻时和鲍叔牙关系较好,两人常常结伴出行,鲍叔牙认为他是个人才。

管仲家景比较贫寒,和鲍叔经商时常常占鲍叔的便宜,但鲍叔依旧对他很好,从来不计较这些事。

后来鲍叔辅佐齐国公子小白,管仲辅佐齐国公子纠。公子小白被立为齐桓公后,公子纠被杀,管仲被关押了起来。

鲍叔向齐桓公推荐管仲，管仲于是被桓公任用，掌管了齐国的政务。

管仲辅佐齐桓公成就了霸业，多次会盟诸侯，并扶正了周襄王的太子之位，这一切都是管仲的谋略，人们称之为"九合诸侯，一匡天下"。

管仲说："当初我家里很贫穷，曾和鲍叔一起做生意，分赚头时我常常占鲍叔的便宜，给自己多分，但鲍叔不认为我贪婪，知道这是由于我家里穷的缘故。

"我曾经为鲍叔去办事，事情没有办好，鲍叔因此而穷困潦倒，但鲍叔不认为我笨，知道办任何事情都与当时的大形势有关系，有有利的时候，也有不利的时候。

"我曾经三次做官三次被人家免职，但鲍叔不认为我无能，知道我恰不逢时。

"我曾经三次打仗都败逃而走，只有鲍叔不认为我是胆小，他知道我家里还有老娘在世。

"公子纠失败，召忽自杀，我被囚禁受辱苟活下来，但鲍叔不认为我没有志节，知道我是不拘小节，苟活下来是想成就功业，彰显天下。哎，生我者父母，知我者鲍叔也。"

鲍叔推荐了管仲之后，自己甘居管仲之下。他的子孙世代享受着齐国的俸禄，十几代人拥有齐国的封邑，有的还曾经是齐国著名的大

夫。当时人们都不大去称赞管仲的才能，而称赞鲍叔知人善用。

管仲在齐国执政为相之后，面对国小而濒临大海的实际情况，倡导齐国人流通货物，积累财富，富国强兵，并尊重民俗，与国民同心同德，发展齐国。

他说："仓库充实了，人们就会自觉地崇尚礼仪；衣食无忧了，人们才能顾及荣辱廉耻，国家有了行为准则，百姓就会紧紧依附。"

他还说："礼、义、廉、耻是维护国家稳定的四条准则，没有准则，国家就会灭亡。政令要出自一源，行若流水，民心才会顺从。"

管仲的政治主张简约而易行，百姓所要求的，他就给予；百姓所反对的，他就去革除。他总能从正反两方面看待问题，善于转祸为福，转败为胜。他处理政务十分注意事情的轻重缓急，谨慎地对待利弊得失。

齐桓公因生少姬的气而南下攻打蔡国，管仲从全局考虑，顺手对蔡国南面的楚国发动了战争，其理由是楚国没向周天子进贡祭祀用的包茅。

齐桓公为救援燕国而去讨伐山戎，管仲就趁机要求燕国恢复召公时期的清明政治。

齐桓公想背弃与鲁国大夫曹沫的盟约，不想归还占领的鲁国土地。管仲就劝桓公恪守信用，各诸侯国因此都来归附齐国。所以《管子》一书有这样的话："要知道给予是为了摄取，这是治国的宝贵经验。"

管仲的富足可以同诸侯王室相比,他有多处家园,家内的装饰无比豪华,并陈列着大量的宝器。但齐国人并不因此而认为他奢侈。管仲死后,齐国遵循着他的治国政策,因此齐国继续着他们在诸侯中称霸的局面。

一百多年后,齐国政坛上又出现了晏子。晏子,字平仲,名婴,莱州夷维人。他辅佐过齐灵公、庄公和景公。晏子因生活节俭,身体力行而受到齐国人的敬重。

晏子做了齐国国相后对自己要求非常严格,他吃饭时只准上一个荤菜,规定小妾身上不能穿丝绸面料的衣服。

朝堂办公时,如果有涉及他的事情,他就谨慎地向国君汇报;如果不涉及他,他就按原则认真地执行。国君圣明他就照令行事,国君昏庸他就斟酌权衡之后再去行动。他在齐国三朝为官,名扬诸侯各国。

越石父这个人十分贤能，但却有了牢狱之灾。晏子外出时碰巧在路上遇见越石父被押解着，便解下左边的骖马为他赎罪，并载着他回到了府中。

晏子下车后没有向越石父告辞，就独自走向了自己的居室。越石父等了很久仍不见晏子出来，于是就喊着要和晏子断绝交情。

晏子十分诧异，赶紧整理衣冠，出来后对越石父说："我晏婴虽然不仁，但好歹也从牢狱中解救出了您，您为什么这么快就要和我绝交呢？"

越石父说："话可不能这么说，我听说君子在陌生的人面前受委屈是正常的，在了解自己的人面前应当受到尊敬。狱吏押解我时，他们并不了解我，先生既然了解我，并为我赎身，就应该尊重我。您这样对我无礼还不如让他们把我押解着好。"晏子听后赶紧请他进去，并用贵客的礼节对待他。

齐国国相晏子乘车外出，车夫的妻子从门缝里窥看。只见自己的丈夫撑起车上的伞盖，手扬长鞭策马，扬扬得意，于是心中泛起了怅然若失之意。

车夫回家后，妻子就要求离开他。丈夫问为什么。妻子说："人家晏子身高不到六尺，却身为国相，名扬诸侯，你们今天乘车出门时，我又看见他志虑深远，谦逊和蔼，甘为人下。而你身高八尺，只是人家的车夫，却得意扬扬，十分满足，因此我要离开你。"

从此，这个车夫就像变了个人似的，举手投足稳重了，做事说话也低调了。晏子感到奇怪，于是就问车夫，车夫如实回答。晏子就推荐他做了大夫。

太史公说："我读过管子的《牧民》《山高》《乘马》《轻重》《九府》，又读了《晏子春秋》，书中关于管子、晏子的思想论述得非常详细。读了他们的书，就想弄清楚他们如何做事，所以就做了这篇传记。至于他们的著作，现在世上多的是，所以我就不再赘言，这里只说说他们的轶事。

"世人都说管仲是贤臣，但孔子却对他比较轻视，这是不是因为周室当时比较衰微，齐桓公比较贤明，孔子抱怨管仲不劝说齐桓公恢复王道，却帮助他称霸的缘故呢？《论语》说：'要弘扬天子的美德，匡扶挽救天子的过失，这样天子和诸侯上下之间才能和谐相处。'难道这话不是在说管仲吗？

管晏列传第二

"齐庄公私通棠被杀，晏子伏在齐庄公尸体上痛哭，尽了臣子之礼后离去，这难道就是所谓的'遇见坚持正义的机会而不作为就是不勇吗'？至于晏婴直言劝谏，敢于冒犯君主的威严，这正是'进思尽忠，退思补过'的写照！假如世上还有晏子这样的人，我即使给他执鞭驾车也会感到无比的荣幸！"

老子韩非列传第三

人物像

老子

庄子

韩非

老子韩非列传第三

老子姓李，名耳，字聃，楚国苦县厉乡曲仁里人。他曾做过周王室掌管藏书的史官。

孔子曾到周都，在那里请教老子对"礼"的见解，老子说："您所问的这个问题有些过时，提出和倡导它的人有些迂腐，这个人的尸骨也早已腐朽，只是他说过的话还在。在我看来，君子春风得意时就驾着车子去风光，生不逢时就如蓬草一样随风飘荡吧。道法自然，不要过于苛求自己。"

老子继续说："我听说善于经商的人往往对自己的富有深藏不露；有品德的君子往往谦虚得像个愚钝之人。生活中不要表现出盛气凌人、欲望很大、志向很高、故意摆谱等神态就行，因为这些实在对您没有什么益处。我能告诉您的就是这些了。"

孔子离开后对弟子们说："鸟儿能飞、鱼儿能游、兽类能跑，会跑的我可以结网捕获、会游的我可以用钩线去钓、会飞的我可以用箭去射，至于龙，它驾着风云在天空腾飞，我真的拿它没有办法了。老子就是那天上腾飞的龙啊！"

老子探究的是道与德，信奉"自隐、无名"。其大概意旨是隐匿自身，清静自守；不求名利，无为而治。老子在周王室为官已久，他见周室日趋衰落，便弃官离去。

老子到了函谷关时，关令尹喜对他说："您将要匿迹天涯了，劳驾您给世人写一点东西吧。"老子于是就撰写了一本书，这本书分上下两篇，共五千余字，深刻地阐述了"道"的内涵和做事的基本原则。此后便飘然离去，再也没有人知道他的下落。

有人说老子就是老莱子，因为老莱子也是楚国人，著有关于阐述道家的文章十五篇。老莱子和孔子是同一时代的人。

据说老子活了一百六十多岁，也有人说他活了二百多岁。如此高寿，是因为老子修道养心的缘故啊。

孔子死后一百二十九年，史书记载周太史儋会见秦献公时曾预言说："当初秦国隶属于周，五百年后秦与周分庭抗礼，再七十年之后秦国就会有称霸王业的人出现。"因此有人又说太史儋就是老子，但也有人说不是。究竟是不是呢？这个问题没有人能够说得清楚。因为老子隐匿得太深了。

老子的儿子叫李宗，做过魏国的将军，其封地在段干。李宗的儿子叫李注，李注的儿子叫李宫，李宫的玄孙叫李假，李假在汉文帝时做过官。李假的儿子李解担任过汉朝胶西王刘卬的太傅，因此，李氏此后就定居在齐地。

世上信奉老子学说的人贬斥儒学，信奉儒家学说的人也贬斥老子的学说。"道不同不相为谋。"这句话说的正是这种情况啊。

老子认为："无为而无所不为，事物的演化有它固有的道理，清静自守就会自归其正。"

庄子是蒙地人，名叫周。他曾经担任过蒙县漆园地方的官吏，与梁惠王、齐宣王是同一时代的人。他的学说涉及的范围很广，但其实质精髓却来源于老子的学说。

庄子的著作有十余万字，大多是寓言类。他的著作《渔父》《盗跖》《胠箧》等书，其内容一方面是在诋毁孔子的儒学之徒，一方面是在用生动诙谐的语言来阐明老子的论点。至于《畏累虚》《亢桑子》之类的著作大都言语空洞，没有具体实事。

庄子很讲究行文措辞，善于插叙，触景生情，以此攻击和驳斥儒家和墨家，即使是当世博学之士，也难免受到他的讥讽。

庄子的著作汪洋浩漫，文辞纵横不羁，行文随着自己的想象无涯无际，气态万方。因此之故，那些王公大人都不可能器重他。

楚威王听说庄周很有才干，便派使者带着厚礼请他做宰相。庄周笑着对楚国的使者说："千金之利很重，宰相之位很高，但您没看见祭祀用的牛么？饲养它好几年，还给它披上带有花纹的绸缎，当把它牵进太庙去当祭品时，那牛即便想做个孤独的小猪也不可能了。你赶紧回去吧，不要玷污了我。我宁愿在污浊的小沟渠中自寻快乐，也不愿被拥有国家的人来束缚。我终身不做官，就是为了让自己的心志愉悦。"

申不害是京邑人，他是当时郑国的一名低级官吏，他用所学之术向韩昭侯求官，昭侯任命他做了韩国的宰相。

韩国当时国弱民贫，屡遭侵犯，申不害辅佐韩昭侯整饬政务、施兴教化，应对诸侯，韩国很快强盛了起来。他在韩国执政十五年一直到去世，韩国政治清明，军力强大，没有哪个国家敢侵犯韩国。

申不害的治国之术根基于黄帝和老子的学说，他把道家的清静无为思想应用于权谋之中，主张"法治"和"术治"，最终形成了他自己的"刑名之学"。他的著作有两篇，合起来称作《申子》。

韩非是韩国的贵族子弟，他爱好刑名法术之学，其学说的理论基础

也来源于黄帝和老子的学说。

韩非有口吃的缺陷,不善于讲话,专长于著书立说。他和李斯都是荀卿的学生,但李斯认为自己的学识比不上韩非。

韩非看到韩国的国势不断削弱,就屡屡上书规劝韩王,但韩王并不采纳他的意见。

韩非反对治国者不使用法制,不能用国家的威势来驾驭臣下,不能任用贤能之士富国强兵,反而任用夸夸其谈、对国家有害的儒生来治理国家,并让他们凌驾于务实而功高的人之上。

他认为当前儒家以文乱法,游侠以武犯禁,国家太平时,那些徒有虚名的人被重用,形势危急时,那些披甲执锐之士被驱使;国家供养的人并不是治理国家所需要的人,而国家所需要的人又不能得到国家的供养;悲叹廉洁正直的人不被奸邪之臣所容。

韩非考察了古往今来治理国家的得失和变化,写了《孤愤》《五蠹》《内外储》《说林》《说难》等十余万字的著作。

韩非对游说之难深有感触,所以他写了《说难》一书对游说之士进行指导。这本书虽然对游说的难处、要领、注意事项等分析得十分透彻,但他最终还是以游说者的身份遭难,客死秦国。

《说难》写道:一般说来,游说的困难不是因为游说者缺乏见识而没有能力说服君主;也不是因为游说者缺乏思辨的口才,不能明确表达自己意图;更不是因为游说者怯懦,不敢大胆地表达自己的意见。游说的困难在于准确把握游说对象的心理,然后用恰当的游说之辞去打动他。

如果游说对象想得到名，而游说者却用利去劝说他，那么游说对象就会认为你缺乏气节，品位低下，从而鄙视你、疏远你。

同样是这个道理，如果游说对象志在谋取重利，而游说者却用博取高名去劝说他，他就会认为你缺乏心计、脱离实际，从而不接纳你。

如果游说对象想牟取重利，但故作清高、假意重视名节，而游说的人不能洞察其心理，用博取名节去劝说他，他就会表面上亲近你而实际上疏远你；如果游说者毫不掩饰，直接用重利去劝说他，那么他就会暗中采纳你的意见，而在公开场合抛弃你。这些都是游说者不能不知道的道理啊。

游说时"事以密成，语以泄败"。泄密之事不一定是游说者本人有意而为，往往是说话不谨慎，无意识地了泄露了需要隐藏的秘密。如果这样，游说的人就会遭祸。

君主有过失，而游说者本意是想规劝他，但却历数君主的不是，那么游说者就会有危险。

君主对游说者的恩宠和信任不够时，而游说者却活脱脱地把心里话全部说出，假如你的意见被采纳，并且起到了功效，那么君主还是不会记住你的功劳的；如果你的意见行不通，或者失败了，那么游说者就会被君主怀疑而遭遇危险。

如果君主心中有了主意，而且想要按照自己的计划建功立业，如果游说者参与此事，那么游说者也会有危险；君主公开做着一件事，而却怀着别的目的，如果游说者预知其计，那么他同样会有危险；让君主勉强去做他不愿做的事，强迫君主停止他不愿意停止的事，如此也会身处险境。

和君主议论其他大臣，君主就会认为你在离间他们的关系；和君主议论地位低下的人，君主就会认为你在卖弄权势。

议论君主所喜爱的人和事，君主就会认为你是想借以拉近与他的关系，进而提高自己的地位；议论君主所憎恶的人和事，君主就会认为你在试探他对此人的底线。

如果游说者说话直来直去，文辞简略，君主就会认为你没有学识、不

老子韩非列传第三

够聪明，从而使你身遭屈辱。

如果你引经据典泛滥，过于讲究辞藻，君主又会认为你语言太多太长、太啰嗦、太放纵。如果你仅仅局限于就事陈述你的意思，君主就会觉得你胆小而简单，不能把事情说透。如果你谋事空泛放任，君主就会认为你粗野而不懂礼貌。这些游说的难处游说者不能不知道啊。

游说的要领在于懂得如何粉饰游说对象所引以为自豪的事，而掩盖游说对象自以为耻辱的事。君主自认为自己的计策高明时，游说者就不要对其不妥之处进行指责，从而使他难堪；君主自认为是勇敢的决断，游说者就不要用敌对方的事去激怒他；君主夸耀自己的力量强大时，游说者就不要用让他为难的事让他压抑。

如果一件事情的谋划计策与君主所谋划之事的计策相同，游说者赞美此事就等于赞美君主所谋划之事，这样并不夺君主之美；赞誉另一个与君主同样品行的人就等于赞誉君主，这样可以达到不露阿谀奉承之相的效果。

对于与君主有同样过失的人，游说者要学会粉饰他，立场明确游说他没有过失。

当游说者取得了君主的信任，说辞不再受到君主的排斥或怀疑时，游说者就可以尽情地表达自己的见解了。但与君主亲近而不被怀疑，能说尽心里话很难啊！

和君主相处的时间长了，君主对游说者的情感深厚了、恩泽很多了，游说者深远的计谋也不被怀疑了，相互争议也不被怪罪了，这时你才可以大胆地陈述利害关系，帮助国君建功立业，直接指出是非曲直，帮助国君以正其身。能够做到这些，你就是一个成功的游说者了。

伊尹作过厨师，百里奚当过家奴，他们就是这样一路走来，最终得到了君主的信任。这两个人都是圣人，但他们照样曾经屈身为奴，他们曾经的经历是多么的低贱！智能之士不能把这些看做是耻辱啊。

宋国有个富人，阴雨毁坏了他家的围墙。他儿子说："墙不修好是会失盗的。"邻居的老人看见后也这么说。当天晚上富人家果然丢失了很

多财物。这时这家人就有了不同的看法,他们认为自家的儿子很聪明,却怀疑邻居的那位老人偷了他家的东西。

郑武公当初想要攻打胡国,他先把自己的女儿嫁给了胡国的国王。此后他问大臣们说:"我要用兵,你们认为应该讨伐哪个国家?"大夫关其思说:"可以攻打胡国。"武公听后大怒,下令杀死了关其思,他说道:"胡国是我们兄弟之国,你竟敢说攻打它!"这样,胡国君主认为郑国君主是自己的亲戚,不会攻打他,于是就放松了戒备。郑国却趁机偷袭胡国,将其占领。

这两个人的预见都是正确的,但重者被杀死,轻者被怀疑,这难道不值得我们深思吗?因此,有时预见事情并不难,难的是如何处理所预见的事。

弥子瑕是卫国君主的宠臣,有一天,弥子瑕的母亲病了,有人把这事连夜告诉了他。弥子瑕心急如焚,于是诈称君主的命令驾着君主的车子回家了。按照卫国的法律,偷驾君主车子的人要判断足之罪的。但君主听到这件事后反而称赞说:"多孝顺啊,为了母亲的病竟甘愿受断足之刑啊!"

弥子瑕陪卫君到果园游玩，他吃桃子时发现那个桃子很甜，于是就把没吃完的桃子献给了卫君。卫君说："真是个好臣子啊，竟忘记了自己之口却想着我呢！"

美男子弥子瑕年老失宠，又得罪了卫君。这时卫君却这样说："这个人曾经诈称我的命令偷驾我的车，还把吃剩下的桃子给我吃。"

弥子瑕的德行和当初并无不同，但被宠爱时，他的行为被认为是孝顺，后来失宠时这种行为就有了截然相反的看法。这是因为卫君的爱憎有了很大改变的缘故啊！因此被君主宠爱时，行为就会显得恰当而亲近；被君主憎恶时行为就显得轻视而不当，进而遭到谴责和疏远。谏说的人不能不洞察君主的爱憎和态度啊。

龙属于虫类，驯服时可以嬉戏着骑它；但它喉下有一尺来长的逆鳞，假使有人触动它，那就一定会受到它的伤害。君主也有逆鳞，进说者能不触动君主的逆鳞，那就是一个不错的说客了。

韩非的著作传到了秦国，秦王读了《孤愤》《五蠹》这些书后说："这个人了不起啊，如果能见到他，与他结伴出游，那将是多么愉快的事啊，死去也没有什么遗憾了！"李斯说："这些书为韩非所著。"秦王于是立即命令攻打韩国。

战争开始后，韩王不打算起用韩非。秦国于是加大了攻击力度，韩国的情势十分危急，不得不派韩非出使秦国。秦王见到韩非后十分喜欢,但两人交往的时间过短,秦王还不能信任和重用他。

李斯和姚贾担心秦王重用韩非而轻视自己,于是就在秦王面前诋毁韩非说:"韩非是韩国的贵族子弟,而大王要吞并诸侯各国,韩非是不会为秦国出力的,这是人之常情啊。现在大王不任用韩非,让韩非久留秦国然后再放他回去,这是在给自己留祸根啊。不如给他治罪,依法处死他。"秦王认为他们说得对,下令给韩非治罪。

李斯派人给韩非送去毒药,让他自杀。韩非想面见秦王,陈述是非,但又无法见到。不久秦王就后悔了,便派人去赦免韩非,但为时已晚,韩非已经服毒被杀了。

申子和韩非都有著作传世,学者们也都藏着他们的书。我唯独悲叹韩非,他为游说者撰写了《说难》,而本人却没有躲过游说的灾祸。

太史公说:"老子推重道,并主张以无为来顺应道。他所说的道,是自然界万事万物变化的大法则,并不是去具体阐述某一件事情,因此文辞比较虚幻、玄妙,不易理解。庄子宣扬道与德,其要点也归本于顺应自然,要按规律办事。但他的文章放任不羁,不被当政者所用。申子勤奋自勉,在老庄顺应自然理论的基础上,主张治国要有法律准则和秩序,要循名责实。韩非则用工匠们所用的规矩和准绳来引喻政务,明辨是非。因此韩非的主张苛刻而寡恩。这几个人的学说虽然都渊源于道德,但还是老子的理论更为深远。"

司马穰苴列传第四

人物像

齐景公

穰苴

庄贾

司马穰苴列传第四

司马穰苴是田完的后裔。齐景公时,晋国攻打齐国的东阿和甄邑,燕国军队也南渡黄河夹击齐国,齐军大败。景公为此十分担忧和着急。

晏婴于是就给齐景公举荐了田穰苴,他说:"穰苴虽是田氏家族的庶出后裔,但他文能服众,武能威敌,请让他带兵御敌吧。"

景公召见了穰苴，听取了穰苴对这场战争的分析，认为穰苴说得很对，于是就任命穰苴为将军，让他率兵去抵御燕晋两国的军队。

穰苴说："臣出身卑微，承蒙君王看重，从乡间把我提拔上来，并列位于大夫之上。但我资历浅薄，没有威望，士兵们不会看重我，百姓也不一定信任我，您须要派个宠臣，或者在国人面前有威望的人来军中做监军才行。"景公于是就派庄贾去做监军协助他。

穰苴告辞景公后与庄贾约定说："明天正午在军门外集合。"

第二天，穰苴驱车提前到了军门外，他立下杆子测日影，装好漏壶以计时，然后肃立等待庄贾。

庄贾为人一贯傲慢,这次他更认为军队是自己的军队,而自己又做监军,没有人能管得了他,因此就不大着急;加之即将出征,亲戚部属都来送别,他就留他们宴饮,一直到了正午时分还没有来。

穰苴于是便拿掉了用来测日影的杆子,倒掉了漏壶中的水,自己先入军门整肃军队,在队伍面前反复说明了各项纪律规定。

庄贾一直到傍晚时分才入军门到了军营前。穰苴问:"为什么没有按约定的时间赶到?"庄贾歉意地说:"本人因为大夫和亲戚们的送别耽误了时间,所以来迟了。"

穰苴说:"将受命之日则忘其家,临军约束则忘其亲,援枹鼓之急则忘其身。现在敌军已深入国境,国内一片恐慌,士兵的行动已经暴露敌人的眼下,国君为此寝食不安,国家的安危、百姓的性命都系于你一身,你还谈什么相送!"

穰苴于是召来军纪官问道:"不按约定时间到达者军法如何规定?"回答说:"军法当斩!"庄贾十分害怕,急忙派人驱车去请求景公救命。

但已经来不及了,求情的人还没回来,庄贾已被斩首示众了。三军将士皆为之震惊。

不久,景公派使者持节来赦免庄贾,使者急不择路,竟驱车于军阵之中,疾驰着向穰苴传令。

穰苴说:"将在军中,君令有所不受。"然后又问军纪官说:"闯入军阵当如何处置?"军正说:"应当斩首!"使者听后大惊失色。

穰苴说:"国君的使者是不能杀的。"于是就命令斩了使者的仆从,砍断了车子左边的辅木,杀了车子左边的骖马以示惩罚。他让使者把这些情况报告给国君,然后再把军队开赴前线。

穰苴对军中事务管理得非常细致,安营扎寨、掘井设灶、医务保障等,他都亲自过问,还把自己作为将军的用粮全部拿来让士兵分享,把自己的伙食和士兵的伙食设为同一个标准,对身体羸弱的士卒他更加关心。

三天之后军队整装待发,羸弱患病者都要求前往,摩拳擦掌请求出战。

晋国的军队听到这些情况后就撤兵了，燕国的军队得知这些情况后也渡河返回，穰苴于是带兵追击，收复了齐国的全部失地。

穰苴带领军队返回，还未到达国都时，他就收集了士兵的兵器，解除了士兵的武装，让士兵盟誓后前行进城。景公率领百官出城远远地去迎接穰苴，对军队进行慰劳后让士兵回城休息。

齐景公召见了穰苴，对穰苴特别敬重，任命穰苴为大司马。田氏的地位从此日益显赫。

后来，大夫鲍氏、高氏、国氏都嫉妒、中伤、陷害穰苴，景公听了谗言后就罢免了穰苴，穰苴得病而死。

田氏家族的田乞、田豹等人因此对高氏、国氏等人产生了怨恨，田常后来就杀了齐简公，诛灭了高氏、国氏家族。

再后来，田常的曾孙田和自立为君，号为齐威王。他整治军纪，用兵作战，树立军威都仿效穰苴去做，且行之有效，当时诸侯国都来朝见齐国。

齐威王让大夫们研讨、追论古著《司马兵法》，成书时附加了穰苴对兵法的见解，于是就把这部书定名为《司马穰苴兵法》。

太史公说："古著《司马兵法》内容深远广博，夏、商、周三代战争的具体事例竟不能表现出它的精神内涵，这样一部著作竟很少得到别人的褒扬，何况穰苴的兵法见解呢？至于穰苴对晋、燕的那场战争，那只不过是小国的一场军事行动罢了，这样的事例怎么能编辑在《司马兵法》一书中

呢？《司马兵法》一书在世上流传很多，我就不再多说了，在这里就简单地给穰苴立个传吧。"

孙子吴起列传第五

人物像

孙膑

宠涓

田文

吴起

孙子吴起列传第五

　　孙子名叫武,齐国人,他因兵法所长被吴王阖闾召见。阖闾说:"您的十三篇兵法我都拜读了,可以小范围地演示一下吗?"孙子说:"可以。"阖闾说:"可以让妇人来演示吗?"回答说:"可以。"于是阖闾就叫出了一百八十名宫中美女让孙武排练。

　　孙子把她们分为两队,让吴王宠爱的两位妃子做队长,让其他人都拿上戟,然后发令问:"你们知道心口及左右手和背的方向吗?"妇人们回答说:"知道。"孙子说:"心口的方向是前方,背的方向是后方,左方则是左手所在的方向,右方则是右手所在的方向。我喊哪个方向,你们就朝哪个方向看!"妇人们答道:"是。"于是孙武就命令摆好斧钺等刑具,然后又对号令进行了多次重申。

　　孙武击鼓发令,让她们向右看,妇人们都大笑起来。孙子说:"规定不明、号令不清是将领的过错。"于是又对号令进行了多次重申,然后又击鼓发令让她们向左看,妇人们又大笑起来。

孙子说:"规定不明、号令不清是将领的过错;规定和号令已经申明,但却不按照号令去做,那就是军吏和士兵的过错了!"于是下令斩杀左、右两队的队长。

孙武的举动使正在台上观看的吴王大吃一惊,他急忙派使臣传令说:"我已经知道将军善于用兵了,没有她俩我吃不好饭啊,请将军不要杀了她们。"孙子说:"我既然受命为大将,将在军中,君令有所不受。"于是就杀了两名队长示众。

孙武按队列顺序又让紧随其后的两个人出任队长,然后再击鼓发令。这时,美女们都不敢再笑了,她们不论是向左、向右、向前、向后、跪倒、站起等,每个动作都做得中规中矩,整齐划一。

孙子这时便派使臣报告吴王说:"士兵已经训练好了,大王可下台检阅,这支队伍可随时听命于大王,即使赴汤蹈火也不难办到!"吴王回答说:"赶紧停下来休息吧,我不愿再看了。"孙子却说:"大王只是喜欢我的军事书籍,不能让我在实际中应用啊。"

孙子吴起列传第五

041

从此，吴王知道了孙子真地能带兵，就任命他做了将军。吴国从此西破强楚攻入郢都，北威齐晋称雄诸侯。

孙子去世一百余年之后而有孙膑，孙膑是孙武的后裔，他出生在阿城和鄄城之间，曾与庞涓一起学习过兵法。

庞涓在魏国任职，魏惠王任命他做将军，他知道自己的才能比不上孙膑，于是就暗中派人去召请孙膑。孙膑到后，庞涓担心孙膑的才能盖过自己，于是就仇视他，并捏造罪名砍断了孙膑的双足，在孙膑脸上刺了字，想以此让孙膑隐居起来不再露面。

齐国的使臣出使魏国都城大梁，孙膑就以囚犯的身份想方设法秘密见了齐使，并对齐使进行了游说，齐使认为孙膑是个奇才，就偷偷地把他带到了齐国。

孙膑到齐国后，他见到的第一个人就是将军田忌，田忌善待他，他成了田府的座上宾。

田忌多次跟齐国的公子们押赌赛马，孙膑发现大家的马都差不多，都可分成上、中、下三等，于是就对田忌说："你只管重金下赌注，我能让你取胜。"田忌十分信任孙膑，就下了千金的赌注。

孙膑在赛场上对田忌说："用您的下等马应付他们的上等马，用您的上等马取胜他们的中等马，用您的中等马再取胜他们的下等马吧。"这样，三轮比赛结束，田忌胜出两局，赢走了齐王的千金赌注。

此后，田忌就把孙膑引荐给了齐威王，威王向孙膑请教了兵法，拜孙膑为师。

魏国攻打赵国，赵国向齐国求救，齐威王想让孙膑为将率兵救援，孙膑说："受过刑的人不能为将。"这样，威王就让田忌做了将军，让孙膑随军出征做田忌的军师，孙膑坐在帐蓬车里为田忌出谋划策。

田忌准备率兵直接去赵国救援，孙膑说："要解开杂乱的丝线不能握紧拳头；劝架的人自己不能和打架的人掺和在一起殴斗；避实击虚，则整

个战略部署就会被打乱，焦灼的局面就自然会解开。现在魏赵两国战事正紧，精锐部队竭力于前线，老弱残兵疲惫于国内，你不如率兵火速进军魏国大梁，占领其交通要道，攻打其空虚之处，魏国一定会放弃赵国而回兵自救，赵国得救的同时魏国也会自行溃败。"田忌从其计，魏军果然离开了赵国的邯郸，撤军与齐国在桂陵展开大战，结果魏军大败。

十三年后（前 341 年），魏国和赵国攻打韩国，韩国向齐国求援，齐王派田忌率军救援，田忌直接攻击魏国大梁，魏将庞涓听到这个消息后，急忙从韩国撤军返回，但这时齐军已经越过边境线向西攻击了。

孙膑对田忌说："三晋之兵向来悍勇，他们一直对齐军很轻蔑，而齐军一直被他们称为怯懦之师。擅长于作战的人往往因势利导，我们应抓住魏军轻敌的心理特点来诱导它！"

孙膑继续说："兵法上说，百里之外奔袭敌人，自己就有全军覆没、损失上将的危险；五十里之外奔袭敌人，自己就会有一半士兵掉队的危险。因此，我们可以以假乱真，迷惑敌人，命令军队进入魏地后第一日砌十万人的灶，第二天减去五万人的灶，第三天减成三万人的灶。"

行军三日后，魏将庞涓得意地说："我早就知道齐兵没有胆量，仅仅三天，逃跑掉队的就有半数以上！"于是他就丢下步兵，带领轻骑精锐部队日夜兼程地追击齐军。

孙膑估算魏军当晚可赶到马陵，那马陵道窄路狭，两旁的地势又十分险峻，是打伏击的理想之地。孙膑令人刮去大树的树皮，在木质露出处写了"庞涓死于此树之下"几个大字，命令万名弓弩手埋伏在道路两旁，约定："看见树下有火举起时就发弩狠射。"

庞涓当晚果然赶到了马陵道，当发现大树被刮去树皮，露出的白木上隐隐约约地还写着字时就举火察看,但字还没读完就遭到了齐军弓箭的射击,魏军顿时大乱,只顾各自逃命而失去了阵形。

庞涓自知兵败智穷,便拔剑自刎,临死前无奈地叹道:"就让那小子去成名吧!"这时,齐军全力出击,把魏军打得大败。结果魏太子申被俘,孙膑一战而名扬天下。孙膑有《兵法》一书流传于世。

吴起是卫国人,他善于用兵,曾跟从曾子学习,后来在鲁国任职。

齐国攻伐鲁国,鲁君想让吴起率军抵抗,但吴起的妻子是齐国人,鲁君因此对他很不放心。

吴起求名心切,他杀了自己的妻子以表白自己的心机,鲁君终于任命他为将军,他率军把齐军打得一败涂地。

这件事后,鲁国就有人开始诋毁吴起,他们说吴起是猜疑、残忍之人,年轻时家里富有千金,但他在外求官不成就把家产赔光了,乡里人笑话他,他就杀掉了三十多个讥笑过他的人。

他们还说,吴起杀人后从城东门逃出了卫国,和母亲分别时狠狠地咬破了自己的胳膊,然后发誓说:"我如果做不成卿相就不回卫国!"此后他就去拜曾子为师了。

他们又说,吴起母亲不久去世了,但吴起没有回来奔丧,曾子因此瞧不起他,对他嗤之以鼻,并和他断绝了师徒关系。吴起于是就到了鲁国,在这里学习兵法来侍奉鲁君。

他们还议论说,齐国攻打鲁国时鲁君怀疑他,他就杀了自己的妻子来打消鲁君的怀疑,以此谋求将军之职。鲁国是个小国,现在却有着战胜国的名声,这样一来诸侯各国是会图谋鲁国的。鲁国又和卫国是同姓国家,鲁君重用了吴起,就等于抛弃了卫国。鲁君听到这些话后就怀疑起了吴起,让吴起离开鲁国。

吴起这时听说魏文侯贤明,于是就想到魏国去。文侯问李克说:"吴起这个人怎么样啊?"李克回答说:"吴起贪名而好色,但带兵打仗很有一套,即使司马穰苴也不能和他相比。"

魏文侯于是任用吴起为大将,让他带兵攻打秦国,吴起果然接连从秦人手中夺取了五座城池。

吴起作为大将总能和士兵打成一片,他常常与最下等的士兵同衣同食,同吃同住,同甘共苦,出征时卧不设席,行不乘马,自带口粮,士兵们都很亲附他。

有个士兵生疮感染化脓,吴起就替他吸吮脓液,士兵们都很感动,但那个士兵的母亲听后却大哭起来。

有人就问她:"你儿子只是个普通士兵,身为将军却亲自为他吸吮脓液,这是多么让人感动的事啊,你为什么要悲伤地大哭呢?"回答说:"你不知道啊,那一年将军也给孩子的父亲吸过毒液,他父亲此后打仗时就不知死活地往前冲,结果战死了。如今将军又给我儿子吸毒液,我真担心他又会战死在什么地方啊,我因此哭泣。"

魏文侯因为吴起善于用兵,公平廉洁,身为大将能聚拢人心,于是就任命他为西河太守,让他到最具挑战性的地方对抗秦国和韩国。

魏文侯去世后,吴起又侍奉他的儿子魏武侯。武侯从西河(今陕西韩城)开始泛舟黄河,当看到龙门天堑时激动地对吴起说:"美哉乎山河之固,此乃魏国之宝也!"

吴起回答说:"国家的稳固在于德,而不在于关隘,从前三苗部族左临洞庭湖,右依彭蠡泽,地理位置非常险要,但三苗不施教化,不修仁德,不讲信义,所以夏禹就能够灭掉它。

他继续说:"夏桀之地左有黄河、济水护卫,右有泰、华之山屏障,伊阙山守其南,羊肠坂守其北,但他不施仁政,结果照样被商汤所放逐。"

他说:"殷纣左有孟门山,右有太行山,常山守其北,黄河守其南,但他缺少仁德,结果照样被武王所杀。由此看来,政权的稳固在于能不能推行德政,而不在于所处的位置有多么险要。如果君王不施行恩德,即使坐在同一条船上的亲近之人也会成为敌人的。"武侯说:"你讲得很好。"

吴起做西河太守很有政绩,赢得了百姓的一片赞誉之声。当时魏国设置了相位,田文做了国相,吴起就很不高兴地对田文说:"请让我与你比一比功劳,行吗?"田文说:"行啊。"

吴起问："统领三军，让士兵乐于死战，使敌国不敢有所图谋，你我谁做得更好？"田文说："我不如你啊。"吴起问："管理百官，亲附百姓，充实府库，谁做得更好？"田文说："我不如你啊。"吴起问："守西河之地而秦军不敢东犯，韩、赵两国宾服，你和我比谁做得更好？"田文说："我还是不如你啊。"吴起于是就说："这三方面你都不如我，而你的职位却在我之上，这是为什么呢？"

田文说："君主年少，国人生疑，大臣未附，百姓不信，当此之时是把政事托付给你合适呢，还是应当托付给我合适？"吴起沉默了许久说："还是托付给你合适啊。"田文说："这就是我的职位比你高的原因啊。"吴起这才明白自己缺少田文这样的大局观念啊。

田文去世后公叔接任了国相，公叔的夫人是魏君的公主，他唯一畏忌的就是吴起。公叔的仆人就对公叔说："不必担心吴起，赶走他非常容易。"

公叔问："怎么个赶法？"仆人说："吴起为人清廉有气节，他很在乎名声，您可以先对武侯说：'吴起是个贤能的人，而魏国是个小国，又与强秦为邻，我担心吴起不会长期留在魏国啊。'"

仆人接着说："这样，武侯必然会问您怎么办才好？您就趁机说：'请用下嫁公主的办法试探他，如果吴起愿意长期留在魏国，他就会答应这件事的；如果他没有长期留在魏国的打算，那他一定会推辞的。'"

仆人继续说："然后您假装与吴起同行，再让公主当面发怒和鄙视您，吴起是个讲究名声的人，他看到这些后就一定不会娶公主了。"

此后,吴起见到公主如此蔑视国相,果然谢绝了魏武侯的"美意."武侯因而就怀疑起了吴起,不再信任吴起。吴起也怕招来灾祸,就离开了魏国到楚国去了。

楚悼王久闻吴起贤能,吴起一到楚国,楚悼王就任命吴起为国相。吴起在楚国明法审令,裁撤冗官,停止了血缘渐远的王族的俸禄供给,用这些财物来填充军费,抚恤战士。吴起致力于两方面的工作,一是想方设法壮大楚国的军事力量;二是果断揭穿往来奔走的纵横游说之客,专心发展楚国的实力。

吴起率领楚军向南平定了百越;向北吞并了陈国和蔡国,打退了韩、赵、魏三国晋的进攻;向西讨伐了秦国,诸侯各国因此而担忧、惧怕楚国。

后来,那些被吴起停止了俸禄的王族远亲们就想谋害吴起,悼公一去世,王室大臣便发动叛乱攻打吴起,吴起逃到了楚王停尸的地方,伏在悼王的尸体上想躲过灾难。而这些人不顾一切地用箭射吴起,以至于悼王的尸体也被射中。

太史公说:"人们谈论军旅之事时都谈论《孙子》十三篇和吴起的《兵法》,这两部书在社会上流传很多,因此我不作论述,只谈他们平时做事的一些方法。俗话说:'能干的人未必会说,会说的人未必能干.'孙膑战败庞涓的军事谋略十分高明,但却不能事先避免刖足的酷刑;吴起劝说

魏武侯以德治国,但他在楚国却因刻薄、暴戾、少恩而身亡。这是多么可悲的事啊!"

伍子胥列传第六
人物像

伍子胥

吴王阖闾

楚昭王

伍子胥列传第六

伍子胥是楚国人,名叫员(yún)。他的父亲叫伍奢,哥哥叫伍尚。祖上有一个叫伍举的先人侍奉过楚庄王。伍举性格刚直,以直言进谏楚庄王而闻名楚国,后代子孙也因他而显贵。

楚平王当初的太子名叫建,平王让伍奢做太子太傅,让费无忌做少傅。费无忌对太子建很不忠诚。

平王派无忌到秦国为太子建娶妻,无忌见秦女长得漂亮,就先于婚车赶回楚国对平王说:"这个女子是个绝色的美人,大王可纳她为妾,然后给太子另娶吧。"平王从其言,就中断了儿子的婚事,将即将娶到家的儿媳纳为己有,然后给太子建另娶了别的女人。平王对这个女人极度宠爱,与她生了个儿子叫轸。

费无忌用秦女献媚于楚平王后，就离开了太子去侍奉平王，但他又担心平王去世后太子建即位会杀死自己，因此就一不做二不休，在平王面前诋毁起了太子。

太子建的母亲是蔡国人，楚平王不宠爱她。平王又因为娶了太子建的媳妇，因此也越来越疏远太子建，此后便派太子建去城父防守边疆去了。

无忌不依不饶，也整日在平王面前说太子建的坏话，其中说道："娶秦女这件事太子不可能没有怨恨，大王多少要做一点儿防备啊。太子建驻守在城父，统率着军队，对外结交诸侯，这是想作乱啊。"

平王于是召回太傅伍奢进行审问，伍奢知道无忌对平王说了太子的坏话，因此就说："大王怎么能听信小人的谗言而疏远骨肉至亲呢？"无忌却说："大王现在不去制止，他们的阴谋就会得逞，那时大王就会成为阶下囚的！"平王听后大怒，随即拘禁了伍奢，并派城父的司马奋扬去杀太子。

奋扬在途中派人先赶往城父，提前告诉太子说："你马上离开城父，不然会被杀死的。"太子建听后立即逃往宋国。

无忌又对平王说："伍奢有两个儿子，他们都很贤能，如果不杀死他们，他们一定会给楚国制造麻烦的。大王可用伍奢做人质召他们前来，然后把他们杀死以绝祸患。"

平王派使臣对伍奢说："如果你能把两个儿子叫来，就可以饶你不死，如果叫不来，你就会被处死。"伍奢说："伍尚做人很讲仁义，叫他来他一定会来；伍员城府很深，他内心刚烈而外表隐忍，能成大事，知道来了会一块被擒，因此他一定不来。"

平王对伍奢的话置若罔闻，便自己派人去召伍尚和伍员。使者见到两人后说："如果你们能来，你父亲就能活命；如果你们不来，你父亲就会立即被处死。"伍尚准备去，伍员却说："楚王召我们，并不是想让父亲活

伍子胥列传第六

命,他是担心我们逃跑后会给他留下后患!因此,他就用父亲做人质欺骗我们。如果我们去了,那就会和父亲一块被处死,哪能救得了父亲?如果我们死了,杀父之仇也就无法再报了。我们不如逃到别国去,以后利用别国的力量去报仇吧,一块去死没有意义。"

伍尚说:"我知道去了并不能解救父亲,然而现在父亲为了保全性命而召我前去,我却不去,以后又不能为父亲报仇,这样会被天下人耻笑的。"于是又对伍员说:"你逃走吧,你能报杀父之仇,我去赴死!"伍尚被抓后,来人又要抓伍员(伍子胥),伍子胥拉开满弓对准使者,使者不敢上前,伍子胥就此逃跑了。

伍奢听说儿子伍子胥逃跑后说:"楚国的君臣将要受战争之苦了。"伍尚去了后,楚平王就把伍尚和伍奢父子一块杀害了。

伍子胥听说太子建在宋国,于是就前往宋国追随他。但到宋国后正遇上宋国的华氏叛乱,于是他就随着太子建逃到了郑国,郑人对他们十分友好。

太子建不久又出使晋国,晋顷公对他说:"太子和郑国关系很好,郑国也信任太子,你若能在郑国做内应,晋国攻其外,郑国就一定会灭亡,那时我们就把郑国封给太子你。"太子随后就回到了郑国。

策应晋国的事情还没有进行,太子建却因自己的私事准备杀掉他的随从,这个人知道太子建要杀自己后,就把太子建与晋国密谋的事告诉了郑国。郑定公和子产就杀死了太子建。建有个儿子叫胜,伍子胥就和胜一

起逃往吴国。

他们逃到昭关时遭到了昭关守兵的追捕,伍子胥和胜只好甩掉从人只身逃跑,差一点被人抓住。追兵紧追不舍,伍子胥终于逃到了江边,江面正好有一艘渔船,渔父知道伍子胥着急,于是就让伍子胥上船渡江。

渡过江后,伍子胥解下宝剑说:"这把剑价值百金,我只能以此为谢了。"渔父说:"楚国已经下令,抓到伍子胥赏给粮食五万石,享受执珪爵位,我难道想图你的钱财吗?"渔父没有接受。伍子胥一路上受尽了磨难,未到吴地就生了病,途中还要讨饭吃。

伍子胥到了吴都时,吴王僚刚刚执政,公子光做将军,伍子胥就通过公子光的关系求见吴王。

楚国边界的钟离和吴国边界的卑梁氏两地都养蚕,两地的女子为争采桑叶而厮打,楚平王大怒,以致于两国发生了战争。吴国公子光带兵攻取了楚国的钟离、居巢后撤兵回国了。

伍子胥对吴王僚说:"我们这时可以打败楚国,请再派公子光前去攻击。"公子光对吴王说:"那伍子胥的父兄被楚国所杀,他劝大王攻打楚国的目的是想报私仇。攻打楚国未必能取胜。"

伍子胥知道公子光有野心,想杀死吴王而自立。于是心想:"不能再劝说他们进行军事行动了。"伍子胥此后给公子光推荐了专诸,然后和太子建的儿子胜到乡下种地去了。五年以后,楚平王去世。

楚平王当初抢占的、原为太子建迎娶的那个秦国美女生的儿子叫轸,平王去世,轸继承了王位,是为楚昭王。吴王僚趁楚国办丧事之机,派烛庸、盖余两位公子率兵攻打楚国。

战斗中,楚军切断了吴军的后路,吴军不能回国,公子光趁国内空虚之机发动了叛乱,命专诸刺杀了吴王僚,然后自立为王,他就是吴王阖闾。阖闾称王后就召回了伍子胥,拜他做了接待宾客和礼仪的官,和他共谋国事。

这时楚国杀了其大臣郤宛、伯州犁,伯州犁的孙子伯嚭逃到了吴国,吴王阖闾让伯嚭做了大夫。

吴国的两位公子攻打楚国时被切断了后路,当他们听说阖闾杀了吴王僚而自立为王的消息后,就率军投降了楚国,楚国把舒地封给了他们。

阖闾即位后第三年,起兵与伍子胥、伯嚭攻打楚国,吴军占领了舒地,俘虏了当初背叛吴国的两位公子。阖闾想乘胜攻打楚国的郢都,将军孙武却说:"不能打,百姓过于疲惫,已不堪负重了,请再找时机吧。"于是吴国收兵回国。

阖闾四年(前511年),吴国又攻打楚国,夺取了六地、灊(qián)地。阖闾五年,吴国打败了越国。阖闾六年,楚昭王派公子囊瓦领兵攻打吴国,吴国派伍子胥迎战,伍子胥在豫章打败了楚军,夺取了楚国的居巢。

阖闾九年(前506年),吴王阖闾问伍子胥、孙武说:"当初你们说攻打郢都的时机不成熟,现在如何?"伍子胥、孙武说:"楚将军囊瓦贪财,唐国和蔡国也因为囊瓦

扣留过他们的国君而仇视囊瓦。大王若要大举进攻楚国，就必须先得到唐国和蔡国的支持。"

阖闾听从了他们的意见，联合唐国、蔡国，倾全国水陆之兵攻打楚国，两军隔着汉江列阵对峙。吴王的弟弟夫概将军请求出击，吴王不答应，夫概便率领自己的部属五千人攻击楚将子常，子常战败逃奔至宋国。吴国大军乘势掩杀，经过了五次战役，吴军攻击到了楚国郢都。

在吴军的攻击下，楚昭王于十一月二十八日从郢都出逃，第二天吴王进入郢都。楚昭王逃到云梦泽时遭到了强盗的袭击，于是又逃往郧地。郧公的弟弟怀说："楚平王杀了我们的父亲，我们杀死他的儿子不应当吗？"郧公担心弟弟杀死昭王，就和昭王一块逃到了随地。

吴兵于是包围了随地，并煽动随地人说："周天子分封在汉水流域的同姓国家已被楚国消灭殆尽了。"随地是周天子的同姓国，随人听到这话后就要杀死昭王。王子綦于是把昭王藏了起来，自己冒充昭王出来与要杀昭王的人周旋，致使随人对昭王的处置有了分歧。这样，随人就开始卜卦，卦辞说把昭王交给吴军不吉利，于是随人就谢绝了吴国，没有交出昭王。

伍子胥和申包胥的关系从前十分要好，伍子胥从楚国逃出时曾对包胥说："我一定要颠覆楚国。"包胥说："我一定要保存楚国。"吴兵攻破了郢都后，伍子胥因为没有找到昭王，于是就挖开了楚平王的坟，把楚平王的尸体拖出来鞭尸，一口气打了三百鞭才收手。

申包胥逃亡在山中后派人对伍子胥说："你这样报仇已经过分了！我听说：'人多势众可以胜天，天公发怒了也能毁灭人。'您从前是平王的臣子，曾俯首侍奉他，如今却疯狂到了侮辱死人的地步，这难道不是伤天害理到了极点吗？"伍子胥对来人说："你替我告诉申包胥：'我日暮途远，所以才倒行逆施。"

申包胥到秦国告急为楚国求救，秦王没有答应他。于是他就站在秦国的朝堂上日夜痛哭，哭声七天七夜不绝于耳。秦哀公见此情景就产生了怜悯之心，他说："楚国虽然无道，但有这样的臣子我还能不让楚国存在吗？"

秦国于是派出五百辆战车去救楚击吴，当年六月，秦军在稷地打败了吴军。当时吴王阖闾还在楚国寻找楚昭王，但弟弟夫概却逃回国内自立为王了。

阖闾听到这个消息后就放弃了楚国，赶回吴国讨伐弟弟夫概。夫概战败后逃到了楚国，楚昭王见吴国发生了内乱就趁机回到了郢都，并把堂谿封给了夫概，称夫概为堂谿氏。楚国重整旗鼓与吴军再战，吴军被打败，吴王回国了。

两年后，吴王阖闾派太子夫差率兵攻打楚国，吴军攻取了楚国的番地。楚国害怕吴国再进行大规模的进攻，于是就迁都到郡（ruò）邑。吴国已进入全盛时期，伍子胥、孙武为其谋划，他们西破强楚，北威齐、晋，南服越人。

夫差攻取楚国番地四年后，孔子出任鲁国国相。又过了五年，吴国攻打越国，越王勾践率兵迎战，在姑苏打败吴军，吴王阖闾的脚趾被打伤，吴军败退。

阖闾脚伤感染，临死时对太子夫差说："你能忘掉杀父之仇吗？"夫差说："我不敢忘记。"当晚，吴王阖闾去世了。

吴王夫差即位后不忘雪耻，他任用伯嚭做太宰严格训练士兵，两年后就开始攻打越国，在夫湫大败越军。越王勾践带领五千人退守于会稽山，面对重重包围，他不得不派大臣文种用重礼贿赂吴国太宰伯嚭请求媾和，声称愿把国家托付给吴国，他本人甘心做吴王的奴仆。

吴王见越王如此可怜，就想答应越王使者的请求，伍子胥却说："越王勾践是一个不怕困苦的人，大王今天不灭掉他，以后一定会后悔的。"吴王不听伍子胥而听信了太宰伯嚭，于是就答应和越国议和。

五年后，吴王夫差听说齐景公新丧，大臣们争宠，新君软弱，于是就想出兵北上攻打齐国。伍子胥对吴王说："越王勾践用餐时都严格限制自己，从来不吃两样荤菜，他抚恤死者、关心病者，一定是有所图谋的，这个人

伍子胥列传第六

不死，吴国的祸患就不能消除。越国是吴国的近邻，是吴国的心腹之疾，大王不先铲除越国而后去攻打齐国，我认为这不是明智之举。"

吴王对伍子胥的规劝置之不理，坚决率兵去攻打齐国，他们在艾陵大败齐军后威震邹国和鲁国。从此，吴王对伍子胥的计谋越来越不在乎了。

四年后，吴王又去北上攻打齐国，越王勾践采用子贡的计谋带兵协助吴国作战，并又给吴国的太宰伯嚭贿赂了很多宝物。

太宰伯嚭多次接受了越国的贿赂，所以就特别亲近和信任越国，整日给吴王说越国的好话，吴王也总是相信和采纳太宰伯嚭的意见。

伍子胥又去规劝吴王说："越国才是心腹大患，听取浅薄诈伪之辞攻打齐国是没有好处的；占领了齐国就好比占领了一大块盐碱地，这没有多大用处。《盘庚之诰》说：'对胡作非为，不恭王命的人就要彻底诛灭，不能使他们传宗接代，以免不良行为在整个城邑蔓延。'这是殷商兴盛的原因啊，希望大王放弃齐国去攻打越国。"吴王还是不听伍子胥的劝告，派伍子胥去出使齐国。

伍子胥临行时对儿子说："我多次规劝吴王而吴王不听，我已经看到吴国的末日了，再没有必要让你和吴国一同去送死。"他到齐国后就把儿子托付给了鲍牧，然后返回吴国，向吴王汇报了出使情况。

由于太宰伯嚭和伍子胥在重大问题上产生了分歧，太宰伯嚭就对吴王进谗言说："伍子胥刚爆而少恩，猜忌而狠毒，他的怨恨情绪恐怕要给吴国造成灾祸的。上次大王要攻打齐国，伍子胥执意阻拦破坏大王的计划，大王出兵后他又希望大王战败，好以此证明自己的谋略高明。现在大王要亲自出征攻打齐国，伍子胥却因为他的意见不被采纳，所以就推辞上朝，假装有病不随大王出征，目前这种形势很容易引起祸端的，大王不能不提防啊。"

他继续说："我让人暗中探察伍子胥，发现他出使齐国时把儿子都托付给了齐国的鲍氏。作为人臣，不得意时就在外依附别国；作为先王的谋臣，不被重用时就郁郁不乐，产生怨恨，这真让人担心！请大王及早想办法处理他。"吴王说："是的，你即使不说我也心里有数，我早就怀疑他了。"

吴王夫差派人把属镂宝剑赐给伍子胥说："请用这把宝剑自尽吧。"伍子胥接过宝剑仰天长叹："唉！谗臣伯嚭要作乱，大王反而要杀我！我竭力辅佐你父亲，使你父亲称霸，当初诸公子争夺太子之位时，我又在先王面前为你以死相争，你当时几乎不能被立为太子，立为太子之后你要分赠吴国于我，我不敢有所图谋。现在你竟听信小人谗言来杀害长辈，真是太无道义了！"

伍子胥于是转身对门客说："我死后你们在我的坟头上栽种梓树，让它长成棺材木；把我的眼珠挖出来悬挂在都城东门上，我要亲眼看看越寇入城灭吴的过程。"说完就自刎而死了。

吴王听到这番话后大怒，把伍子胥的尸体装进了皮囊，扔进江中任其漂流。吴国人同情他，就在江边给他修建了祠庙，并改称这个地方叫"胥山。"

吴王杀了伍子胥后就去攻打齐国；齐国鲍氏杀了齐悼公而立阳生为国君。吴王讨伐鲍氏，但被鲍氏打败，吴军只好撤兵回国。

一年后（前483年），吴王召鲁国、卫国的国君在橐皋（tuó gāo，今作柘皋）会晤。第二年（前482年），吴王北上黄池大会诸侯，号令天子，以中原霸主的身份自居。然而，这时越王勾践却趁吴王会盟诸侯之机，率领大军直捣吴国国都，越军打败了吴国军队，杀死了吴太子友。

吴王听到这个消息后就回国了，然后让使者带着厚礼向越国求和。九年后，越国灭掉了吴国，杀死了吴王夫差和太宰伯嚭。太宰伯嚭的罪名是不忠于国君，接受越国贿赂，勾结越国以乱吴国。

当年跟伍子胥一块逃亡的、原楚国太子建的儿子胜也长期居住在吴国,吴王夫差在位时,楚惠王要召胜回国,叶公对楚惠王说:"胜不但本人喜勇好武,而且暗中寻求结交敢死之士,可能有私心吧!"惠王不听劝谏,便召回了胜,让胜居住在楚国的边邑鄢,尊号为白公。白公回到楚国后第三年,伍子胥遭到了吴王的杀害。

郑国当初杀死了白公胜的父亲太子建,白公胜非常怨恨郑国,于是就暗中收养勇士准备向郑国报仇;回到楚国的第五年,他就请求楚王攻打郑国。楚国令尹子西答应了白公胜的请求,可楚国还没发兵,晋国就攻打起了郑国,郑国派人请求楚国救援,楚王派子西带兵前往,子西和郑国订立了盟约回国。

白公胜对此十分恼火,便怒气冲冲地说:"我的仇敌不是郑国,是子西!"白公胜磨砺着自己的剑,有人看到后就问他:"磨剑干什么?"白公胜说:"杀子西。"子西听到这件事后笑着说:"白公胜如同鸟蛋,他有多大的能耐?"

后来(前479年),白公胜和石乞在朝堂上突然出击,袭杀了令尹子西和司马子綦。石乞说:"不杀掉楚惠王不能罢手!"于是,他们就把楚惠王劫持往高府准备杀死。石乞的随从屈固背叛了石乞,途中背起楚惠王逃跑,让楚惠王藏在了昭夫人的宫室。

叶公听到白公胜作乱的消息后,就领着封地的人去攻打白公,白公被打败后逃到山中自杀,石乞被俘。叶公要石乞说出白公胜的尸体在哪儿,如果不说就烹煮他。石乞说:"成功了为卿相,不成功遭烹煮,这是做大事的固有道理,没有什么好说的!"石乞于是被烹煮而死。叶公找回了楚惠王,再立他为国君。

太史公说:"仇恨对人的影响太厉害了!国君和臣子结下仇恨尚且如此,更何况地位相同的人呢!如果伍子胥当初和父亲伍奢一同死去,那又和蝼蚁有什么区别呢?放弃小义,雪洗大耻,留名于后世,这是多么悲壮啊!当初伍子胥受困于江边,乞食于路途,何曾忘记过郢都的仇恨呢？隐忍成就功名，这句话是颠扑不破的真理，但没有血性的人谁又能做到呢？白公如果不自立为王，他的功业和谋略恐怕也是说不尽、道不完的啊！"

仲尼弟子列传第七

人物像

子贡

子路

子有

仲尼弟子列传第七

孔子说："在我所教的学生中，能够完全领会所教内容的弟子有七十七人。"这些人都是有特殊本领的人。

德行方面比较突出的弟子有：颜渊，闵子骞，冉伯牛，仲弓。政务上有突出能力的是：冉有，季路。比较擅长文字语言的有：宰予，子贡。学识上有深刻见解的有：子游，子夏。

颛（zhuān）孙师性格偏激，曾参比较迟钝，高柴有点愚笨，仲由说话粗鲁，颜回十分贫穷。端木赐（子贡）不服命运的摆布，总是拼死拼活地做生意，不过他对市场的预测倒是很准确的。

孔子所敬重的人有周室的老子、卫国的蘧伯玉、齐国的晏仲平、楚国的老莱子、郑国的子产、鲁国的孟公绰。他还多次称赞过臧文仲、柳下惠、铜鞮伯华、介山子然。他们都出生在孔子之前，孔子和他们不是同一时代的人。

颜回是鲁国人,字子渊,比孔子小三十岁。颜渊向孔子请教什么是仁,孔子解释说:"能严格约束自己的行为,按文王、武王时期的礼仪做事,天下人就会称你为仁了。"

孔子说:"颜回的品质是多么高尚啊!他居住在偏僻简陋的小巷,用餐时仅仅食一箪饭,喝一瓢水,别人都忍受不了这种穷困清苦,颜回却不以为然,不改其乐,不改其志,努力追求着自己的目标。"

孔子说:"颜回听我授业时从来不提出个人的见解和疑问,木讷的就像个愚人。可跟师兄弟们交流时总能充分地把我所讲的道理发挥出来。颜回原来不是愚者,他是有大智慧的人啊。"

孔子感叹地说:"如果你任用我,那我就来,不任用我,我就藏道在身吧。只有我和颜回有这样的心态和品节啊!"

颜回二十九岁时就满头白发了,他过早地离开了人世,孔子哭得很伤心:"自从颜回来了,师徒们就更加亲近了。"

鲁哀公问孔子:"你的弟子们谁最好学?"孔子回答说:"有个叫颜回的人最好学,他从不迁怒于人,从不犯同样的错误,但不幸的是他寿命很短,早早地去世了,他死后再也没有他这样高尚的人了。"

闵损,字子骞,比孔子小十五岁。孔子说:"闵子骞是个大孝之人啊!他的父母兄弟都说他孝,别人听后也从没有什么非议。"他一不做大夫的家臣,二不吃昏君的俸禄,当时鲁国有人召他，他说："如果有人再来召我，我一定就到汶河北边的齐国去！"

冉耕，字伯牛，孔子认为他德行很好。伯牛得了重病，孔子去看望他，从窗户里握手住他的手说："命运怎么会这样啊，这么有德性的人怎么会得这样的病呢！命运太不公平了！"

冉雍，字仲弓。仲弓问孔子如何做好政事，孔子说："出门做事要像接待贵宾那样谦恭有礼，对待百姓要像祭祀天地那样虔诚笃敬。这样，在诸侯国里任职不会有人怨恨，在朝廷或大夫府中任职不会遭人谩骂。"

仲弓很有德行，孔子对他的评价是："冉雍可以辅佐国君处理国政啊。"

仲弓的父亲很贫贱，孔子于是就做了这样的比喻："耕牛的犊子很漂亮啊，毛色纯正，光亮赤红，尖尖的角儿十分周正，即使你舍不得用它作祭品，山川的神灵也会青睐于它。"

冉求，字子有，比孔子小二十九岁，他当时给季氏做管家。季康子问孔子："冉求仁德吗？"孔子说："千户之家的封邑，百乘之车的大户，冉求定会把它管理得很好。至于仁德方面的表现我就不知道了。"季康子又问："子路仁德吗？"孔子回答说："和冉求一样啊。"

冉求问孔子说："听到有了事情后自己就立刻去做吗？"孔子回答说："应该立刻去做。"子路又问了同样的问题，孔子回答说："有父兄在，你有什么资格擅自去做呢？"子华疑惑地对孔子说："我斗胆问老师，同样的问题怎么会有不同的答案呢？"孔子说："冉求做事不够果敢，所以我要他果敢些；仲由有两个人的胆量，所以我让他谨慎点。"

仲由，字子路，下地人，比孔子小九岁。子路说话粗俗，喜勇好斗，性格刚强直爽。他头戴雄鸡冠，身佩公猪皮装饰的宝剑，曾经对孔子粗暴无礼过。孔子用礼仪慢慢地熏陶诱导他，他后来就穿着儒服，峨冠博带，风度翩翩，恭敬地带着拜师的礼物拜孔子为师。

子路问孔子如何从政。孔子说："自己先以身作则，为民树之以德，取信于民，然后才能管理好百姓，使百姓热心从事自己的职业。"子路请老师再多说一点儿。孔子说："那就是坚持不懈了。"子路问："君子崇尚勇敢吗？"孔子说："君子以义为上。君子如果只有勇敢而没有大义就会乱政；小人如果只有勇敢而没有道义就会做强盗。"

子路听到一条道理后并不马上去实践，唯恐又听到新的道理。因为他担心自己只听到一条道理就去实践，这可能使自己做事时机械、片面和冒失。子路这样的性情有时也使自己十分矛盾。

孔子说："判定案子时必须听取当事人双方的意见，只听单方面意见就去决断案子的人恐怕只有子路了！""子路的勇气超过我，可惜我们找不到材料做桴（fú，小木筏）过河了。""像子路这样的性情人不会得到善终的。""穿着破旧的袍子和穿着裘皮大衣的人站在一起而不认为羞愧的，这样的人恐怕只有子路了！""子路目前对学问的理解很肤浅，就像刚刚进入我的厅堂，还没进入我的内室。"

子路喜欢跟随孔子出游,他们曾经遇到过长沮、桀溺两位老人,孔子让子路向他们打听过渡口的位置。此后他们又遇到过扛着除草工具的老人等隐士。

子路当初做季氏的家臣,季孙问孔子:"子路可以做大臣吗?"孔子回答说:"可以充个数吧。"

子路将要出任蒲邑大夫,他向孔子辞行。孔子说:"蒲地多勇士,很难治理。但我告诉你,恭而敬之就可以驾驭勇士;宽大清正就可以服众;笃敬清静就可以报答上司。"

卫灵公有位宠姬叫南子,灵公的太子蒉聩和南子夫人有怨,他害怕被杀就逃往国外。灵公去世后,南子夫人想让公子郢继位。公子郢不肯接受,就说:"太子虽然逃亡了,但太子的儿子辄还在。"卫国于是就立辄为国君,是为卫出公。

出公十二年(前481年),出公的父亲蒉聩还逃亡在国外,子路当时正在卫国大夫孔悝家做家臣。蒉聩偷偷摸摸地回国后,带着一伙人潜入了孔悝家挟持孔悝作乱。他们袭击了卫出公,出公逃往鲁国,蒉聩于是即位,是为卫庄公。

孔悝作乱时子路当时有事在外,当他听到消息后就立刻赶了回来。子羔出城门时正好遇见子路,他对子路说:"出公逃走了,城门已经关闭了,你进不去的,赶紧回去吧,不要自找苦吃。"子路说:"拿着人家的俸禄就不能回避人家的灾难。"但子羔还是逃走了。这时正有使者要进城内,城门开后,子路就跟了进去。

子路找到了蒉聩,蒉聩正和孔悝走上了台子。子路说:"你为什么要用孔悝呢?请把他交给我,让

我把他杀了。"蒉聩不听。子路于是就要放火烧台子,蒉聩十分害怕,立即命令石乞、壶黡下台攻打子路。子路被击伤时帽子掉在了地上。子路说:"君子可以死,但帽子不能掉下来。"他系好帽子后就死去了。

孔子听说卫国发生了暴乱,于是惊叹道:"哎呀,子路死了!"不久,果然传来了子路的死讯。孔子又说:"自从仲由(子路)跟随了我,我再也没有听到过有人骂我了。"子贡这时正为鲁国出使在齐国。

宰予,字子我,他口齿伶俐,能言善辩。跟随孔子后他就问:"人死了要服丧三年,服丧的时间不是也太长了点? 君子三年不习礼,礼义就会被疏远;三年不奏乐,音乐就会被荒废;一年之内旧谷就会吃完,新谷刚好成熟,钻火的木材也换遍了,新的一切都开始了,守丧一年就可以了吧。"

孔子说:"只守丧一年,你心安吗?"回答说:"心安。"孔子说:"如果你觉得心安,那你就这样做吧。君子在服丧期间吃美味不觉得香甜,听音乐感觉不到愉快,所以君子才不服丧一年呢。"宰予出去后孔子说:"宰予不是个仁人君子啊! 孩子出生后三年才能离开母亲的怀抱,为父母守孝三年应该成为天下通行的大理啊!"

宰予因为熬夜而常常白天睡觉,孔子于是就说:"朽木雕刻不成器物,墙壁腐秽了不能粉刷涂料啊。"

宰予请教孔子五帝的德行,孔子回答说:"五帝功德太高,语言是无法形容的。"

宰予在齐国临菑做大夫,他和田常同谋作乱被灭族,孔子为他感到羞耻。

端木赐,字子贡,卫国人,他比孔子小三十一岁。子贡口才流利,说话很有技巧,但孔子对他的高论常常进行驳斥。

孔子问子贡:"你和颜回相比谁更优秀?"子贡回答:"我哪敢和颜回相比,颜回触类旁通,听一知十,我只能听一知二呀。"

子贡做了孔子的弟子后问道:"请老师说说我是怎样的人啊?"孔子说:"你是个能成器的人。"子贡说:"什么样的器物啊?"孔子说:"瑚琏(宗庙祭祀时盛黍稷的器物)呀。"

陈子禽问子贡:"仲尼哪来这么多的学问呢?"子贡说:"文王、武王之道还未失传,贤者悟其大道,普通人识其末梢,老师学无常师啊!"

陈子禽又问:"孔子每到一个国家都要了解这个国家的政事。是他主动去问人家的呢,还是人家自愿与他谋政而告诉他的呢?"子贡说:"先生凭着温和、善良、恭谨、俭朴、谦让这五种美德而得之,这和别人求得的方式不大一样吧。"

子贡请教孔子:"富有而不骄傲,贫穷而不谄媚,这样做人如何?"孔子说:"可以,但不如贫而乐道,富而好礼呀。"

齐国田常想叛乱,但担心高昭子、国惠子、鲍牧、晏圉等实力派们反对,于是他就想让这些人带兵去攻打鲁国。孔子听说后就对弟子们说:"我们的祖茔在鲁国,父母在鲁国,国家如此危机,你们为什么不挺身卫国呢?"

子路请求前往,孔子却制止了他;子张、子石请求前往,孔子又阻止了他们;子贡请求前往,孔子答应了他。

子贡来到齐国游说田常说:"您攻打鲁国是很失算的,鲁国很难攻打啊。它的城墙单薄而矮小,护城河狭长而水浅,国君愚昧而不仁慈,大臣虚伪而没有能耐,士兵百姓又厌恶战事,这样的国家您不能去打啊。您不如去攻打吴国,吴国城高而墙厚,护城河宽广而水深,使用的铠甲坚固崭新,精选的士卒精神饱满,精良的武器列装三军,将星名臣汇集如云,它很容易攻伐啊。"

田常愤然作色说:"难以攻打的,让你说成容易的;容易的,又让你说成是难的,你这样说话是何居心?"

子贡说:"我听说忧患在国内则去攻打强国;忧患在国外则要去攻打弱国,如今您的忧患在国内,而您却准备去攻打弱国,这怎么能行呢?我还听说国君多次想加封您而未能封成,原因是有大臣在反对。这种情况下您攻打鲁国扩充了疆土,不是正好证明人家反对您的意见是正确的吗?战胜鲁国后国君则更骄纵,攻占鲁国的大臣则更尊贵,而攻城野战您不在其中啊,您因此和国君的关系就会一天天疏远。国君骄纵,大臣们放纵,这种情况下您要成就大业也太难了。"

子贡接着说:"国君骄傲就会恣意妄为,大臣骄傲就会争权夺利,这样一来,您就会上与国君产生裂痕,下与大臣们发生争执,您在齐国的处境能不危险吗?所以不如去攻打吴国。攻打吴国虽不能取胜,但士卒亡命在外,大臣离开国内,空虚的朝堂就不会有人和您对抗了,您也不会承受百姓对战败的非难了。而孤立国君、控制齐国的人就只能是您了。"

田常说:"你说得对。可军队已经开赴鲁国了,如果又从鲁国撤军攻打吴国,我担心大臣们就会怀疑,这该怎么办?"子贡说:"您先按兵不动,我这就去吴国见吴王,让吴国出兵救援鲁国攻打齐国,到时您就可以出兵迎击了。"田常答应后,子贡就南下去了吴国。

子贡对吴王说:"我听说施行王道者不让诸侯灭绝,建立霸业者不容忍有人和他争雄。千钧之重的悬物,哪怕是加上一铢一钱的分量也可能使它的位置改变!但如今拥有万乘战车的齐国正在

独占千乘之国的鲁国，与吴国争高下，我为大王感到不安啊。救援鲁国以彰霸主之名；攻打齐国可获万乘之利！泗水以北的诸侯国可得安抚；强大的晋国也因齐国被伐而臣服。这样做既可获得匡扶弱国的名声，又能阻止强齐的扩张，如此利好聪明人是不会错过的。”

吴王说："你说得很好。但我曾经和越国作战，把越王围困在会稽山，越王现在图谋复兴，苦身养士，有复仇之心，我收拾完越国后再按你说的去做吧。"

子贡说："越国的国力不如鲁国，吴国的强大超不过齐国，大王若把齐国搁置起来去攻打越国，到时齐国早已吞并鲁国了，那时齐国的力量就会更加强大。如今大王是打着救亡图存，不断绝小国祭祀的王道名分，出动正义之师去攻打齐国的，如果丢掉这些却去攻打弱小的越国，那就落下了害怕齐国的名声，并丢掉了勇敢和王道！勇者不回避艰难，仁者不使人陷入困境，智者不失去时机，王者不让人祭祀断绝，您凭着这些才能立德树义，扬名诸侯啊！"

子贡接着说："现在正是保存越国，彰显您的仁德的时候了，您如果救援鲁国，攻打齐国，威震晋国，那么各诸侯国就会拥护您，朝见您的，您就可以称霸天下了！大王如果还对越国有看法，那就请让我去见越王，让他派出军队追随您，这也能使越国空虚，但它也得到了跟从诸侯讨伐不仁的名分啊。"吴王听后大喜，就让子贡去了越国。

越王对子贡的到来表现出了极高的热情，他让国人清扫道路，并亲自到郊外迎接子贡。此后又亲自驾车到子贡下榻的馆舍问候子贡，他说："越国偏僻荒蛮，大夫您能屈驾光临，庄重地前来访问，我们不胜荣幸啊！"

子贡说："事情是这样的，我劝说吴王救援鲁国攻打齐国，但他却忌惮越国,想打下越国后再去攻打齐国,这样一来越国就必然会被攻破的。我想,没有报复人的心却让人怀疑,那就有些拙劣了;有报复人的心却让人知道了,那他就不安全了;事情还没有进行,但秘密就已经泄露了,那就太危险了,这三者是做人做事的大忌啊。"

勾践听后不断磕头拜谢说:"我曾不自量力与吴国交战,被吴王打败后困在了会稽山,屈辱地向他称臣求和,差一点断绝了祭祀。对此我恨之入骨,日夜焦虑不安,打算和他同归于尽,这就是我的愿望!"于是问子贡怎么办才好。

子贡说:"吴王为人凶猛残暴,群臣不堪忍受;他又多次发动战争,致使国力衰竭,士兵疲惫,百姓怨国君,大臣乱其政,伍子胥进谏被杀死,太宰伯嚭顺应着他的过失谋取私利,这都是败亡之国的政治表现啊。"

子贡接着说:"大王可出兵假意追随他,使他更加嚣张;用重金贿赂他,使他更加开心,用谦卑的言辞恭维他,使他更加骄傲。这样,他就一定会去攻打齐国的,如果他战败了,那大王您就如愿以偿了;如果获胜,他一定还会趁势带兵进逼晋国的。我北上见晋君,让晋国与吴国殊死作战消耗吴国。这样,他的精锐部队会被拖入齐国,牵制于晋国,大王就可趁机攻打它,并一定能够灭掉它。"

越王听后非常高兴,答应了子贡的要求,并送给子贡百镒黄金,一把宝剑,两支良矛。子贡没有接受这些,达到自己的目的后就走了。

子贡回报吴王说:"我郑重地把大王的话转告给了越王,越王十分惊慌,他说:'我是个很不

仲尼弟子列传第七

幸的人，小时父亲就去世了，我又自取其辱触犯了吴国，战败后栖居在会稽山上，国家都成了废墟。仰仗大王的恩赐才使越国的祭祀没有中断，大王之恩我至死不敢忘，哪里还敢做非分之事！"

五天后，越国大夫文种叩头对吴王说："东海役臣勾践谨派使者文种，来修好您的属下近臣，托他们向大王问候。我私下听说大王将匡扶正义，诛强救弱，伐暴齐而安周室，我愿征集境内全部士卒三千人追随大王，自己披坚执锐做先锋，甘愿先为大王冒箭石危险报答大王。因此，先派贱臣文种进献祖上珍藏的宝器做贺礼，其中铠甲二十领，斧头、屈卢矛、步光剑若干，请大王笑纳。"

吴王非常高兴，把文种的话告诉了子贡后又说："越王想跟从我伐齐，可以吗？"子贡回答说："不行。使人家的国家空虚，征集人家的所有士卒，还要人家的国君跟从出征，这很不道义啊。你可以接受他的礼物，允许他派出军队，但国君随行出征的事就免了吧。"吴王听取了子贡的意见，辞谢越王后就集结了九个郡的兵力去攻打齐国。

子贡离开吴国前往晋国，他对晋君说："我听说不深谋远虑者不足以应付突如其来之事，不做好战备者不足以抵御来犯之敌。现在齐国和吴国即将开战，如果吴国失败了，越国就必然趁乱反叛它；如果吴国战胜了齐国，吴王就一定会带兵乘势威逼晋国。"晋君听后大惊，急忙问该怎么办？子贡说："那只有做好战备，防患于未然了。"晋君立即照办。子贡做完这

些后就回鲁国了。

吴王率兵攻打齐国，在艾陵大败齐军，俘虏了齐国七名将军。打败齐国后他果然不肯收兵，率军又直逼晋国。吴王这时十分得意，在黄池会盟了诸侯，妄想进一步称霸中原。吴君与晋君在黄池相遇后，两国就开始争雄，晋国攻击吴国，大败吴军。

越王勾践听到吴军惨败的消息后，就率兵渡江攻打吴国，越军一口气攻击到了距吴国都城只有七里的地方才停下来，然后在这里扎下了营寨。吴王听到这个消息大惊，立即放弃了晋国急回吴国。吴军和越军大战于五湖，吴军大败，以至于城门失守。越军不依不饶，继而包围了吴国王宫，杀死了吴王夫差和他的国相，三年后越国称霸中原。

子贡这一系列出使改变了各诸侯国的格局，他保全了鲁国，搞乱了齐国，灭掉了吴国，晋国从此强大，越国称霸中原。

子贡很会做生意，他擅长囤积货物，价低时买进，价高时卖出，随着供需情况的变化而谋取利润。子贡喜欢宣扬别人的长处，但也不隐瞒别人的过失，他做过鲁国和卫国的国相，家产积累到了千金，最终死在了齐国。

言偃是吴国人，字子游，比孔子小四十五岁。子游跟从孔子学习后，在鲁国武城做了地方长官。武城由于战事较多，当地人尚勇善战，子游为了改变粗俗的民风，便大兴礼乐，倡导教化。孔子路过武城时听到了琴瑟伴奏着歌声袅袅响起，于是便笑着说："子游啊，杀鸡焉用牛刀？"

子游说："我曾听先生说过：'君子得到礼乐教化就会宽厚仁慈，百姓受到礼乐教化就会懂得规矩。'难道不对吗？"孔子对随行的弟子们说："言偃说得很对，我刚才是和你们开玩笑呢。"孔子认为子游是一个博学之士。

卜商，字子夏，比孔子小四十四岁。子夏请教孔子说："《诗经》里说'娇美的笑容多么妩媚，明眸善睐楚楚动人，好似在洁白的生绢上绘出的灿烂图画。'这三句话是什么意思？"孔子回答说："先必须要有洁白的质地，然后才能绘出美丽的图画。"子夏说："这是不是说礼乐出现于清明的政治之后呢？"孔子说："子夏感悟力很强，我可以和他讨论《诗经》了。"

子贡问道："颛孙师和卜子夏哪一位更贤能？"孔子说："颛孙师过分了，子夏似乎还有些不足。"子贡说："那么颛孙师强一些吗？"孔子肯定地说："过犹不及。太过和不足同样不可取。"

孔子对子夏说:"你要做个有德的读书人,不要做不正派的读书人。"

孔子去世后,子夏定居西河(今陕西韩城)教授学生,在这里创立了西河学派,做过魏文侯的老师。子夏的儿子死了,子夏把眼睛哭瞎了。

颛孙师是陈国人,字子张,比孔子小四十八岁。子张问孔子谋求出仕求俸禄的方法,孔子说"要多听别人的意见,把有疑惑的环节先放下,有些事情即使自己知道,也要谨慎地说,这样就会少犯错。多看别人行事,把你觉得没有把握的地方先放在一旁,有些事即使你很有把握,也要谨慎地对待,这样就不会太多懊悔。说话失言少,行事悔恨少,谋求禄仕之道就在其中了。"

子张和孔子在陈国和蔡国之间的地方被人围困,子张问孔子,怎样做事才能在世上行得通。孔子说:"说话忠实可信,做事厚道虔敬,即使在南蛮北狄之地也行得通;说话不忠不信,做事不诚不敬,即使在自己的家乡也

行不通。有了诚信和笃敬,你站在人前,'忠信笃敬'的感召力就在人前;你坐在车上,车子就像贴上了'忠信笃敬'的标志。这样,您就处处都行得通了。"子张于是就把这些话写在了系束外衣的带子上。

子张问:"读书人怎样做才可以达(通达)呢?"孔子说:"你所说的达指的是什么?"子张回答说:"在诸侯的邦国中有声望,在卿大夫府中有荣誉。"孔子说:"你说的是闻(名声),不是达(通达)。所谓达,应该是品质正直,遵从礼义,善于理解别人,经常想着谦恭待人的君子行为,这样的人才可以在朝廷或大夫的封地里畅通无阻。至于有虚假名声的人,他外表上往往表现出仁的样子,行动上却常常违背仁,但自己还以仁人自居而不羞愧。这样的人无论在朝廷里或大夫的封地里都一定会有名声的。"

曾参是南武城人,字子舆,比孔子小四十六岁。孔子认为他能通晓孝道,所以传授给他学业。《孝经》是曾参的传世之作,曾参去世于鲁国。

澹台灭明(复姓澹台,名灭明),字子羽,武城人,比孔子小三十九岁。子羽的长相十分丑陋,他想跟从孔子学习,孔子认为他资质低下。跟从孔子学习后,他就回去践行自己所学的理论了。他十分注意自身修养,做事光明正大,从来不暗地里做事,不是为了公事,从来不去会见公卿大夫。

子羽南游至长江,一生追随他的学生有三百人。他待人处事公正无私,讲求信用;他善于言辞,名闻诸侯。孔子听到这些事后说:"我以言取人,失之宰予;以貌取人,失之子羽啊。"

宓(mì)不齐,字子贱,比孔子小三十岁。孔子对他的评价是:"这个人真是个君子呀。如果鲁国没有君子的话,他是从哪里学到这种品德的呢?"

　　子贱做鲁国单父的地方长官,他回来对孔子说:"这个地方有五个人比我贤能,他们在教导我怎样治理单父。"孔子说:"可惜呀! 不齐治理的地方太小了,如果他任职的地方大些就好了。"

　　原宪,字子思。子思问孔子"耻"的解释,孔子说:"国家政治清明,做官可拿俸禄;国家政治黑暗,还做官拿俸禄,这就是耻。"

　　子思说:"一个人如果不好胜、不自夸、不怨恨、无贪欲,他可以算做仁吗?"孔子说:"能做到这些的人是难能可贵的,但是否算做到了仁,那我就不知道了。"

　　孔子去世后,原宪就隐居在了荒野之地,当时子贡做了卫国的国相,他坐着豪华的四乘马车,带着浩浩荡荡的随从车队,通过荒野地,来到了原宪居住的偏远而简陋的小屋看望原宪。

　　原宪整了整旧衣破帽后来见子贡,子贡见状觉得很没有面子,便说:"你怎么能困窘到如此地步呢?"原宪回答说:"我听说没有财产叫贫穷,学习了道理而不能身体力行叫做困窘。我虽然贫穷但不困窘啊。"子贡感到很惭愧,一辈子都为说错了话感到羞耻。

　　公冶长是齐国人,字子长。孔子说:"公冶长这个人么,可以把女儿嫁给他,即使他被囚禁,但这并不是他的罪过。"于是就把自己的女儿嫁给了他。(其实,公冶长这时就是齐国的通缉犯。)

　　南宫适,字子容。他问

仲尼弟子列传第七

孔子说："后羿擅长射箭，奡（ào）能倾覆敌国的战船，他们皆恃强力，能灭人国，但都不得好死。夏禹治水，后稷躬亲稼穑，他们都能拥有天下。这是为什么呢？"孔子没有回答。南宫适出去后孔子说："这个人是个君子啊！他崇尚道德啊！"孔子还说："国家政治清明，他会被任用；国家政治腐败，他不会遭受刑罚。"然后就把"白珪之玷"的几句诗重复吟诵了多遍。孔子因为南宫适有德，就把自己的侄女嫁给了他。

公皙哀，字季次。孔子说："天下的读书人没有德行，都争着去做卿大夫们的家臣，或者在采邑里做官，只有季次不苟合当世，不屈节于人。"

曾蒧（diǎn），字皙。他陪着孔子出行，孔子问他说："说说你的志趣吧。"曾蒧说："穿着崭新的春装，迎着春天的阳光，结伴五六个朋友，带着六七个小孩，在沂水里戏戏水，在祈雨的台上吹吹风，然后唱着歌儿愉快地回家。"孔子感慨道："我和曾蒧的想法一样啊！"

颜无繇（yóu），字路，是颜回的父亲，父子俩曾先后在孔子门下求学。颜回去世后，颜路非常贫穷，他请求孔子把车子卖掉安葬颜回。

孔子认为不妥，就说："颜回和孔鲤只是有才与不才的区别，从情感上来说都是我们的儿子！孔鲤死的时候也只做了棺木而没有做外椁呀。再说我曾经位居大夫，照礼是不可以步行的呀，现在总不能徒步走路而把车子卖了替他买椁吧。"

商瞿是鲁国人，字子木，比孔子小二十九。孔子把《易经》传授给了商瞿，商瞿把它传授给了楚人馯（hàn）臂子弘，子弘又把它传授给了江东人矫子庸疵，庸疵又传授了燕人周子家竖，周竖传授了淳于人光子乘羽，光羽

传授了齐国人田子庄何，田何传授了东武人王子中同，中同传授了菑川人杨何。杨何因为精通《易经》，在汉武帝元朔年间做了中大夫。

高柴，字子羔，比孔子小三十岁。子羔的身长不足五尺，孔子教他学业，认为他很愚笨。

子路打算让子羔做费邑的长官，孔子因为子羔还未完成学业就说："你这是误人子弟啊！"子路说："那地方既有百姓，又有社稷庙宇，他可以在生活中学习呀，为什么一定要读书长学问呢？"孔子说："所以我厌恶那些强词夺理去狡辩的人。"

漆雕开，字子开。孔子叫子开去做官，子开回答说："我还没有那方面的想法，没有做官的思想准备。"孔子听了很高兴。

公伯缭，字子周。他和同门弟子服景伯、子路都在鲁国做大臣。公伯缭给鲁国权臣季孙氏说子路的坏话，挑拨孔门弟子与鲁国的关系，服景伯就把这件事告诉了孔子，并且说："季孙本来就怀疑子路，这样会搞乱鲁国的，我有能力杀死公伯缭，可让他陈尸街头！"

孔子说："不要这样冲动，我们的道在鲁国能推行是天意；不能推行也是天意，公伯缭对天意岂能奈何？"

司马耕，字子牛。子牛话多而性情急躁。他向孔子请教什么是仁，孔子说："要做到仁，说话先必须谨慎。"子牛又问："说话谨慎就可以是仁吗？"孔子说："仁，做起来很难，用语言表达它能不谨慎吗？"

子牛问怎样才算是君子，孔子说："君子不忧虑，不畏惧。"他接着问："不忧虑，不畏惧，就可以算君子吗？"孔子说："内心无愧，何忧、何惧！"

樊须，字子迟，比孔子小三十六岁。樊须向孔子请教种庄稼的事，孔子说："我不如老农民啊。"他又请教种菜的事，孔子说："我不如老菜农啊。"樊须退出后孔子说："樊须不是个干大事的料啊！上层崇尚礼，民众便不敢不敬重从事的；上层崇尚义，民众便不敢不归附；上层崇尚信，民众便不敢不真心实意去做事。如果能做到这些，四方民众就会拖家带口来入籍投靠的，何必自己学稼穑之事呢！"

樊子迟问孔子什么是仁，孔子说："要用心去爱人！"他又问什么是智，孔子说："了解他人，理解他人为智。"

有若，小孔子四十三岁。有若说："礼的使用贵在一个'和'字，先王制定礼仪的初衷就是为了追求和谐，以'和'为美。因此，无论事大事小，都要根据实际恰当地使用礼，不分场合地、机械地使用礼是行不通的；反之，为了和谐而放纵自己，行为不用礼加以节制，照样也是不可行的。"

有若又说："做事信用，兑付承诺时讲义，那么说话就有分量；恭敬顺从，又有礼有节，你就能远离耻辱；能够做到信义、恭谦、有礼，又不忘孝敬父母，你也就有了立身之本了。"

有若长得很像孔子，孔子去世后，弟子们因为怀念和敬慕老师，就让有若充当老师给大家授课，并像当年侍奉孔子一样侍奉有若。

一天，有学生进来问有若说："从前先生带弟子们出行，要弟子们带好雨具，果然，大家出门不久就下起了雨。同学们就请教先生说：'老师怎么会知道就要下雨呢？'老师回答说：'《诗经》里说，月亮偏离自己的位置靠近毕星，不久就会下大雨的。昨天晚上月亮不是在毕星的附近吗？'但前几天月亮又靠近了毕星，为什么却没有下雨呢？"有若无言以对。

一天，又有人问他："从前，由于商瞿年龄较大而没有孩子，母亲就想给他另外娶妻，孔子这时派商瞿到齐国去，商瞿的母亲请求孔子不要派他去。孔子说：'你无需担忧，商瞿四十岁以后会有五个孩子的。'这句话后来果然应验了。请问当年老师怎么能如此准确地预测呢？"有若还是不能回答。

学生们这时就不满意了，他们站起来说："有先生赶紧下去吧，你坐不了这个位置啊！"

公西赤，字子华，比孔子小四十二岁。子华要到齐国任职了，孔子的管家冉有就为子华的母亲向孔子请求粮食。孔子说："给他一釜吧。"冉有认为子华要去很长时间，就请求再多给点，孔子说："那就再加给一庾吧。"冉有觉得老师有点抠门，于是便自作主张给了子华母亲五秉粮食。

孔子知道后并没有指责冉有，而是语重心长地说："公西赤到齐国，他坐的是肥马豪车，穿的是贵重的裘衣，到任后一定有能力供养母亲。府库的粮食虽然不少，但要用到有用的地方啊。我听说君子只救济急需的穷人，而不是去锦上添花，为不需要的人增加财富啊。"

巫马施，字子旗，比孔子小三十岁。陈司败问孔子说："鲁昭公懂礼吗？"孔子说："懂礼。"孔子出去后，陈司败向巫马施作了个揖说："我听说君子是不互相结党袒护的，莫非君子也会结党袒护吗？鲁昭公娶了吴国

女子做夫人，吴国和鲁国都姓姬，周礼规定同姓不能为婚，鲁昭公为了忌讳这个事情，就给吴女起名叫孟子。鲁君要是知礼，那还有谁不知礼呢？"

巫马施把这些话转告给孔子，孔子说："我也太幸运了，一旦有了过失马上就会有人知道。做臣子的不能说国君的过错，这是自古及今的通例，替鲁公避忌就是知礼！"

梁鳣，字叔鱼，比孔子小二十九岁。颜幸，字子柳，比孔子小四十六岁。冉孺，字子鲁，比孔子小五十岁。曹恤，字子循，比孔子小五十岁。伯虔，字子析，比孔子小五十岁。公孙龙，字子石，比孔子小五十三岁。孔子的优秀弟子七十七人中，从子石以上三十五人的年龄、姓名及受业情况在书传中都有记载。

其余四十二人的年龄已不可考，书传中也没有对他们的授业情况作记载。他们是：冉季，字子产。公祖句兹，字子之。秦祖，字子南。漆雕哆（duō），字子敛。颜高，字子骄。漆雕徒父。壤驷赤，字子徒。商泽。石作蜀，字子明。任不齐，字选。公良孺，字子正。后处，字子里。秦冉，字开。公夏首，字乘。奚容箴，字子皙。

公肩定，字子中。颜祖，字襄。鄡（qiāo）单，字子家。句井疆。罕父黑，字子索。秦商，字子丕。申党，字周。颜之仆，字叔。荣旂，字子祈。县成，字子祺。左人郢，字行。燕伋，字思。郑国，字子徒。秦非，字子之。

施之常，字子恒。颜哙，字子声。步叔乘，字子车。原亢，字籍。乐欬，字子声。廉絜，字庸。叔仲会，字子期。颜何，字冉。狄黑，字皙。邦巽，字子敛。孔忠。公西舆如，字子上。公西葴，字子上。

太史公说："学者们大都认为孔子有七十七位贤明弟子，赞誉他们的人有些言过其实；贬毁他们的人又有损于他们的真实形象。其实，作评论的人都没有见到过他们本人，还是孔氏古文接近其真相吧。我对《论语》中孔子与弟子们的对话进行采辑，然后写成此文，对有疑问的地方作了空缺处理。"

商君列传第八
人物像

商君

魏惠王

商鞅（青年）

商君列传第八

商君是卫国公室的庶系后裔，名鞅，祖上为姬姓，后分支为公孙氏。商鞅少年时代喜好循名责实、慎赏明罚的刑名之学，后在魏国相国公叔座的门下任中庶子（战国时期权贵家中的侍从之臣），公叔座很赏识他的才干，还未来得及向魏王推荐他，公叔座就得了重病。

魏惠王探望公叔座的病情时问："你的病倘有不测，政事可托付给谁？"公叔座说："我的中庶子公孙鞅年轻而有奇才，大王可以把国政交付于他。"魏王默然不语。

魏王将要离开时，公叔座屏退了其他人后说："大王如果不用公孙鞅，那就把他杀掉吧，总之不能让他到别国去。"魏王点了点头后就离开了。

公叔座把商鞅叫来说:"今天大王来时问我谁可以为相,我推荐了你,但从大王的表情看他没有答应。作为相国,我应先国君后臣下,于是我就对大王说,如果不任用公孙鞅,就把他杀掉吧。大王点头应允了我。你赶快离开这里吧,不要让他们把你抓住。"

商鞅说:"大王既然不采纳你的意见任用我,那他就未必会听信你的建议而杀死我。"商鞅因此没有离开魏国。

惠王回去后对身边的人说:"公叔座病得太厉害了,真可悲啊!负责国政这样的大事,他竟给我推荐了公孙鞅,老人家真糊涂了!"

公叔座去世后,公孙鞅听说秦孝公招纳贤才,意欲重修秦缪公之霸业,收复被魏国侵占的河西之地,于是就西行入秦。依靠秦孝公的宠臣姓景的太监求见秦孝公。

秦孝公召见了卫鞅,但在谈话过程中孝公却常常打瞌睡。虽然卫鞅谈得很多、很长,但秦孝公并没有多大兴趣。谈完话后,孝公沉着脸对景监说:"你引荐的人大话连篇,狂妄自大,这样的人怎么能任用呢!"

商君列传第八

091

景监很没有面子,于是就责备了卫鞅。卫鞅说:"我给他谈的是五帝之道,他没有感悟啊。"五天后,景监又请求孝公接见卫鞅。卫鞅这次见到孝公后谈的比上次更多,但还是不合孝公的心。

孝公又责备了景监,景监也再次责备了卫鞅。卫鞅若有所思地说:"我用夏商周三朝的王道进说孝公,孝公还是听不进去。请再给我一次机会吧。"卫鞅又见到了秦孝公,孝公这次的态度有了改变,对他比较友好,但仍没有任用他。

卫鞅离开后,孝公对景监说:"你推荐的客人还行,有些问题还是可以交流的。"卫鞅说:"我给他谈了点霸道,他就有了点儿兴趣,下次召见我,我就知道该谈什么了。"

卫鞅又见到了秦孝公。卫鞅谈得滔滔不绝,孝公听得如痴如醉,谈着谈着,孝公就不知不觉地不断在席上挪动着膝盖靠近卫鞅,完全为卫鞅的说辞而着迷。这样一直谈了好几天,孝公没有一点儿厌烦的意思。

景监于是问卫鞅说:"你是用什么打动了孝公呀?孝公听了你的谈话后非常高兴呀!"卫鞅说:"我给国君谈了帝道、王道,建立夏、商、周那样的盛世,而国君却嫌我谈得太久太远,说他等不及,还说贤明的君主都是在自己在位时名扬天下,哪有默默地等待几十年、几百年来成就帝业的道理?'因此我就以强国之术劝说君王,君王听后十分高兴。但我担心这样一来我们就不会有殷、周两代的德业了。"

卫鞅给秦孝公进说了强国之术后,孝公就立即任用了卫鞅。卫鞅准备变法,但秦孝公又担心天下会非议自己。卫鞅于是说:"做事忧虑就不会成功,行动迟疑就不会成名。过人之举被世俗所非议是很正常的事;独到的见解被人们讥讽也并不奇怪。"

他继续说:"愚蠢的人对已经成功的事还感到困惑,智慧的人对未发生的事却早有预见。创立大业者不谋于百姓,欢庆胜利时少不了民众。所以圣人如果要强国,就不必沿用旧的成法;如果要利民,就不必遵循旧的礼制。"

秦孝公说:"好!"甘龙却说:"不能这样啊,圣人施教不改民俗,智者治国不变法度。因民俗而施教不费气力就会成功;沿袭成法治国官吏习惯而百性安定。"

卫鞅说:"甘龙的话是世俗之言啊。常人安于现状,学者沉迷于自己的见闻,这两种人可当守法之官,但不能与之探讨革新变化之事。夏商周三代都建立了王业,但礼仪教化都不同;当今有五个诸侯成就了霸业,但他们的法度各异。智者制定法律,愚者受其约束;贤者更改礼教,庸者拘泥旧礼。"

杜挚说:"没有百倍的利益,就不能轻易改变法度;没有十倍的功效,就不要随便更换器具。效仿古人没有过错,遵循礼法不产生偏差。"

卫鞅说:"治国没有一成不变的方法,只要有利就不必效法古法。商汤、周武王不沿袭旧法而成王业,夏桀、商纣不改变旧制而亡国。改革旧制无可厚非,因循守旧不足以赞美。"秦孝公说:"好,你说得太对了。"于是任用卫鞅为左庶长,下令开始变法。

法令规定编制基层民众组织。规定每五家以伍为单位编制,每十家以什为单位编制,在编制单位内实行监视和连坐政策。对不告发犯罪者处以腰斩，对告发者给予奖励。告发奸恶的和斩获敌人首级的同样受赏；隐藏奸邪的与投降敌人同样的惩罚。

规定百姓家中有两个以上成年男子的要分立门户，不分立门户者要加倍征收其赋税；下令对有战功者要按规定奖励和加升爵位；为私事斗殴者按情节轻重处以不同的刑罚；农耕和纺织成绩突出的要给予奖励，并免除本人徭役；专门从事工商者、因懒惰而贫困者要抓捕收监，罚他们到官府为奴。

规定没有军功的国君宗室弟子不得载入宗室名册；明确宗室子弟的爵位和俸禄等级，按爵位和等级分给他们田地、住宅和奴婢，家臣、侍妾的衣服也按家庭的爵位和等级分等级享用。有战功者让他们的名声显耀，社会地位尊贵；没有战功者即是富有也不能享受荣誉和尊贵。

法令即将公布时，卫鞅担心百姓不信任他，他就在都城市场南门立起了一根三丈高的木桩，然后通告招募百姓说"若有能搬此木到北门者赏给十镒金"。百姓觉得很奇怪，没有人敢去搬。

于是他就又悬赏说"有能搬此木者赏给五十镒金。"在重赏的诱惑下，有人就搬走了木桩，卫鞅就当众奖赏了他五十镒金，表明他做事不搞欺诈。卫鞅随即就颁布了新法。

新法实施一年来，秦国百姓对新法很不适应，抵触情绪很大，有数以千计的人到都城投诉。

此时太子触犯了法令，卫鞅说："法令不能推行，是由于上层的人触犯法令！"于是就准备依法惩处太子。但太子将来要做国君，是不能施刑的，卫鞅于是就对负责太子德行教育的太傅公子虔行了刑，对负责太子文化教育的太子的老师公孙贾处以脸部刻字的黥刑。第二天，秦国再没有人敢抵触和违反法令了。

新法推行了十年秦国就得到了大治，百姓十分欢喜。这时的秦国路不拾遗，山无盗贼，家户殷实，民众富有，民勇于为国家而战，不敢为私利而争斗。

当初变法时有人抵触新法，说新法不利于国家，现在又来夸赞说新法很好。卫鞅说"这些人都是扰乱教化的人！"罚他们全部到边境服役。此后再也没有人敢议论法令了。秦孝公这时提升了卫鞅的官职，任命他为大良造。

卫鞅率领军队出征魏国，包围了魏国都城安邑，迫使魏国投降。

三年后，秦国在咸阳建筑宫廷城阙，把国都从雍地迁到咸阳。卫鞅在这里又下了新一轮的改革法令:禁止百姓父子兄弟同居一室养育后代,把零星的乡镇村庄合并成县,设置了县令、县丞,全国总共合并划分为三十一个县。

新法要求整治田地,废除井田,开通田间道路,把道路作为重新划分田地的界线;鼓励开垦荒地,按照土地的多少征收军赋田租;统一了度量衡的标准,从而使赋税的征收整齐划一。

第二轮新法颁布后的第四年,公子虔又触犯了法令,卫鞅就对他处以劓(yì)刑,他被割掉了鼻子。

五年后秦人国富兵强,周天子把宗庙供奉过的祭肉馈赠给了秦孝公,以示对秦国的亲密和尊重。诸侯各国也纷纷前来祝贺。

第二年(前341年),齐军在马陵击败魏军,俘虏魏太子申,杀死将军庞涓。又过了一年,卫鞅对秦孝公说道:"秦国对于魏国,或者说魏国对于秦国,双方都是各自心中的痼疾,不是魏吞并秦,就是秦吞并魏。魏国应该成为我们进攻的首选对象。"

他接着说:"魏国靠着险峻的中条山,把都城建在安邑,与秦国以黄河为界,独占华山以东之地利,有机可乘时西向伐秦,形势不利时向东防守。秦国如今仰仗大王的贤明得以强盛,而魏国去年被齐国打败,诸侯已纷纷背离,这正是我们攻伐魏国的大好时机啊。魏国如果抵挡不住秦

军,则必然向东迁移,秦国则可乘势进逼攻入河东。这样,秦国就可占据黄河、华山之险,向东虎视中原,建立千秋帝业!"秦孝公极为赞同,便派卫鞅率兵攻伐魏国。

魏王派公子卬率兵迎击秦军,两军列阵对峙。卫鞅写信给公子卬说:"我当初在魏国时与公子你关系很好,如今两军对垒,各自为将,我不忍心相互残杀,是否可与公子相见,然后缔结盟约,痛饮叙旧,各自撤兵,使秦魏两国相安。"

魏公子卬认为这样很好,于是就与卫鞅会面盟约,然后赴宴痛饮。而卫鞅却事先埋伏好盔甲之士,趁公子卬酒酣之际将其拘捕,并乘势发动攻击,打败魏军后将公子卬作为俘虏带回了秦国。

齐国、秦国先后打败魏国,魏国无力再战,国势日益衰落,魏惠王非常恐慌,于是割让河西之地(今韩城、合阳、大荔一带)向秦国求和。

此后,魏惠王不得不离开安邑,把都城迁到了大梁。魏惠王说:"我真后悔当初没有听公叔座的话啊。"

卫鞅大败魏军后,秦孝公把於、商两地的十五个城邑封给了他,卫鞅从此就号称为商君。

商君出任秦相十年,皇亲国戚们大都怨恨他。赵良去见商君,商君说:"我能见到你,是由于孟兰皋的介绍,现在我们交个朋友,可以吗?"

赵良说:"我不敢奢望啊!孔子说:'推荐贤能,人们拥戴的人才会前来;聚集不肖,即使能够成就王业的人也会引退。'鄙人不才,不敢从命。我听说:'占有了不该占有的位置叫做贪位,享有了不该享有的名声叫贪名。'我如果接受了你慷慨的提议,我恐怕就成了贪图地位和名声的人了。所以我不敢从命。"

商君说:"看来先生是不高兴我对秦国的治理吗?"赵良说:"能听取反面意见的叫做聪,能自我认识的谓之明,能够克制自己,战胜自我的叫做强。虞舜曾说:'自我谦卑的人就会受人尊重。'你只要借鉴虞舜之道做事,就不必要再来问我了。"

商君说:"当初秦国的习俗和戎狄没有两样,无父子之别,无伦理教化,全家人不分男女同居一室。而我改变了秦国的教化,使他们男女有别,分居而住,又大造宫廷城阙,使秦国像鲁国、魏国一样崇尚礼仪。我治理秦国的政绩和五羖大夫比谁更好?"

赵良说:"一千张羊皮比不过一领狐裘贵重;一千人附和比不上一个人直言争辩。武王允许大臣们直言谏诤而周朝兴旺,殷纣之臣不敢说话而国家灭亡。你如果认为武王做得对,那就请让我整天直言进谏而不受责备好吗?"

商君说:"常言道:'花言巧语好比花朵,实话箴言好比果实,逆耳的话是良药,谄媚的话是顽疾。'你如果真的愿意整日直言相告,那便是我治病的良药,我将以你为师,你为什么要拒绝和我交朋友呢!"

赵良说:"那五羖大夫流亡在楚国郊野,听说秦缪公贤明就想进见,由于缺少路资就把自己卖给了秦国的客商。他随客商来到秦国,身穿粗糙的葛布衣服给人喂牛,一年后才被秦缪公知晓。缪公提拔他于牛棚之中,举用他于百官之上,秦国没人能与他相比!他在秦国做国相的六七年里,秦国东进讨伐了郑国;出兵攻击了楚国,挽救了宋国;三次匡扶晋国社稷,扶立了晋国君主。他内强国力而巴人致贡;外施恩泽而四方少数民族臣服;由余闻讯而入关投奔。"五羖大夫出任秦相,劳累不坐车,酷暑炎热不打伞,走遍国中,不用随从的车辆,不带武装防卫,他的功名载于史册、藏于府库,他的德行施教于后代。

他接着说:"五羖大夫去世时,秦国不论男女都痛哭流涕,小孩子不唱歌谣,正在舂(chōng,用杵臼捣去谷物的皮壳)米的人不哼小调,这就是五羖大夫的德行啊!"

他继续说:"你利用权臣景监进见秦王,这和任贤举能名不副实;你作为秦相不以百姓为重,而大建宫殿门阙,这不能算作建立功业;你用黥刑、劓刑处罚太子的师傅,用严刑酷法残害百姓,这是在积怨聚祸;教化的力量超过了君命,百姓服从规程的行为快于君令,这是让国君大权旁落! 你搞的是歪门邪道,而不是在实施教化。"

他说:"你在封邑里坐北面南自称寡人,却时时用法律强迫秦国的宗室子弟。《诗经》有这样的描述：'老鼠行走有形有序，做人怎能没有礼仪？做人无礼无仪，为什么还不快快去死？'以此看来，你的一举一动实在不是谋求长寿善终的行为啊。"

他继续说："公子虔闭门不出已经八年了，你还杀死了祝懽，黥刑于公孙贾。《诗经》说：'得人心者昌，失人心者亡。'这几件事都不得人心啊。你出行时总是有几十辆载满甲士的兵车跟从，身强力壮的武士陪乘，手持戈戟的士卒列队在车后。这中间有一样不齐，你就坚决不外出。

他说："《书》说：'以德为本者昌，以力处世者亡。'你的生命现在就像朝露一样很容易消失。你如果想延年益寿，那就赶快归还封赐的十五个城邑，自己到偏僻荒远的地方隐居自耕。在你临走之前，你还得劝说秦王重用身居山林的贤士，尊崇有德之士，倡导教化，养老抚孤，使父兄敬重，依功序爵。这样也许可以求得一点平安。"

他最后说："你若还要贪婪商、於之地的富有，独揽秦国的政务，积聚百姓的怨恨，那你就危险了，秦王一旦抛弃宾客或自己不能当朝，秦国要拘禁你的人难道还少吗？给你罗织罪名难道会很难吗？到那时，你被杀身就像走路抬脚一样容易。"但商君没有听从赵良的劝告。

五个月后秦孝公去世，太子即位。公子虔等人就告发商君谋反，国君就立即派人逮捕了商君。商君听到风声后就逃跑了。

他人饥马乏地逃到了边关时已经天黑了，于是他就

去了客栈。客栈店员不知道他的身份，对他说："商君法令规定：留宿没有通行证件的人要判罪的，请拿出你的通行证吧。"商君叹道："唉，新法竟然祸害到了如此地步！"

他到了魏国的边关，魏人怨恨他欺骗了公子卬，致使魏军大败，于是就拒绝接纳他。这时魏国有人说："商君是秦国的逃犯。秦国如今如此强大，我们如果不遣返他回秦国就会引来祸患的。"于是魏人就将商君送到了秦国。

商君到秦国后便直奔封地商邑，他纠集了商邑的军队和党羽，往北攻打郑国谋求生路。秦王知道后就派兵攻打商君，把他杀死在郑国黾池。

秦惠王不依不饶，在咸阳车裂了商君的尸体示众，他说："不容许再出现商鞅这样的造反行为！"并诛灭了商君的家族。

太史公说："商君是个天性刻薄而残忍的寡恩之人，他起初给秦孝公游说的帝王之道，那只不过是为了谋取秦孝公的官职，取得

商君列传第八

101

秦孝公的信任而虚饰的权宜之辞,这并非他的本性,况且他还是通过宠臣走门路取得任用的。他施刑于秦宗室公子虔,欺诈魏将公子卬,不听赵良的劝说,这些都足以证明商君的寡恩了。我曾经读过商君的《开塞》《耕战》等著作,书中的论述正是他本人行为的写照。他在秦国蒙受恶名是有其缘由的啊!"

苏秦列传第九
人物像

苏秦

赵肃侯

燕文侯

魏襄王

苏秦列传第九

苏秦是东周洛阳人,他曾经向东到齐国拜师学艺,跟随鬼谷子先生学习。

苏秦出外游历了好几年,穷困潦倒地回到家里,受到兄嫂弟妹及妻妾的讥笑,说:"周人的习惯是,人们都把治理产业、从事工商业,从中赚取差价作为事业。现在,你却放弃根本而去从事耍嘴皮子的游说职业,穷困潦倒了,不也是很应该的吗?"

苏秦很羞愧,就把自己关在家里,拿出家里的藏书重新阅读学习了一遍。他说:"既然学习了知识,却不能凭借这些获取荣华富贵,读书再多又有什么用呢。"

苏秦找到一本周人的《阴符》书,花了一年多的时间认真研究,找到了一条有助于国君发展的路子。他高兴地说:"凭借这些,我完全可以去游说当代的国君了。"

他最先请求并游说周显王,但显王的大臣们平素很熟悉了解苏秦的为人,都看不起他。周显王也不信任他。

于是,苏秦就向西来到秦国。那时,秦孝公已死。苏秦便游说秦惠王，说道："秦国的四面被山关险要所包围，中间有带子一样的渭河流过，东边有关河，西边有汉中，南有巴蜀，北有代马，这的确是个形势险要、土地肥沃，自然条件绝佳的好地方。再加上众多的百姓和训练有素的兵士，完全可以吞并天下，建立帝王的伟业！"

秦惠王对苏秦说道："鸟的羽毛还没有丰满，凭什么就想高飞？国家的根基还不稳固，又凭什么来兼并天下？"那时，秦国刚刚处死了商鞅，对游说的人恨之入骨，就没有接纳任用他。

苏秦就向东来到赵国。那时赵肃侯任命自己的亲弟弟赵成做相国，封号为奉阳君。奉阳君并不喜欢苏秦。

苏秦又去游说燕国，等了一年多才等到了机会。他对燕文侯说："燕国东有朝鲜、辽东，北有林胡、楼烦，西有云中、九原，南有滹沱、易水，方圆纵横两千多里，精兵强将数十万，战车六百辆，战马六千匹，储存了好几年的战备粮食。南有肥沃丰产的碣石、雁门，北有红枣、板栗等物产，民众即使不干农活，仅仅是红枣和板栗的利润就足够富有了。这就是人们常说的天然仓库啊。"

他接着说："只有燕国才能够让人民安居乐业，不受敌国的侵犯。因为赵国在燕国的南边，对燕国起到天然的屏障保护作用。秦赵两国共打了五次仗，秦国两胜三败。秦赵两国相互厮杀，彼此削弱，而燕王完全可以利用自己在后面牵制他们。"

他又说："秦国要攻打燕国，就必须跨过云中、九原，穿过代郡和上谷之地。这些地方距离燕国很遥远，即使秦国攻下了燕国的城池，也是难以坚守的。"

苏秦说："可是，赵国要攻打燕国，则不用十天，他数十万大军就能推进到东桓，强渡滹沱河、涉过易水，用不了四五天就能推进到燕国的都城了。"

苏秦最后说："可以说，秦国是到千里以外打燕国，赵国则是在百里以内打燕国。不担心百里以内的祸患却把精力放到千里以外的敌人身上，这是再愚蠢不过的计策了。我建议燕国交好赵国，并与别的诸侯国形成南北统一局面，共同对抗秦国。那么燕国一定不会再有忧患了。"

燕文侯说道："你说得很正确，可是我的国家过于狭小，向西紧挨着赵国，向南则靠近齐国；齐国和赵国都是强国。你一定要用合纵的办法让燕国不再遭受侵略和威胁，我愿意倾全国之力听从你的安排。"

燕王就资助车马和金银钱财，让苏秦来到赵国。那时，奉阳君已经死了，苏秦就趁机劝说赵肃侯道："天下当官的和百姓们都仰慕您是个施行仁政的贤君，早就想聆听您的教诲，向您表达忠心。"

苏秦说："但奉阳君嫉贤妒能，您又不能亲自主持朝政，导致了宾客和游说之士不敢对您畅所欲言。如今奉阳君已经去世，您又能和士民百姓近距离接触了，我也才敢来向您进献我的愚见。

"我觉得当一个圣明的君主，就要使国泰民安，让战争远离百姓。要使百姓安定，最根本的就在于选择邦交，邦交选得适当，国家就会安定，若选得不适当，百姓就终生不得安宁。假如赵国把齐秦两国都树为敌国，那么百姓就得不到安宁，假如依靠秦国攻打齐国，或者依靠齐国攻打秦国，百姓也是得不到安宁的。

"所以，要替国君谋略、筹划治国之策，最难的就是发表公开声明跟别国断绝外交。我恳请君主在这方面谨慎行事，不要随意这么做。权衡赵国的利害得失，就如同黑白分明、阴阳差异一样明显。

"如果君主您采纳我的意见，就一定能获得燕国盛产毡裘狗马的土地、齐国生产鱼盐的海岸、楚国盛产桔柚的园林，韩国、魏国、中山国等都会献出天子的封地归您差遣，而您的亲戚和父子兄弟也都能列土封侯。

　　"为了封侯，春秋五霸曾经倾全国之力发动战争；为了利益，商汤曾经流放夏桀，武王曾经讨伐殷纣。现在君主你完全可以坐享其成，获得这两方面的好处，这就是我来到您这里并希望您能获得的原因啊。

　　"现在大王如果与秦国交好，秦国就会利用这一优势去削弱韩国和魏国；削弱您与齐国的关系，齐国也一定会削弱楚国和魏国。魏国被削弱了就会割让河外，韩国被削弱了就会向秦国进献宜阳，宜阳一旦被进献了，上郡就会陷入绝境；河外被割让了，通往上郡的交通就会被阻断，楚国被削弱了您将孤立无援。这三方面因素大王不能不仔细地考虑啊。

　　"如果秦国占领了轵道，韩国的南阳就危险了；秦国要强行占领韩国，包围周都，赵国就只得拿起武器进行自卫；如果秦国占据了卫地，夺取了卷城，那么齐国一定会向秦国称臣投降。秦国夺取天下的欲望既然已经在山东得以实现，那么就一定会举兵攻打赵国。如果秦国的军队渡过黄河、漳水，占领番吾，那么秦国赵国就会在邯郸决一雌雄，这就是我替您担忧的原因啊。

　　"这个时候，山东境内所有的诸侯国中，赵国的实力最强大。赵国方圆两千多里，有精锐部队数十万、战车千辆、战马一万多匹，粮食物资储备丰富。向西有常山，向南有黄河漳水，向东有清河，向北有燕国等作为依托。燕国本来就是弱小的诸侯国，根本不必担忧。

　　"当今天下，秦国最想加害的就是赵国。但秦国却不敢攻打赵国，什么原因呢？秦国是担心韩国和魏国在后方暗算它。

　　"韩国和魏国是赵国南边的屏障！假如秦国攻打韩国和魏国，那里一马平川，只需用蚕吃桑叶的方法就能慢慢吞并它们。韩国和魏国要是抵挡不住秦国，最后一定会向秦国俯首称臣。秦国消除了这两个后顾之忧后，自然便会攻打赵国。这就是我替赵王您担忧的原因啊。

"我听说尧帝并没有得到过土地的奖励，舜帝也没有得到过一尺封地，但他们却拥有了整个天下；禹聚集的民众不足百人，却在诸侯中成就王业；汤、武的谋士不足三千，战车不过三百，兵士超不过三万，却能成就霸业，一统天下，这是因为他们掌握了成就王业的道理。所以，贤明的君主一定要知己知彼。这样的话，两军还没有接近，胜败的关键早就胸有成竹了，哪里还会被众人的议论所蒙蔽，从而糊里糊涂地决断国家大事呢？

"我研究天下的地理形势图，各诸侯国的土地要比秦国大五倍，军队比秦国多十倍，只要六国能结成一个整体，联合所有的力量向西攻打秦国，秦国就一定会被消灭的。

"现在，六国却反而向西对秦国俯首称臣。打败敌人与被敌人所打败，让人俯首称臣与向别人俯首称臣，结局能是一样的吗？

"那些为秦国效力，主张连横策略的游说辩士，都是想把各诸侯国的土地割让给秦国。要是秦国吞并了天下，他们就可以享受高大华美的宫室和楼台亭榭，前面有物质的享乐，后面有美女，他们欣赏着歌舞演奏，哪里还会管各国是怎样遭受秦国的威胁的。所以，主张连横的人图谋的是割让各国的土地，希望大王您能仔细考虑这些问题啊。

"我私下里替大王考虑，不如使韩、魏、齐、楚、燕、赵六国统一成一个相亲的整体，用来对抗秦国。集中天下的将领到洹水聚会，消除各自心中的嫌隙，沟通共同的利益，杀白马而盟誓。

"六国相互协商约定：如果秦国攻打楚国，齐国、魏国就各自派出精锐帮助楚国,韩国断绝秦国的粮道,赵国向南渡过黄河和漳河支援,燕国固守常山以北;如果秦国攻打韩国、魏国,那么楚军就切断秦军的后援,齐国派出精锐部队帮助韩、魏两国。赵军就渡过黄河与漳水前去支援,燕国就固守云中地带。"

"如果秦国攻打齐国的话,楚国就切断秦军后援,韩国固守城皋,魏国阻塞秦国的交通要道,赵国军队渡过黄河与漳水兵临博关去支援齐国,燕国派出精锐之师去协同作战。如果秦国要进攻燕国,赵国就固守常山,楚军驻扎武关,齐军渡过渤海,韩国、魏国同时派出精锐部队去支援。

"如果秦国进攻赵国,韩军就驻扎宜阳,楚国固守武关,魏军驻扎河外,齐军渡过清河,燕国以精锐之师来帮助赵国。

"如果各诸侯有不按照盟约执行的,就凭借五国的兵力共同讨伐他。如果六国能相亲结成一个整体,那么秦国的部队就一定不敢走出函谷关,来侵犯山东各国了。真能这样的话,那么您就能号令天下成就霸业了。"

听了苏秦的主张后,赵王说:"我还比较年轻,执政时间又短,还没有听到过能使国家长治久安的计策。现在,先生想使各诸侯国合纵相亲,我愿意倾国相从。"就装饰了一百辆车,带上黄金一千镒,一百对白璧,一千匹丝绸锦缎,用来游说各诸侯国加盟合纵之策。

这时候周朝天子把祭祀文王武王用过的肉赐赠给了秦惠王。秦惠王派出犀首去攻打魏国,生擒魏国将领龙贾,夺取了魏国的雕阴,并且打算向东进军。苏秦担心秦国的部队打到赵国,就用计策激怒了张仪,迫使他投奔秦国去了。

在这种情况下,苏秦去游说韩宣王说:"韩国北边有坚固的巩邑、成皋，西边有宜阳、商阪等要塞，东边有宛、穰、洧水，南边有陉山之地，纵横九百多里，精兵数十万。天下的强弓劲弩都出自于韩国。比如谿子弩和少府生产的时力、距来等，有效射程都在六百步以外。"

苏秦说："士卒使用的剑戟都出自于冥山、棠谿、墨阳、合赙、邓师、宛冯、龙渊、太阿这些地方，它们都是天底下最锋利的武器，能斩断坚固的铠甲；护臂和射箭时套在左臂上的皮套，以及系盾用的丝带等。这些都是韩国出产的。

"勇敢的韩国士卒，身披坚固的铠甲，脚踏强弩，身带锋利的武器，以一当百。凭借韩国士卒的强劲和大王您的英明决策，现在却要向西侍奉秦国，拱手而称臣，这会让社稷蒙羞，而被天下人所耻笑，再没有比这更严重更悲哀的事了。所以我希望大王仔细考虑这件事啊。

"如果大王投降秦国，秦国就会向您索取宜阳、成皋之地。你今天割让了，明天他们又要，反反复复没完没了。用有尽的土地去换取无限的贪心，这就是人们所说的拿钱购买怨恨，招致灾祸，还没有打仗土地就被割让完了。

"我听过一句谚语：'宁做鸡头，不做牛尾。'现在您如果向西拱手称臣，那与牛的尾巴有什么不一样呢？凭借大王的贤明，又拥有韩国强大的军队，却要蒙受做牛尾巴这样的恶名，我私下里替大王感到羞耻啊。"

听了苏秦的分析，韩王勃然大怒，捋起衣袖，瞪大眼睛，手握剑柄，仰天长叹，说道："我即使再愚昧昏庸，也不可能西去侍奉秦国。现在，先生你已经给我说了赵王的教诲，我就把全国托付给你，听从你的派遣。"

苏秦又去游说魏襄王，说道："魏国南有鸿沟、陈地、汝南、许地、郾地、昆阳、召陵、舞阳、新都、新郪，东有淮河、颍河、煮枣、无胥，西有长城为界，北有河外、卷地、衍地、酸枣，纵横千里，名义上虽然不大，可土地上屋宇相连;道路上众多的百姓和车马日夜川流不息,发出巨大的轰鸣声,如同三军人马的声势一样壮大。"

苏秦说:"您的国力和楚国大致相当。但主张连横的人却诱惑您,与虎狼一样的秦国去侵扰天下,而一旦魏国遭受秦国的侵害,他们谁还会顾及您呢。而且,依靠秦国的实力,打压劫持别国的君主,所犯的罪恶还有比这更严重的吗?!

"魏国是天下的强国,魏王是天下最负盛名的贤明君主。现在,您竟然有意向西去投降侍奉秦国,自己先认为魏国是秦国东部的属国,在自己的领地上为秦国建造离宫,接受秦国的分封,采用秦国的冠服式样,按季节分春秋向秦国进贡祭品,我内心为魏王感到羞愧。

"我听说越王勾践仅带三千疲惫的兵士就在干遂生擒了夫差,周武王只用三千兵士,和三百辆裹着皮革的战车,就在牧野制服了纣王;原因在于他们发挥了兵士们的威力。

"现在,我听说大王有勇士、敢死队、精锐以及后勤保障部队总共不下七十万,战车六百辆,战马五千匹。实力早就超过了越王勾践和周武王当时的实力。但您却听信身边群臣的主张,想称臣侍奉秦国,您这是还没有动用自己的军队,国家就已经亏损了。

"群臣中主张侍奉秦国的人,都是奸佞小人!为人臣子的,用割让主子的土地来换取外交上的友好,贪取一时的功效却不顾其后果,破坏国家的利益成全个人,对外假借强秦的势力来达到内部劫持主子、外部割让土地的目的,恳请大王仔细审视判断这种情况。

"《周书》上说:'草木滋长出微弱的嫩枝时不及时去除掉它,等长得粗壮以后再去铲除,就不得不动用斧头了。'事前没有考虑成熟,事后就

会有灾难降临到头上，到那时该怎么办呢？

"假如大王真地能听臣下我的主张，那么就让六国联合起来，统一意志，专注合纵。那么国家就没有强秦侵扰的隐患了。所以，赵王派使臣我前来向您献上不成熟的合纵之计，并向您奉上详尽的计划约定，希望能依赖大王的指示号召大家了。"

魏王说道："寡人没有出息，从来就没有听到如此贤明的教诲。现在，先生你奉赵王之命来劝说我，那我就倾全国之力来听从你的调遣指派。"

苏秦又趁机劝齐宣王说："齐国南有泰山，东有琅琊，西有清水，北有渤海，多么有利的天然屏障啊。齐国纵横两千多里，数十万的精兵强将，粮食堆积如山。装备精良的部队，合理的五家兵丁制度，保证了充足的兵员，仅临淄一地就可投送二十多万兵力；士兵既能凶猛进攻，又能快速撤退。

"临淄那里特别富有殷实，百姓生活富足，临淄的街道上，车辆拥挤，刮擦碰撞，行人摩肩接踵，连接起衣服能形成帷幔，举起衣袖可遮蔽蓝天，殷实之家随处可见，富足之人比比皆是。凭借大王的贤明和强大的国家实力，天底下谁还能挡住您的去

路！现在您却要向西去臣服于秦国，我私下替大王感到羞耻。

"韩国、魏国害怕秦国，是因为他们与秦国边境相连。要是两国出兵与秦国打仗的话，如果韩魏两国想取胜，那么他们的兵力就会损伤过半，

四周的边境就难以守卫;如果在战争中失败,那么他们国家就会陷入危亡的境地。这就是韩国与魏国如此重视与强秦的交战,而轻易臣服于秦国的原因啊。

"现在,秦国进攻齐国可就不一样了,背靠着韩国、魏国,要经过卫国阳晋的险要道路,穿越齐国亢父的险要关隘,战车不能够并驾齐驱,战马不能够并肩而行,只要有百余人守护在险要关隘处,秦国上千人的兵士也不敢贸然穿越。秦国即使打算深入,却不得不像多疑的狼一样,频频回头看,因为他们要提防韩国与魏国在后面暗算自己。秦国之所以不能侵略齐国的原因就很明了啦。"

苏秦最后总结道:"不判断秦国对齐国的无可奈何,却打算向西称臣侍奉秦国,这是群臣在决策上的错误。现在,齐国还没有向秦国称臣的恶名,却有强大的国家实力,我恳请大王仔细研判一下,以便能好好谋划出相应的对策。"

齐王说道:"寡人不才,居住在遥远偏僻、临近大海、道路又不畅通的东方,从来就没有听到过你这么高明的见解和主张。现在你奉赵王的使命来教导我,我将倾全国之力来听从你的调遣。"

苏秦又到西南劝说楚威王,说:"楚国,是天下的强国;大王,是天下最贤明的君主。楚国的西边有黔中、巫郡,东边有夏州、海阳,南边有洞庭、苍梧,北边有陉塞、郇阳,国土纵横五千多里,精良部队一百多万,战车千余辆,战马万余匹。粮食可以满足全国十年用量。这是建立霸业的资本啊。

"凭借楚国强大的国力和大王您的贤明,天底下还有哪个国家能比得上您?现在,您却打算向西臣服侍奉秦国,那么天下的诸侯谁还敢与秦国抗衡呢?

"在各诸侯国中，哪一个国家也没有楚国对秦国构成的威胁大。楚国强大秦国就必然弱小，秦国强大楚国也必然弱小，就形势而言，两个国家势不两立。所以，我认为大王应早早策划，楚国不如走合纵相亲的路线来孤立秦国。

"如果大王不采纳合纵的策略，秦国一定会兵分两路，一路军士从武关出发，一路军士直逼黔中，那么鄢郢的形势就会动荡不安。

"我听说，在动乱之前就应先治理，在祸患还没有发生前就要采取行动。等到祸患来临了再去忧虑它，那就来不及了。所以臣下恳请大王应早早做打算，仔细地考虑这件事。

"我请求让山东各国向大王奉献四季果蔬，以此来接受您贤明的教诲和指导，把国家委托给您，把宗庙交付给您，训练兵士，磨砺武器，听从大王您的指挥。

"如果大王果真能采纳我的建议，那么各国最动听的音乐和美丽的女子一定会挤满您的后宫，燕国、代地的骆驼、骏马一定会挤满您的畜圈。

"合纵要是取得成功，楚王您就能号令天下；连横成功了，那么秦国就会称帝。现在，您要是放弃了这个称王的机会，就要蒙受侍奉臣服别人的恶名，我觉得您这种做法是不可取的。

"如狼似虎的秦国，凶残成性，一直都有吞并天下的野心，他们是天下各诸侯国最咬牙切齿的敌人。那些主张连横的人都希望能从各诸侯国那里割让土地来奉献给秦国,这种做法叫供养仇敌、敬奉仇敌!

"大凡做臣子的,为讨好秦国却要分割自己君主的土地,在自己的国家遭受秦国侵扰祸患时,却不顾及这些。他们对外仰仗强秦,对内劫持君主,来获取割地。所以,合纵成功了,各诸侯国就会侍奉楚国;连横成功了,楚国就会割让土地侍奉秦国。因此,敝国君主赵王指派臣下我前来向大王您献上不成熟的合纵计策,并向您奉上详尽的计划约定,希望大王您能诏告各诸侯。"

楚王说:"楚国西部与秦国的土地相连,秦国一直想举兵巴蜀,吞并汉中。秦国,是虎狼一样凶残的国家。而韩国、魏国迫于秦国的压力,也不能与他们深谋远虑。如果与他们深入地策划,我担心有背叛之心的人把情报泄露出去,使计划还没有开始实施就让国家陷入危险的境地。"

楚王继续说:"我私下里觉得,拿楚国去对抗秦国,不一定能取得胜利;在内部与群臣谋划又让人不放心,我真的是睡觉不甜,吃饭不香,精神恍惚,没有着落。现在,先生你想使天下一统,召集并团结各诸侯,挽救处于危险中的各诸侯国,我非常诚恳地把整个楚国托付给你,听从你的调遣。"

在这种情况下,六个国家合纵相亲,同心协力,采取共同对抗秦国的连横之策。苏秦做了合纵联盟的首领,并且担任了六国的国相。

完成合纵大策后,苏秦就北上向赵王复命,归途中路过家乡洛阳,随行的马匹和满载辎重装备的车辆,以及各诸侯国派来送行的使者人员非常多,络绎不绝,场面壮阔得就好像君主出行一样。

周显王听到苏秦回来的消息后深感恐惧,急忙让人为他清除道路,派使者到远郊迎接慰问苏秦。

苏秦的兄弟、嫂子和弟媳等全都匍匐在地,斜着眼睛不敢抬头正视他,他们毕恭毕敬地伺候苏秦吃饭用餐。

苏秦笑着问他的嫂子说:"是什么让你过去对我傲慢无比,现在却恭敬有加?"嫂子爬到他的面前,脸贴着地面说道:"因为小叔子您现在地位高,又有许多钱财呀。"

听了嫂子的话,苏秦慨然长叹,说:"同样是原来的我,富贵有钱了,就有亲戚,穷困潦倒了,所有人都轻视你,看不起你。假如当初我有二顷田产,现在我哪里还能佩戴上六国的相印。"

于是苏秦就散发千金,赏赐给家族同门的亲戚和朋友们。当初苏秦去燕国时,向别人借贷了一百钱作资费,现在他就用一百金来偿还那个人,还报答了以前所有对他有帮助的人。

这中间有一个过去跟过他的人却没有得到赏钱,就上前向苏秦申辩。苏秦回答说:"我并没有忘记你。过去你随我到燕国,在易水,你接二连三想离我而去。那时候,正是我穷困潦倒的时候,所以就把你放在最后,先责备你,再让你得到奖赏。"

苏秦约定好了六国合纵联盟后,就回到赵国,赵肃侯封他为武安君。

苏秦把六国的合纵盟约送到秦国。从此,秦国的军队不敢偷窥函谷关以外的各个侯国,长达十五年之久。

后来,秦国派使臣犀首欺骗齐国和魏国,与这两个国家商议攻打赵国,想破坏六国的合纵联盟。齐国和魏国攻打赵国,赵王就责备苏秦。苏秦心里害怕,请求出使燕国,一定要报复齐国,他申请离开赵国后,六国的合纵之策瓦解了。

秦惠王把女儿嫁给燕太子为妻。这一年,燕文侯去世,燕太子易王即位,燕易王刚刚执掌政权,齐宣王就借燕国发丧之机攻打燕国,夺取了燕国十座城池。

燕易王对苏秦说:"当初是先王燕文侯资助了苏先生去的赵国,于是才缔结了六国合纵联盟。如今齐国先打赵国,再打燕国,因为你的缘故,燕国被天下人耻笑,先生你能否替燕国收复回被齐国侵占的土地吗?"

苏秦很惭愧,对燕易王说:"请让我前去把大王丢失的土地收复回来吧。"

苏秦就前去找齐宣王,他对齐宣王拜了两次,弯下腰先庆贺,再抬起头表示哀悼。齐宣王不解地问道:"先生您怎么一边庆贺又一边哀悼呢?"

苏秦说:"我听说饥饿到极点的人宁愿挨饿也不愿意吃乌头这样有毒的东西。燕国即使再弱小,但燕易王却是秦王的小女婿啊,强大的秦国就像大雁一样保护着燕国这只雏鸟。大王从他那里获得了十座城池,却与强秦结下了很深的梁子。

"现在,强秦保护弱小的燕国,您的做法一定会让秦国攻打齐国的!"齐宣王神情凄怆而严肃地说:"既然这样了,那我该怎么办呢?"

苏秦说道:"从古到今,善于处理事情的人,都有能力转祸为福,转败为胜。要是我的话,就把燕国的十座城池还回去。燕国没来由地收回了十座城池,一定会很高兴;秦王知道了齐国这么做是因为他的影响,当然也会很高兴的。这就是所谓的化干戈为玉帛。

"燕国、秦国就都会来侍奉齐国,大王您就可以从此号令天下了,谁还敢不听从您的召唤?大王的做法就等于用虚夸之词依附了秦国,用十座城池的代价获得了天下,这是大王称霸天下的基业啊。"

齐宣王说:"好吧!"于是就归还了燕国被抢走的十座城池。

有毁谤苏秦的人说:"苏秦是个摇摆不定、反复无常、出卖国家的人,他将要引出乱子。"苏秦担心获得罪行，就回到燕国，而燕王却不再给他官职做。

苏秦就去面见燕王，说："我是东周一个鄙陋的人，没有一点功劳，而大王却授予我官职，在朝廷上对我以礼相待。现在，臣下我替大王从齐国手里要回了十座城池，您却不授予我任何官职，一定是有人用不忠实的罪名在您面前诽谤了我。但我觉得我这样的'不忠实'正是大王您的福分啊。"

苏秦说："一切以自己为重的是忠诚而守信的人，以他人为重的则是积极进取的人。为了合纵之策，我把老母留在东周，就是在积极进取、帮助别人。如果我孝顺得像曾参，廉洁得像伯夷，诚实得像尾生，去侍奉大王，您觉得如何呢？"燕王回答说："那就足够了。"

苏秦说："曾参为了尽孝，一刻也不愿离开父母，您还能指望他不远千里来到弱小的燕国，来侍奉处在危难中的国君吗？伯夷为了廉洁，宁肯饿死在首阳山下也不做孤竹君的继承人，不做周朝的臣民，不接受封侯，大王您还能指望他跑到齐国夺取那被侵占的十座城池吗？

"尾生为了诚实，宁可被涨满了的河水淹死也不愿挪窝，您还能指望他给您阻挡齐国的精兵强将吗？在您面前，我因忠信而获得罪责。"燕王说道："你不忠诚守信就算了，难道还有因为忠诚守信而获得罪行的吗？"

苏秦说："听说一个在远方做官的人，他的妻子私通别人，因怕被丈夫发现，就想谋害丈夫。过了三天，丈夫回来了，妻子就让小妾手端药酒给丈夫喝。小妾想给丈夫说酒里有毒，却担心丈夫会休掉妻子，不说出这件事又担心丈夫被药酒害死。最后，小妾佯装仆倒而把药酒洒在地上，丈夫很生气，用鞭子打了小妾五十下。"

苏秦说："小妾用倒药酒的办法既保全了丈夫，又保全了妻子，可她却免不掉挨鞭子，怎么能说忠诚守信就不会获罪呢？我的罪不就像那个小妾吗？"燕王听了他的话后说："恢复先生原来的官职吧。"从此以后，燕王越发厚待他。

燕王的母亲是文侯夫人，与苏秦私通。燕王知道他俩的事后，对苏秦更加优待。但苏秦担心被燕王杀害，就前去劝说燕王道："臣下我留在燕国却不能让燕国的地位得以提高，假如我在齐国的话，那么燕国的地位就一定会得到提高。"燕王说："一切都依从先生的主意吧。"于是苏秦就假装得罪了燕王而逃亡到齐国去了，齐宣王让他做了一名客卿。

齐宣王死后，湣王继承了王位，苏秦为了帮助燕国，想方设法败落齐国，他就劝说齐湣王给齐宣王举办隆重豪华的葬礼，来表明孝道，用建造高大的宫室、开辟林苑来表明齐国的志得意满。

燕易王死后，燕哙被立为燕国的君主。这以后，齐国许多士大夫与苏秦争抢被君主宠信的位置，因而有人就暗地里指派杀手刺杀苏秦，苏秦没有被当场刺死，带着致命的伤逃跑了。齐王派人抓捕凶手，然而没有抓到。

苏秦快咽气时，对齐王说："我马上就要死了，恳请大王您在人口稠密的街道上把我五马分尸示众，诏告说：'苏秦是为了燕国而在齐国谋乱的'，这样的话，刺杀我的凶手就一定能抓到。"

于是，齐王就依苏秦的计策行事，而刺杀苏秦的凶手果然就走出来了，齐王就趁机杀了凶手。燕王听到这事后，说："齐国替苏秦报仇，做法太过分了。"

苏秦死后，他为燕国破坏齐国的好多事也被泄露出来了。后来齐国听到了这些秘密，就恼恨迁怒燕国。燕王特别害怕。

苏秦的弟弟苏代、苏厉，他们看到了哥哥苏秦的功成名就，都发奋学

习纵横之术。苏秦死后，苏代就请求拜见燕王，想继承苏秦的旧业。他对燕王说："我苏代是东周的一个普通人。听闻大王有德义，就到这里来拜见您，我听说贤明的君主愿意从别人那里听到自己的过失。齐国、赵国是燕国的仇敌；楚国和魏国是燕国的后援之国。现在大王却奉承仇敌来攻打能帮助自己的后援国家，这是不利于燕国的事情啊。"

苏代说："大王您好好思考一下，这是计策上的失误，如果不把这种失误告诉给大王的话，那就不是忠诚守信的臣子了。"燕王说："齐国本来就是我的仇敌之国，但燕国国小力微。假如你能用燕国现有的力量讨伐齐国，那么我愿意把整个国家托付给你。

苏代回答说："大凡天下的七个封国中，燕国是最弱小的一个。凭借燕国一国之力根本打不过齐国，但只要有所依附那就不一样了。

"向南依附楚国，楚国的声威将得到提高；向西依附秦国，秦国的声威将得到提高；中间依附韩国、魏国，韩魏的声威将得到提高。所依附的国家声威得到提高，那么大王您的声威就一定会得到提高。

"现在的齐王，年纪大，在位时间长，刚愎自用听不进别人的意见。齐国用了五年时间攻打楚国，积累的财富都快枯竭了；秦国在他的西边困扰了他好多年，兵士们早就厌倦了战争；在北边他与燕国为敌，投入大却收效低。

"但他还要用剩余的力量与强大的宋国为敌，吞并了十二个小诸侯国。他们的国君欲壑难填，但民力枯竭，百姓困苦，兵士厌战，怎么能办到这些呢?"

燕王说:"我听说齐国有清济、浊河可以用来防守,长城、距防完全可以做要塞,果真是这样吗?"苏代回答道:"天时假如不给他有利的机会,即使有清济、浊河的有利形势,又怎么能防守得住呢?因为百姓早已疲乏不堪了。即使有长城、距防,又怎么能成为要塞呢?况且他们以前并不征发济州以西的部队,实际上是为了防备赵国的入侵,不征发河北的部队,实际上是为了防备燕国的入侵。"

苏代说:"如今,济州以西与河北的部队已全部被征调参战了,封地以内的防守力量非常薄弱。但骄横的君主一定好利,亡国的臣子一定贪财。

"大王果真能不因为侄子、弟弟被当做人质而感到羞愧内疚,用珠宝玉帛去贿赂齐王的左右亲信,那么齐王就会很客气地对待燕国,而轻率地出兵消灭宋国。这样一来,齐国就会灭亡了。"

燕王说:"我终于等来了先生您来帮助我承受天命、灭亡齐国了。"燕国就派了一位公子到齐国当人质。苏厉也因为燕国派人质的机会求见齐王。齐王怨恨苏秦,打算把苏厉囚禁起来。燕国质子替他在齐王面前求情,苏厉随后就委身做了齐国的官吏。

燕国的国相子之和苏代结为姻亲之好,子之想夺取燕国的政权,指使苏代去齐国侍奉做人质的燕国公子。

齐国让苏代返回燕国复命，燕王哙问苏代道："齐王会不会称霸天下？"苏代答道："不可能。"燕王问："为什么？"苏代回答说："齐王不信任他的臣子。"于是燕王就一心一意重用子之，不久又把王位禅让给了子之，燕国国内从此大乱。

齐国借助燕国国内的混乱，趁机攻打燕国，杀了燕王哙和子之。于是燕昭王即位，苏代、苏厉再也不敢回到燕国去了，两个人最后都归附了齐国，齐王对他们很友善。

苏代经过魏国时，魏王替燕国逮捕了苏代。齐王就派人对魏王说："齐国打算把宋地分封给秦国的泾阳君，秦国一定不会接受。秦王并不是不愿意得到齐国的帮助而夺取宋国的土地，关键是秦王不信任齐王和苏代啊。"

齐王派来的人继续说"现在，齐国和魏国的矛盾如此严重，为了生存，齐国就不会去欺骗秦国，秦王也一定会信任齐国。只要齐国和秦国联合起来，泾阳君自然就会得到宋国的土地，这却不利于魏国。"

来人又说："魏王倒不如放了苏代，让他回到齐国。这样一来，秦国一定会怀疑齐国，同时又不信任苏代。齐国与秦国就联合不起来了，天下的形势就不会有所变动，讨伐齐国的形势也自然就形成了。"于是魏王就放了苏代。苏代来到宋国，宋王对待他非常友善。

齐国攻打宋国，宋国危急，苏代就给燕昭王写了一封信，信中说道："燕国是被列入万乘之列的国家，因名声低权力小而把人质寄存在齐国；

帮助齐国攻打宋国,导致燕国劳民伤财;即使战胜宋国,也只能使楚国的淮北受到伤害,却壮大了齐国的力量,事实上帮助了敌对国家,而使自己的利益受到损害。这三个方面都是最不利于燕国的事。可大王还在继续这样做,齐国对大王的做法将会更加不信任,从而对燕国的忌惮将会越发强烈,这是大王您在计策上的过失啊。"

苏代在信中说:"如果把宋国和楚国的淮北联合在一起,抵得上一个强大的万乘之国,假如再能加上齐国,就会使齐国多增加一倍的力量。北夷方圆纵横七百里,再添加上鲁国卫国,就会胜过一个强大的万乘之国,假如再与齐国联合,力量就会比现在齐国的力量大上两倍。一个强大的齐国,就已经让燕国担忧的犹如多疑的狼一样频频后顾、不能自持,现在有三个强大的齐国力量挤压在燕国头上,燕国的灾难一定会更加严重了。

"即使这样,一个贤明的人做事情,就能够把灾难转变为吉祥,把失败转化为成功。齐国的紫衣本来就是破旧的白缯染成的,却能够卖到十倍于白缯的价钱;越王勾践被困在会稽山上,却能引领残余力量战胜强大的吴王而称霸天下。这些都是把灾难转变为福分,把失败转化为成功的事例啊。

"现在大王如果想把灾难转变为福分,把失败转化为成功,那么就不如怂恿各个侯国尊奉齐国为霸主,派遣使臣到周王室去公然结盟,烧毁秦国的信符,宣告说:'最高明的计策就是攻破秦国,其次则是一定要永远排斥秦国。'

"遭到各国共同排斥的秦国将面临被攻破的危险,秦王一定会寝食难安。秦国连续五代君主都在攻打各诸侯国,现在却要屈居于齐国之下,秦王是不会甘心的,要是能够逼得齐国无路可走,秦国是会动用全国的力量作赌注以求得成功的。

"这样一来，大王您只要让辩士去劝说秦王：'如果燕国和赵国战胜了宋国，那么齐国的力量就加强了，大家就会尊敬齐国，甘愿做他的下属，而燕国和赵国从中却并没有得到好处啊。燕国、赵国得不到好处却还要这么做，是因为他们不信任秦王。所以，大王应该去联络燕国和赵国，让泾阳君、高陵君先到燕国和赵国去。'

"'假如秦国背信弃义，就用泾阳君、高陵君做人质，那么燕国、赵国就会相信秦国。这样，秦国将会在西部称帝，燕国将会在北部称帝，赵国则会在中部称帝。假如韩国、魏国不听号令，秦国就去出兵攻打它们；齐国不听号令，燕国赵国就去讨伐教训它们，看看天底下还有谁敢不服从命令？

"'各国都服从了，那就趁机驱使韩国、魏国的军队前去攻打齐国，声称必须返还宋国被侵占的土地，归还楚国被侵占的淮北。返还宋国的土地，归还楚国的淮北，对燕国和赵国是最有利的；并立三帝，也是燕国与赵国最希望看到的。他们实际上得到了好处，名分地位上各得其所，燕国和赵国抛弃齐国，就好像扔掉了破鞋一样容易。

"'秦王如果不去联络沟通燕国赵国，那么齐国称霸天下的野心一定能变成现实。各诸侯都拥护齐国而大王您却不服从，这就会降低您的声誉。现在只要抓住燕国与赵国，就会让国家安定而声望有加；不沟通燕赵，则国家就会出现危险，声誉降低。抛弃国泰民安的做法却选择国无宁日的做法，贤明聪慧的人是不会这么做的。'秦王听了这些话，一定会心如刀绞。那么大王您为什么不让说客用这些话去劝说秦国呢？秦国一定会听取这些的，那么齐国就一定会遭到讨伐的。

"与秦国结交,是最有利的事;讨伐齐国,是正当的利益。奉行有利于自己的外交策略,去追求正当的利益,这是圣王所做的事情啊。"

燕昭王觉得苏代这封信写得太好了,评论说:"燕国想要向齐国报仇雪恨,缺少了苏家的人是做不成的。"于是就召见苏代,再一次善待苏代,与苏代一起谋划商议讨伐齐国的计策。最后终于打败了齐国,齐湣王被迫逃离齐国。

过了很久,秦王召见燕王,燕王准备前往,苏代阻止燕王说道:"楚国因贪婪而获得了枳地,从而导致灭亡,齐国因贪婪而获得宋国的土地,从而导致了灭亡,齐国、楚国不能因为获得了枳地、宋地反而还要侍奉秦国,

什么原因呢? 因为只要是成功的国家,都成了秦国最大的对手和敌人。秦国要夺取天下,并不是凭借着推行仁义道德,而是依靠暴力。秦国施行暴力,是明白郑重地告知过天下的。"

"秦国曾经警告楚国说:'蜀地的军队,坐船从汶水到郢地,即使是水势很好的夏季也要五天。汉中的军队,乘船从巴江经汉江到达五渚,凭借夏季强大的水势也要四天。但我在宛东集结军队,直下随邑,有才智的人还来不及出谋献策,勇武的人还没来得及发怒,我就会神速地攻击你们。可楚王您却还想等待天下各国来一起攻打函谷关,不是太过于遥远了吗?'楚王因为这个缘故,才十七年称臣侍奉秦国。

"秦国又警告韩国说:'秦军从少曲出发,一天之内就可以切断太行

山的要道；从宜阳出发，直接攻击平阳，两天之内韩国就会危机四伏；军队越过东西两周直接攻打新郑，五天之内整个韩国将被攻克。'韩国认为他说得有道理，所以就称臣侍奉了秦国。

"秦国还警告魏国说：'我的军队攻占安邑，围困女戟，韩国的太原就将被切断。我的军队直下轵地，穿过南阳，封锁冀邑，包抄东西两周，趁夏季旺盛的水势，驾驶战舰，用强硬的弓箭开路，用锋利的长矛断后，掘开荥泽水吞没魏国的大梁；掘开白马河吞没魏国的外黄、济阳；掘开宿胥河的水口，魏国的虚地、顿丘就会被洪水吞没。从陆地上作战就攻击河内，用水攻的话就毁灭大梁'。魏国也认为他说得有道理，所以就称臣侍奉秦国。"

"秦国准备攻打安邑。担心齐国前去救援，就把宋国的土地送给齐国。说道：'宋王不要脸，做了个很像我的木头人，来用箭射木头人的脸。秦国和宋国之间路途相隔遥远，假如齐王能打败宋国并占领它，我就会像自己占领了那样高兴啊。'不久，秦国攻打魏国的安邑，围困女戟，反而把攻破宋国的原因看做是齐国的罪行引起的。

"秦国准备攻打韩国，担心天下各诸侯前去救援，就把攻打齐国的事默许给天下各诸侯，说道：'齐王与我有四次约定，却四次欺骗了我，多次声称要带领天下的军队攻打我。如今，有齐没秦，有秦没齐，我一定要讨伐、灭亡齐国。'不久秦国占领了宜阳、少曲，攻占了蔺地、离石，却又把打败齐国的原因看做是因为天下各诸侯的罪行而引起的。

"秦国准备攻打魏国，首先特别敬重楚国，他把南阳许给楚国。说道：'我国本来就和韩国断绝了外交关系。只要拆毁均陵，围堵菼地，这些事对于楚国是有利的，那就像我自己占有了一样高兴。'等到魏国抛弃了与别的国家建立的合纵联盟并与秦国建立联合关系后，秦国就借故楚国因为围困菼地这件事，作为惩治楚国的罪行。

"秦国的军队被围困在林中时，他就尊崇燕国、赵国，并把胶东这个地方许给燕国，把济西这个地方许给赵国。等到秦国和魏国和解后，就把公子延当做人质，利用犀首连兵相续的方法攻打赵国。

"秦国的军队在谯石遭到重创，又遭遇阳马失败后，就特别尊崇魏国，把叶地和蔡地许给魏国。等到秦国和赵国和解后，就开始威胁魏国却不肯按照约定给魏国分割土地。等到秦国军队陷入绝境后，就派遣太后的弟弟穰侯前去讲和，等到他胜利了，他连同自己的舅舅和母亲也一块欺骗。

"秦国谴责燕国时说：'是因为燕国攻打了胶东'，指责赵国时说：'是因为赵国攻打了济西'，谴责魏国时说：'是因为攻打了叶、蔡'，谴责楚国时说：'是因为楚国围堵了菡地'，谴责齐国时说：'是因为齐国攻打了宋国'。这样一来，秦国的外交辞令循环往复，用兵打仗就如同刺杀蚩虫一样轻易。即使他的母亲也不能制约他，他的舅舅也不能约束他。

"龙贾之战，岸门之战，封陵之战，高商之战，赵庄之战，秦军杀死韩国、赵国、魏国的百姓多达几百万人。现在，这些地方依然生存的都是曾经抗击秦国战争中战死的遗孤。

"西河之外，上洛之地、三川晋国一带经常遭受秦国的攻打，这是晋国的灾难啊，秦国侵吞了韩、赵、魏国许许多多的土地，秦国制造的灾难是如此严重。可燕国、赵国到秦国游说的人，却争相用侍奉秦国的事来劝说自己的国君，这是我最担心的事情啊。"

燕昭王最后就没有去秦国，苏代又被燕王所重用。

燕国派遣苏代到各国联络合纵相亲这件事，就如同苏秦在世时一样，有的国家愿意合纵，有的国家不愿意，然而各国人士从此都尊崇苏秦所倡导的合纵抗秦主张。苏代、苏厉最后都能寿终正寝，在各诸侯之间扬名显姓。

太史公说："苏秦、苏代、苏厉兄弟三个人，都是因为在诸侯国中游说合纵策略而名声远播的，他们的学说擅长权谋机变。而苏秦后来通过反间计的罪名被处死，被天下人耻笑，人们都讳忌研习他的学说。"

太史公还说："但社会上流传的苏秦事迹差异很大，不同时期类似于苏秦的人和事都会被添加到苏秦身上。苏秦来自于民间，却能联合六国走合纵相亲的道路，正说明他的才智超过了一般人。所以我罗列出他的经历，并按照正确的时间顺序来叙述，目的是不让他蒙受不好的名声。"

张仪列传第十
人物像

张仪

苏秦

秦惠王

魏哀王

张仪列传第十

张仪是魏国人。他曾经和苏秦一起侍奉鬼谷子先生，跟随先生学习游说之术，苏秦自认为没有张仪学得好。

张仪完成学业后就开始游说各诸侯国。他曾经与楚国宰相一起饮酒，期间宰相丢了一块璧玉，宰相的门客们怀疑是张仪偷走的，议论说："张仪贫困，品行卑劣，一定是他偷走了宰相的璧玉。"他们就一起把张仪抓起来，用竹板或荆条打了他几百下，张仪始终不承认，最后只好把他放走了。

张仪的妻子愤愤不平又无可奈何地说道："唉，当初你要是不读书学习，哪里还会受到这样的侮辱啊？"张仪对他的妻子说："看看我的舌头还在不在？"妻子笑着回答说："舌头还在啊。"张仪说："有它在就足够了。"

那时候，苏秦已经游说赵王，并得到了赵王的认可，相约各诸侯国采用合纵的方法，缔结抗秦联盟。但他又担心秦国前来攻打各诸侯，使联盟在创建之初遭到破坏，又考虑到没有能出使秦国的合适人选。

于是，苏秦的使者悄悄劝说张仪，说："您是苏秦的同学，他现在已重权在握，您为什么不去投靠苏秦呢？"这样，张仪就到赵国找苏秦去了。

苏秦故意不让门人为张仪通报，好几天又不让张仪离开。等接见张仪的时候，故意让张仪坐在堂下，赐给他奴婢侍妾吃的饭菜，还反复责备张仪说："你这么聪明的人，却干不出一番业绩，难道老同学就没有办法推荐你，让你过上富贵的日子吗？实在是你不值得被收留录用罢了。"说完就很潦草随意地把张仪打发走了。

张仪前来投奔苏秦时，自认为是老朋友老同学，一定能够求得好处的，却不想反而被苏秦羞辱奚落了一顿，心里很生气，又想到诸侯国中除了秦国外，没有谁还值得他前去侍奉。只有秦国能侵扰赵国，于是就来到了秦国。

苏秦对身边的亲信说："张仪是天下最有才能的人，我穷极一生也比不上他啊。能够掌握秦国权力的人，只有张仪！但他很贫困，没有遇到好机会。我担心他被眼前的小利益所影响，就故意羞辱他，来激发他的意志，你替我暗中侍奉好他。"

苏秦把自己的想法对赵王说了，请求发给他金钱财物和车马，派人暗中跟随并帮助张仪，送给他车马金钱。凡是张仪需要的，就全部满足他，但不能说明是谁给的。于是张仪这才有机会拜见秦惠王。秦惠王任用张仪做客卿，与张仪一起商量攻打各诸侯的计策。

苏秦派来的亲信准备辞职离开张仪，张仪对那个人心怀感恩，询问恩人要离开的原因。亲信回答道："苏秦先生担心秦国前来攻打赵国，使合纵联盟遭到破坏，他认为天下除了先生并没有谁能掌握秦国的大权，所以就激怒你，还派我暗中给你提供钱财，这都是苏先生谋划的策略啊。"

张仪感慨地说："这些权谋都是我学习过的内容啊，可我却没有仔细辨别察觉出来，我实在没有苏先生高明啊！请你替我传句话，只要苏先生当权，我张仪就不会攻打赵国。况且有苏先生在，张仪我哪里不有能力去攻打赵国呢！"

张仪当了秦国的宰相后，就写信警告楚国的宰相说："当初我陪你喝酒，我并没有偷你的璧玉，你却鞭打我。你可要好好守护住你的国家，我反过来要偷你们的城池了！"

苴国和蜀国之间相互攻打，各自到秦国告急。秦惠王准备出兵讨伐蜀国，又觉得通往蜀国的道路艰险狭窄，不容易到达。这时候韩国又来侵犯攻打秦国。秦惠王犹豫不决，不知是先打蜀国好，还是先打韩国好。司马错与张仪为此争论不休，司马错主张先讨伐蜀国，张仪说："倒不如先讨伐韩国。"秦惠王说："我想听听你们各自的理由。"

张仪道："如果我们能先和魏国、楚国交好，然后向三川地区进军，堵塞什谷的险关隘口，挡住屯留的要道，这样魏国与南阳之间的交通就被迫中断了，让楚国出兵接近南郑，秦国进攻新城、宜阳一带，直接逼近东周西周的近郊，来讨伐周天子的罪行，进而再攻占楚国和魏国的土地。

"周天子自己知道没有力量来挽救，就只好献出九鼎传国宝物。只要我们获得了九鼎宝物，就可以依照地图和户籍，挟天子以令诸侯，而天下的诸侯们哪个敢不听。这可是图谋天下的王道之业啊。

"而蜀国是西部一个偏僻的小国，像戎狄一样的少数民族，只要交战就会让我们的部队疲劳、百姓困苦，又不能因此名扬天下，即便是夺取了他们的土地也不能获得实质上的好处。我听说到朝廷去追求名位，在集市上追求利益。把三川和周室相比较，就如同朝廷和集市一样，但大王您去追求功名，却反而要在戎狄这样落后的地方来争夺，这样的话就会离帝王的霸业越来越远。"

司马错反驳说:"不是这样的。我也听说过,打算让国家兴旺富贵的人一定要开拓疆域,打算强兵的人先要强国富民,打算王道基业的人先要广施恩德,这三个条件具备了,王道基业自然就会随之而来。现在秦国的地域狭小而百姓贫困,所以我主张先向力量并不雄厚的地方进攻。

"蜀国虽然地处西部偏僻之地,却是戎狄的首领,桀纣一样的祸乱经常发生。用秦国的力量攻打它,简单得好像豺狼袭击羊群。只要获得了他们的土地,就可以扩充秦国的疆域,促使秦国富强、军队强大,不用损兵折将就能让他们臣服。

"这样,既除掉了一个国家却不会在天下人面前落下残暴的名声,把西部的财富取尽,但天下人并不会觉得我们贪婪,我们只出动一回部队,却获得了声望和实力,还可以享受到禁止暴乱的好名声。

"假如攻打韩国,劫持了天子,我们未必就能得到好处,却背负了不义的骂名。同时,我们又攻打了谁也不希望攻打的国家,那是很危险的。

"大王您想想:周王,是天下共有的宗室共主;是和齐国、韩国交往密切的国家。周王明明知道守不住传国的九鼎宝物,韩国也知道将会丢失三川之地,他们一旦联合,再依靠齐国和赵国的力量,与楚国、魏国谋求和解。假如他们把九鼎宝物送给楚国,把土地送给魏国,我们该怎么办?这也就是我说的危险所在。"

秦惠王听了后说:"好啊,我就听你的。"终于出兵前去讨伐蜀国。当年十月便攻占了蜀国,平定了蜀国的暴乱,贬谪并改蜀王的封号为蜀侯,派遣陈庄做宰相。蜀国被迫归属秦国后,秦国因此越发强大、富足起来,也更加轻视其他诸侯了。

秦惠王十年,惠王派遣公子华与张仪围攻魏国的蒲阳,并降服了蒲阳。张仪便趁机劝说秦惠王把蒲阳归还给魏国,还派公子繇前往魏国当人质。

张仪对魏王说："秦国对魏国如此宽厚仁义，魏国总不能不懂得礼节啊。"魏国因此把上郡、少梁献给了秦惠王。秦惠王于是任命张仪做国相，改少梁为夏阳。

张仪做了宰相辅佐秦国四年，拥立惠王做了国君。过了一年，张仪做了秦国的大将，领兵夺取了陕西。修筑了上郡要塞。

这以后的两年间，秦惠王派张仪与齐国和楚国的国相在啮桑谈判。张仪返回后就被免去了国相的职务，他为了秦国的利益，就到魏国担任国相，准备让魏国先侍奉秦国，并让其他诸侯国效法魏国。

但魏王不买他的账，秦王知道后龙颜大怒，马上出兵攻克了魏国的曲沃、平周，暗地里给张仪更加优厚的待遇。

留任魏国第四年，魏襄王去世，哀王即位。张仪又去做工作，哀王也不听他的建议。于是张仪就悄悄让秦国攻打魏国。魏国与秦国交战，结果战败。

第二年，齐国又一次在观津大败魏国。秦国打算再一次攻打魏国，就先打败韩国申差的部队，杀死八万多名官兵，各诸侯国非常震惊恐惧。张仪再一次游说魏王说："魏国的土地纵横不到一千里，士兵不超过三十万。国土四周地势平坦，各诸侯国到魏国之间，畅通无阻；魏国又没有名山大川的阻隔。从新郑到大梁二百多里路，战车飞驰，兵士奔跑，没有费多少力气就已经到了。"

"魏国南与楚国相接壤，西与韩国边境相接，北与赵国相连，东与齐国相交，光是防守边塞堡垒就需要不少于十万人的兵力。魏国本来就是个战场。如果向南与楚国交好，那么齐国就会攻打魏国的东部；向东与齐国友好，那么赵国就会攻打魏国的北方；如果不和韩国友好，那么韩国就会攻打魏国的西部;不亲近楚国的话,那么楚国就会攻打魏国的南部:这就是所谓四分五裂的地理形势啊。

"况且,各个诸侯国缔结合纵联盟的目的,就是为了通过合纵来使自己的国家社稷安宁,君主尊崇,军队强大,声名显赫。现在,主张合纵的人希望天下合为一体,相互约定为兄弟手足,在洹水边杀白马祭奠,歃血为盟,各自传递信守盟约的坚定信念。

"可是,即使是骨肉亲兄弟,也会出现争夺钱财的时候,您还打算依靠苏秦虚伪欺诈、反复无常的策略,来振兴自己的基业?很明显,结果是遭到更大的失败!

"假如大王不侍奉秦国,秦国就会出兵攻打河外,占领卷地、衍地、燕地、酸枣,劫持卫国夺取阳晋,赵国的军队就不能向南推进支持魏国,魏国的军队无法北上,合纵联盟的通道就会被切断。大王您希望不要遭受危险的打算就不可能实现。

"秦国先攻打韩国,再攻打魏国,韩国因为害怕秦国,秦韩两国就可能合为一体,那么魏国被灭亡,就是件非常简单非常快捷的事。这就是我替大王担忧的地方啊。

"我替大王着想,您不如早早侍奉臣服秦国。这样的话,楚国、韩国就绝对不敢轻举妄动;魏国没有了楚国与韩国的威胁,大王就可以高枕无忧,安心地睡大觉去了,魏国一定不会再有忧虑的事情发生了。

"况且,秦国真正要削弱的是楚国,而能够削弱楚国的只有魏国。楚国徒有富足强大的虚名,实际却很空虚。楚国的部队人数众多,但士兵总是轻易就逃跑溃散,不能在艰苦的环境中发奋作战。假如魏国能向南攻打楚国,胜利的一方一定会是魏国!宰割楚国的土地从而使魏国获得好处,就可以使楚国国力亏损而不得不归附秦国,就可以转嫁灾祸,使魏国安宁;反之,秦国一定会向东出动最精锐的部队,到那时您即使想要臣服于秦国,恐怕也来不及了。

"更何况主张合纵的人都是些只会空谈高论,缺少忠诚的人。他们游说国君的目的,只是为了给自己封侯晋爵。所以天下的游说之士,都是些情绪激昂,一会儿紧握手腕,一会儿瞪大眼睛,一会儿咬牙切齿的人。他们只说合纵的好处,国君被他们雄辩的口才所迷惑,这样的国君难道不糊涂吗?"

张仪最后说:"我听说,羽毛虽轻,但聚集的足够多就可以使航船沉没;货物虽轻,但装载的足够多也是能折断车轴的;再没有分量的话语,说的人多了,即使是最坚硬的金石都可以被销熔;小人把谗言诽谤说多了,即便是骨肉亲人也会被拆散的。所以我恳请大王审慎谋划、正确决策。并且能批准我这把老骨头躬身引退,离开魏国。"

于是,哀王就背弃了合纵盟约,借助张仪和秦国和解了。

张仪返回秦国,重新被任命为国相。三年后,魏国又背弃了秦国,参加合纵联盟。秦国就出兵攻打魏国,夺取了曲沃。第二年,魏国再一次向秦国臣服侍奉。

齐国和楚国缔结过合纵联盟,秦国准备攻打齐国,就派张仪前往楚国做国相。楚怀王听说张仪来了,亲自到驿馆安排张仪的食宿。他说:"楚国是个地处偏远没见过世面的小国,你准备和我商量什么?"张仪说:"我请求楚国和齐国断绝外交来往!"

张仪说:"只要楚国和齐国解除盟约,那么我就会请求秦王献出商於一带的六百里土地。让秦国的美女来服侍大王,秦国和楚国之间永远结为兄弟国家,这样就可以削弱齐国的力量,秦国也能够获得好处,这是多

么好的计策啊。"

楚王特别高兴地答应了他。大臣们都跑过来向楚王表示祝贺,唯独陈轸一个人闷闷不乐,替大王伤悼。楚王很生气,说:"我不用一兵一卒,就可以获得六百里土地,君臣高兴得相互祝贺,只有你一个人扫我的兴,什么意思啊?"

陈轸回答说:"我觉得商於一带的土地我们不仅得不到,而且齐国和秦国还会联合起来对付我们楚国。楚国将会面临一场灾难。"楚王说:"你说具体点儿。"

陈轸回答说:"秦国重视楚国的原因是齐楚之间存在结盟关系。一旦两国废除盟约断绝交往,楚国就面临被孤立的危险了。张仪返回秦国后,一定会背弃对大王的承诺,这是因为您已经向北断绝了和齐国的外交关系,向西又从秦国那里招来了祸患,这两个国家的军队一定会一块前来攻打楚国。我为大王您想出了一个两全其美的计策。

"大王不如表面断绝来往,暗地里却继续与齐国加强联合,并派人跟随张仪去秦国。只要秦国对我们兑现六百里土地的诺言,我们再与齐国断交;如果秦国不兑现承诺,我们暗地里与齐国合约共同对付秦国。"

楚王说:"陈先生快闭嘴吧,就等着看我是怎么得到土地的。"就把楚国的相印授给了张仪,还给张仪赠送了许多贵重的财礼。楚国就与齐国断绝了外交关系,废除了盟约,并派了一名将军跟着张仪到秦国接受所赠与的土地。

张仪回到秦国,假装没有拉住坐车的缰绳,从马车上跌下来受了伤,一连三个月都没有上朝,楚王听到这件事后,说:"张仪是因为我与齐国断绝外交关系还不彻底吧?"于是派了一名勇士来到宋国,借了宋国的符节来到北方的齐国,辱骂齐王。

齐王大怒，折断符节，委委屈屈地和秦国结交。

秦国和齐国建立了外交关系，张仪这才上朝。他对楚国的使者说道："我这里有秦王赐赠给楚国的六里封地，现在就把他献给楚王。"楚国的使者说："我奉楚王的命令，来接收六百里商於之地，不曾听说是六里。"使者回报楚王，楚王大怒，就立刻出兵攻打秦国。

这时陈轸说："与其攻打秦国倒不如反过来割让土地来贿赂秦国，与他合兵来攻打齐国，再把割让的土地从齐国手里夺回来作补偿，这样的话，大王的国家还可以继续生存下去。"楚王不听，终于出兵并派将军屈匄攻打秦国。

秦国和齐国共同对付楚国，楚国八万官兵殒命，屈匄将军被杀，丹阳、汉中的土地被夺。

楚国又派出更多的军队去袭击秦国，在蓝田，两军展开大规模战斗，楚国遭到更加严重的失败，结果以楚国割让两座城池的代价作为和秦国讲和的条件。

秦国想要挟楚国，希望从楚国那里获得黔中一带的土地，并打算用武关以外的土地交换它。楚王说道："我不愿意和秦国交换，但我愿意用黔中一带的土地交换张仪。"秦王想把张仪送到楚国去，又不忍心这样做，嘴里说不出来。

张仪知道后却请求前往。秦惠王对张仪说道："楚王对你恨之入骨，一定在怪罪先生背弃奉送六百里商於之地的承诺，想存心报复你呢。"张仪回答道："我身后有强大的秦国，我又和楚国的靳尚大夫关系亲密，靳尚会奉承楚国夫人郑袖，楚王又最听郑袖的话，况且我是亲奉大王您的命令出使楚国的，楚王怎么敢杀我呢？即使是用我的命能替大王换取黔中一带的土地，我也心甘情愿！"

于是，张仪就来到楚国。楚怀王等张仪一到就马上把张仪囚禁起来，打算杀掉张仪。

靳尚对郑袖说道："您是否知道大王要鄙弃你了？"郑袖问道："为什么啊？"靳尚回答道："秦王最喜欢张仪，想把张仪从楚国解救出来，秦准备用上庸六个县的土地贿赂楚国，把秦国的美女嫁给楚王，用秦宫中善于演唱的美女做陪嫁。楚王看重土地，自然会尊重秦国，秦国的美女自然会受到大王的宠幸，夫人自然会被大王轻视看不起了。"

靳尚接着说："要得到大王的宠幸，您不如让大王把张仪放走。"于是，哭哭啼啼的郑袖没日没夜地对楚怀王说："各为其主效力是臣子的本分。如今楚国奉送秦国的土地还没有交出去，秦王就派张仪来了，他对大王的尊重达到了顶点。大王还没有回礼却要杀了人家的使者张仪，秦王能不愤怒吗？能不攻打楚国吗？臣妾请求大王让我们娘儿几个搬到江南去，不要让秦国像宰杀鱼肉一样地遭到屠杀。"楚怀王心里后悔了，就赦免了张仪，并像过去一样优厚款待他。

张仪被释放出来后，还没有离开楚国就听说了苏秦的死讯。于是他就游说楚怀王说："秦国占据了天下的半壁江山，威武的军队能够抵挡来自四面八方的进攻；四周地势险要，带子一样的渭河从中穿流而过；境内防范坚固，兵精将广，装备精良，战备物资充足，法令严明；将士们乐于为国牺牲性命，国君贤明威严，将帅智勇双全。

"秦国即使没有出动军队，就能威震天下，扫除常山险要，折断天下的脊梁，最后臣服秦国的必定最先被消灭。而那些合纵的国家想要与秦国较量，不就等于赶着绵羊去攻击凶猛的老虎吗？如今，您不跟随老虎却去追随羊群，我私下认为大王是打错算盘了。

"当今，天下最强大的国家非秦即楚！就形势而言，秦楚两国不可能同时存在。大王不去依附秦国的话，秦国就会抢先占据宜阳，韩国的土地自然就会被切断，不能贯通。如果秦国出兵河东，夺取成皋，韩国就会投降秦国，魏国就会闻风而动。如果秦国进攻楚国的西边，韩国、魏国进攻楚国的北边，到那时楚国怎么会不危险呢？

"况且，聚集在合纵联盟下的都是一群国小力微的封国，与天下最强大的国家为敌，谁敢不权衡利弊就轻易发动战争？国家贫穷却连年征战，这正是导致国家危亡的计策啊。军事力量不强大就不要挑起战争，粮食不充足就不要持久作战！那些主张合纵的人们，只会说对国君有利的话,却不说不利于国君的危害言论,突然之间招致秦国的攻打,怎么能来得及纠正错误?我希望大王能仔细地考虑这个问题。

"秦国的西部拥有巴、蜀两郡,若是用大船装载粮食,从汶山到楚国不过三千多里。载着兵士的船只顺流而下,即便是两地相距较远,可是秦兵不到十天就能轻松到达扞关。扞关的形势一旦危急,所有合纵国家都将要据城防守,黔中、巫郡还会属于大王您吗?秦军出武关向南挺进,楚国的北部地区将面临被切断的危险;秦军攻打楚国,只需三个月,楚国就会危机四起,摇摇欲坠。那时,楚国还能依靠谁呢?依靠弱小的国家却忽视强秦带来的祸患,这就是我替大王担忧的原因啊。"

张仪进一步劝说道:"楚国曾经与吴国打过五次仗,三胜二负,阵地上尸横遍野;活着的兵士守卫着新近占领的偏远城池,但活着的百姓们却异常辛苦。我听说功业越大的人越容易遭遇危险,百姓疲惫困苦就怨恨国君。守候着最易遭受危险的功业又违背了强秦的心愿,我私下真地认为大王您过于危险了啊。

"秦国十五年没有兵出函谷关的真正原因,是养精蓄锐,暗中谋划,为一举吞并天下作准备。楚国与秦国曾经在汉中打了一次仗,楚国失败了,七十多位列侯执珪者都阵亡了,丢掉了汉中。楚王大怒,又在蓝田与秦军打了一仗。两虎相争啊。战争让双方疲惫困顿,也让韩国和魏国举全国之力从后面发起进攻。天下还有比这样的策略更危险的事吗?我恳求大王仔细地考虑这件事。

"假如秦国出动军队前去攻打魏国的阳晋,一定会像锁住天下的胸膛一样,占领这个重要的地方。秦王调动全部军队进攻宋国,宋国恐怕用不了几个月就会消失,秦军攻占了宋国再率兵东进,那么泗水周围那些大大小小的侯国便都将成为秦国的地盘了。

"苏秦是天下凭借信念而主张合纵相亲的意志坚定者。他曾经被封为武安侯,出任燕国的国相,却在暗中与燕王合谋策划攻破齐国,分割齐国的疆土;苏秦假装在燕国犯了罪而逃到齐国,齐王收留了他,并任用他做了齐国的宰相。他做奸细的行径两年后才被齐王发觉,就把苏秦五马分尸。凭借一个奸诈虚伪的苏秦怎么可能拯救整个天下,统一诸侯,合纵抗秦,很明显,他的计策是绝对不可能实现的!"

张仪最后说:"秦国与楚国边境相接,本来就是比较亲近的国家。大王果真能听取我的建议,我就请求秦王,秦楚两国互派太子到对方国家做人质;再请求秦王把自己的女儿送给大王做姬妾,再进献有一万户民众的都邑,来作为大王沐浴和征收税赋的地方;两国长期结成兄弟友好之国,终生不相互征战。臣下我觉得没有比这个更好的计策了。"

这时候,楚王虽然得到了张仪,却不愿意出让黔中的土地给秦国,就想先允诺张仪的建议。屈原对楚王说道:"前一次大王被张仪欺骗,张仪来到楚国。我觉得大王一定会把张仪扔进油锅中蒸煮,现在却不忍心要释放他,还听信他的歪理邪说,这样可不行啊。"

怀王说:"只要答应了张仪的建议,就可以保住黔中之地不被秦国夺走,这是一件好事啊。答应了人家再背弃他,那是不道义的。"楚怀王最终还是答应了张仪的建议,和秦国亲近交好。

张仪离开楚国后,就趁机去了韩国。他对韩王说道:"韩国地势险恶,以山区为主,出产的粮食主要是豆类,人们以豆类为主要食物。只要庄稼歉收,百姓就要饿肚子。韩国土地纵横不过九百里,没有储存下两年的粮食。我估计大王的兵力全部不过三十万人,除去镇守要塞、防守驿站的兵丁,现有的部队不过二十万人罢了。可是,秦国的部队有一百多万,战车千辆,战马万匹。"

"秦国勇猛的战士不戴头盔,飞速跳跃,一往无前,愤怒地扑向敌阵,这样的兵士多得数不过来;秦国的战马精良,奔腾之间就有两丈开外,这样的骏马也多得不可胜数。六国将士根本不是秦军的对手,他们在战场上甩掉战袍,袒露着胸部扑向敌人,左手提着敌人的头颅,右手挟着俘虏。驾驭着像孟贲、乌获一样勇猛的秦兵去攻打不服气的弱国小兵,还会有侥幸的结果吗?

"弱小的诸侯们不去估量自己的实力,听信合纵主张的游说之徒,这些人蝇营狗苟,结伙营私,都兴奋地说:'只要听从我的计策,就可以称霸天下,号令诸侯。'他们哪里顾及国家社稷的长远利益?只听从片面的游说议论,误国误君,还有比这个更为严重荒诞的事吗?

"如果大王不臣服秦国,秦国就攻占宜阳,阻断韩国的土地,向东攻取成皋、荥阳,这样的话鸿台的宫殿、桑林的林苑还会是大王您的吗?或者说,堵塞了成皋,切断了上地,大王您的国土就面临着被分割的危险。最早投降秦国的就安全,不投降的就会遇到危险。违背了秦国而服侍楚国的国君,即使不想被灭亡,也是不可能的啊。

"我替大王着想,觉得您帮助秦国是最好的方法。秦国最想削弱的是楚国,能够削弱楚国的是韩国。这是因为韩国的地理位置比较优越。假如大王能够投降秦国,再进攻楚国,秦王就一定会很高兴。进攻楚国并且能在他的土地上获得利益,转移了自己的祸患而使秦国高兴。这是多好的计策啊。"韩王听信了张仪的计策。

张仪回到秦国,秦惠王就封赏了张仪五个都邑,封号武信君。

秦惠王又派张仪向东去游说齐湣王,张仪说道:"齐国是天下最强大的国家,君臣兴盛富有,百姓安居乐业。主张合纵的人,一定会这样游说大王,说:'齐国西有强赵,南有韩魏;背靠着大海,地广人众,兵精将广,即使秦国再强大,也不敢对齐国造次'。他们没有考虑到齐国的实际情况啊。

"我听说,齐鲁两国共打了三次仗,三次都取胜的鲁国却因此灭亡了,什么原因呢?齐强而鲁弱!现在,秦国与齐国相比较,就如同齐国与鲁国一样。

"秦国和齐国曾经两次交战,都战胜了秦国;在番吾城再打,又两次战胜秦国。四次战役后,齐国阵亡的兵士多达数十万,才仅仅保住了邯

郸。齐国获得了胜利的声誉,国
家却破败不堪。原因呢?秦强
而赵弱啊。"

张仪最后说道:"如今秦国
和楚国嫁女娶亲,结成了兄弟盟
国;韩国献出宜阳,魏国献出河
外;赵国在渑池臣服秦王,割送
河间进献给秦国。假如你不臣
服秦国,秦国就会驱使韩国、魏国的部队,强渡清河,直指博关、临菑,那
样的话,即墨还会再属于大王吗? 齐国一旦被进攻,那时即使想要臣服,
您觉得秦国会给您这个机会吗? 我希望大王仔细认真地考虑谋划它。"

齐王听了张仪的话后,说道:"齐国地处偏僻落后,隐居在东海边上,
还不曾听到过关于国家社稷的长远利益的道理。"然后就答应了张仪的
建议:侍奉臣服秦国!

张仪离开齐国后,向西去游说赵王,他说道:"我们的秦王派我给大
王献上一点不成熟的拙见。现在大王率领天下的诸侯来对抗秦国,使秦
国的军队十五年不敢出函谷关,大王的声威遍布山东各国,我们秦国深
感担心恐惧,不敢妄动,就整治军备,磨砺武器,熟练战术;认真耕作,积
储粮食,防守边关,担惊受怕地生活着,一点儿也不敢轻举妄动,唯恐大
王来寻找我们的过失。

"现在,凭借大王的严厉监督,秦国已经占据了巴郡、蜀郡、汉中,夺
取了东周西周,迁走了九鼎宝物,据守着白马渡口。地处偏远的秦国内
心里积压的愤怒和不满已经很长时间了。如今驻扎在渑池的秦国部队
正准备渡过黄河、漳水,占领番吾,同贵军在邯郸城下会师,希望能够在
甲子这一天与贵军决一雌雄,用战争来效法武王伐纣的故事。所以秦王
很认真地派我过来,警告大王及追随者和亲近者。

"大王受迷惑信任苏秦的合纵联盟。苏秦颠倒黑白,他要反对齐国,
结果却被人家五马分尸。显然,合纵联盟不可能实现,天下诸侯不可能

归为一统！现在,楚国与秦国已经结成兄弟盟国,韩国、魏国已经成为秦国东方的属国,齐国向秦国奉献出盛产鱼盐的地方,这些等同于斩断了赵国的右臂。一个被斩断了右臂的人凭什么去和秦国争斗？一个失去了同伴又孤立无援的国家凭什么保证安稳呢？

"现在,秦国要派出三支军队：一支军队堵塞午道,命令齐军渡过清河驻扎在邯郸的东边；一支军队驻扎成皋,命令韩国和魏国的军队驻扎在河外；一支军队驻扎在渑池。四国的军队约定一同攻打赵国,再一同瓜分赵国的土地。为了贵国,我才不敢保留地对您和您的亲信说出计划,并提出我的建议：您还是到渑池会晤秦王！当面作口头约定,请求秦国按兵不动。我恳请大王拿出主意,过了这个村可就没这个店了!"

赵王说道："先王在位时,奉阳君独断专权,掌控朝中政事,那时,我还深居宫内跟随老师学习,没有机会参与国家大事。先王去世后,我还年轻,即位时间不长。我曾经也怀疑过合纵的做法能否实现？不去侍奉秦国并不是我们的长远目标和利益呀。"

赵王说："如今,你的话让我改变了想法,消除了疑虑。为弥补我们以前的过失,我愿意割让土地给秦国。我正准备前去向秦王请罪。"赵王就答应了张仪的建议,张仪离开了赵国。

张仪又向北去游说燕昭王,说："大王您最亲近信任的国家是赵国。为吞并代国,当初赵襄子曾经把他的姐姐嫁给代王做妻子,他与代王在句注的边塞相聚会晤。私下里却命令工匠做了一个金斗,故意加长斗柄。在代王喝酒时,设计策让倒酒的厨子用斗柄杀死了代王,赵王的姐姐听到这件事,磨快了簪子自杀了,所以至今还有一个名叫摩笄的山名。天下人都知道代王是怎么死的。

"赵王凶狠成性,六亲不认。他出动军队攻打燕国,两次围困燕国的

首都想要劫持大王,大王却还要割让十座城池来感谢赵王。现在,赵王已经到渑池朝拜秦王去了。为了表示诚心,他要给秦王献出河间一带的土地。现在,您如果不臣服秦国,秦国就会进攻云中、九原,命令赵国攻打燕国,那时易水和长城这些地方还会是您的土地吗?

"而且,赵国已经归顺了秦国,没有秦王的命令,他就不敢攻打别的国家。只要大王能侍奉臣服秦国,秦王一定高兴,赵国就不敢轻举妄动。因为秦国在做您的坚强后盾,齐国和赵国对燕国南边的威胁也就消失了。就因为这个,我恳请大王仔细地考虑考虑。"

燕王就说道:"我居住在遥远偏僻的蛮夷,这里落后荒凉,这里的人身材矮小,大男人也像个婴儿,他们的言论主张并不能够让人产生正确的决策。现在,听了先生的谆谆教诲,我愿意向西侍奉臣服秦国,并向秦王献出恒山脚下的五座城池。"燕王听信了张仪的建议。

张仪离开燕国返回去向秦王复命,还没有到达咸阳,秦惠王就去世了,秦武王继承了王位。

秦武王做太子时就不喜欢张仪,即位后,朝中的许多大臣都在说张仪的坏话:"张仪是个不讲信用出卖国家的人,他反复无常,图谋宠幸。秦国假如还要任用他,一定会被天下人所耻笑的。"诸侯们听到张仪和武王的关系不和睦,就都纷纷背叛了连横的主张,又恢复了合纵联盟。

秦武王元年,朝中大臣没日没夜地说张仪的坏话。这时,齐国又派人前来责备张仪。张仪害怕自己被杀,就借机对秦武王说道:"臣下我有一个并不高明的计策,愿意进献给大王。"

张仪对秦武王说道:"我觉得要让秦国利益最大化,就要让各诸侯之间发生大的变故。现在齐王对我恨之入骨,扬言只要我在哪里,他就要出兵攻打哪里。所以,我愿意到魏国当钓饵,齐国就会攻打魏国。

"当魏国和齐国混战到谁都无法抽身时,大王您就出兵攻打韩国,秦军打进三川,兵出函谷关却不攻打任何国家,要直逼周都,周天子一定会献出祭祀用的礼器。大王您就能够挟持天子,掌握天下的地图户籍,这是为成就王道所奠定的大业啊。"

秦武王认为张仪说得对,就给他准备了三十辆兵车,送张仪去了魏国。齐王果真兴师攻打魏国。梁哀王很害怕。张仪说:"大王不要害怕,请您下令让我退去齐兵。"

张仪就派舍人冯喜去了楚国,再借用楚国的使臣到齐国,对齐王说:"大王您特别憎恨张仪,但大王让张仪在秦国有所依托,也做得很到位啊。"齐王说:"我很恨张仪,张仪在哪里我就出兵打哪里,怎么说成是有所依托呢?"对方就把张仪与秦武王商量的计策对齐王说了。

冯喜又接着说:"大王这样做,对内使国内疲惫,对外又攻打了与自己关系友好的国家。广泛树敌又殃及自身,却让张仪得到了秦王的信任。这就是我说的:'让张仪有所依托啊。'"听了使臣的话后,大王说:"好得很!"就解除了攻打魏国的战争。

张仪出任魏国国相刚一年,就死在了魏国。

陈轸是游说的策士。他与张仪一起侍奉秦惠王,都被重用而获得显贵地位,两个人经常在秦王面前争宠。

张仪对秦王中伤陈轸说:"陈轸拿着厚重的礼物来往于秦楚两国,他本应为国效力。现在楚国不友好秦国却愿意友好陈轸,说明陈轸是打着国家的幌子为自己办事。陈轸有到楚国谋事的打算,大王怎么没有听到这些呢?"

秦王就对陈轸说："我听说你想离开秦国到楚国去,是这样吗?"陈轸说:"嗯,有这回事。"秦王说:"张仪的话真的没错,可以信赖啊!"

陈轸回复秦王说:"我想去楚国这件事天底下人人皆知。当初,所有的国君都希望伍子胥做自己的臣子,说明伍子胥对国君忠心耿耿;所有的父母都希望曾参做自己的儿子,说明曾参孝敬父母;还有那些没有走出巷子就被卖出去的奴仆,也说明他们是天下最好的奴仆;被休了的女人却能在本乡本土嫁出去,说明她们是天下最好的妇人。如果我陈轸对自己的国君不忠诚,楚国又怎么会接受我?! 忠诚却得不到重用,我不去楚国,还能到哪里去呢?"秦王觉得他说得对,就更加友善地对待他。

陈轸在秦国待了一年,秦惠王最终还是把国相给了张仪,陈轸只好去投奔楚国。楚国并没有重用他,却让陈轸去出使秦国。

陈轸路过魏国时,想拜访犀首。犀首却不愿见他。陈轸做了许多工作后,犀首第二天才勉强出来接见他。陈轸说:"你为什么这么喜欢喝酒?"犀首说:"没事可干。"陈轸就对犀首说:"我给你出个主意,让你有很多事可做。"

陈轸就对犀首说:"田需邀请诸侯国合纵相亲,但楚王不信任他。您对魏王说:'我与燕国、赵国的国君是旧交情了,他们多次派人对我说没事为什么不聚一聚,见见面? 恳请我觐见他们的国君。'魏王即使答应了,您也不要多带车辆,最好是三十辆车,在庭院里排列好,然后逮住谁就对谁说您要到燕国、赵国去。"

陈轸接着说:"燕国、赵国听到这个消息后,就会报告给国君,派人迎接你。楚王知道这个后一定很生气,说:'田需和我早就约定好了,但犀首却去了燕国、赵国,分明是在欺骗我。'楚王再也不理睬田需合纵相亲的事。

齐国听说犀首去了北方,就派人把国家的政事委托给他。于是犀首就去了齐国,三个国家国相的事务全部交由犀首去决断。陈轸于是就回到了秦国。

韩国和魏国之间相互交战，整整一年也无法和解。秦惠王想让他们和解，就询问身边大臣们的意见。左右亲信有的说和解好，有的说和解不好，秦惠王不知该怎么做。

正好陈轸刚回到秦国，秦惠王就问他："先生想念我吗？"陈轸说："越人庄舄在楚国官至执珪爵位，不久生病了，楚王说：'庄舄最早是越国一个地位低下的人，现在官做到执珪爵位，不知道他想不想自己的越国？'中谢回答说：'思念故乡最多的是在生病的时候啊。如果思念故乡，那他的话中就会有家乡的声音。'就派人偷听，庄舄的声音里全是越国的腔调。现在我的声音里难道就没有秦国的腔调吗？"

惠王说："魏韩两国相互征战一年，却无法和解，有人说和解好，有人说和解不好，先生能否替我想出一个好主意呢？"

陈轸说："庄子准备刺杀猛虎，旅馆有个小子挡住他，说：'两只猛虎正在吃牛，一定会为牛肉发生争抢，再开始打斗。打斗就会使大的受伤小的毙命，你只要猛刺受伤的老虎，一下子就会收获两只虎。'卞庄觉得他说得有道理，就依计而行，一举获得杀死两只老虎的功劳。现在韩魏两国就像那两只老虎，只要讨伐受到重创的国家，一定会收获两个胜利。"惠王就依计行事，获得很大的胜利。

犀首是韩国阳晋人，名字叫衍，复姓公孙，和张仪之间合不来。张仪为秦国而出使魏国，做了国相。犀首认为这件事对他不利，就让人对韩公叔说："张仪已经撮合了秦国和魏国的关系，他扬言说：'魏国攻打南阳，秦国进攻三川。'魏王是想获得韩国的土地才器重张仪的。"

犀首说："韩国的南阳已经被占领，先生你可以把一些正事交给公孙衍去做，秦国和魏国的联合就会不攻自破，魏国就会图谋秦国而抛弃张仪，结交韩国而让公孙衍当国相。"公叔认为这样有利，就把政事委托给犀首,让他献功。犀首果然做了魏国的国相,张仪只好离开魏国。

义渠君前来朝拜魏王,犀首听说张仪又当了秦国的国相,迫害义渠君。他就对义渠君说:"你们国家的道路非常遥远,今日分别,再次拜访的机会就不多了,我告诉您一件事情。"他接着说道:"只要中原各国不合纵抗秦,秦国就会焚烧掠夺你们;要是中原各国能一致讨伐秦国,秦国就会带着贵重的礼物派使臣侍奉你。"

这以后,楚、魏、齐、韩、赵五国联合起来共同讨伐秦国。正好赶上陈轸对秦王说道:"义渠君是荒蛮之地最贤明的君主,倒不如赠送些贵重东西来安抚他。"秦王说道:"好啊。"就把一千匹锦绣和一百名美女送给义渠君。

义渠君叫来群臣商议说:"这就是公孙衍告诉我的情形吗?"于是就出兵袭击秦国,在李伯城下大败秦国。

张仪去世后,犀首当了秦国的国相,他曾经佩戴了五个国家的相印,做了联盟的领袖。

太史公认为:"三晋这个地方很容易出现权谋机变的人物,主张合纵和连横的人,几乎都来自于三晋。张仪在这方面比苏秦厉害了许多,但人们却最讨厌苏秦,因为他死在了张仪前边。而张仪用他的连横学说更加暴露了苏秦合纵主张上的死穴,来支持自己的连横主张,最终促成了连横计谋的成功。总而言之,这两个人的确是险诈的人。"

樗里子甘茂列传第十一
人物像

樗里子

甘茂

甘罗

樗里子甘茂列传第十一

樗(chū)里子名叫疾，是秦惠王的同父异母弟弟，他的母亲是韩国人。樗里子思维敏捷，说话生动，才智过人，秦人称他为"智囊"。

秦惠王八年（前330年），樗里子被封为右更（秦汉二十个爵位等级中的第十四级爵位，这级爵位为更卒之将的爵位），秦惠王派他率兵攻打魏国的曲沃，他占领了曲沃后，把城内的居民悉数迁出，占领了城邑，把曲沃的土地归并到了秦国。

秦惠王二十五年（前 313 年），惠王任命樗里子为将军率兵攻打赵国，他打败了赵军，俘虏了赵国将军庄豹，拿下了赵国的蔺邑。第二年，他又协助魏章攻打楚国，打败了楚将屈丐，夺取了汉中。战后，秦王对他进行了赐封，封号为严君。

秦惠王去世后秦武王即位，武王驱逐了张仪和魏章，任命樗里子和甘茂为左右丞相。

秦武王派甘茂攻打韩国，甘茂一举攻下了韩国的宜阳；派樗里子率领百辆战车进入周都，周王派士兵列队迎接，对樗里子十分热情和敬重。

楚王对周王如此礼遇樗里子十分气愤,他责备周王,认为周王不应该这样重视秦国的使臣。游腾于是就替周王劝说楚王。

他说:"大王错怪周王了,当初晋国大夫知伯想攻打仇犹,就假意赠送仇犹豪华的大车,同时却让军队跟在了大车后面,结果车子送到了,仇犹也被灭亡了。齐桓公攻打蔡国时却声言是要讨伐楚国,结果蔡国缺乏防备而被齐国打败。周王怎能不知道这其中的道理呢?他虽然得罪不起如狼似虎的秦国,但又怎能不防备秦国呢!周王派手持长戟的士兵列队于前,让臂挽强弓的士兵列队于后,表面上看是对樗里子的热情和礼遇,实质上是对樗里子进行看管和提防啊。试想,周王能不重视周朝的天下吗?况且周室一旦败亡,那对大王您有利吗?"楚王于是脸上露出了笑容。

秦武王去世后秦昭王即位,樗里子的地位得到了进一步的提升。昭王元年(前306年),樗里子率兵攻打蒲城(今山西永济)。蒲城守员十分恐惧,就请求胡衍帮助解困。

胡衍对樗里子说："您攻打蒲城是为了秦国还是为了魏国？如果是为了魏国，那确实是高招；如果是为了秦国，那就未必是好事了。卫国之所以成为一个国家，就是因为有蒲城的存在，秦国攻打蒲城，卫国就势必归附魏国；魏国攻打蒲城，卫国就势必投靠秦国啊。如今秦国占领了魏国的西河之地，魏国无法收回的原因是兵力不足，但卫国一旦并入魏国，魏国就会强大，魏国强大之日就是秦国失去西河城邑之时。您攻打蒲城若有害于秦国而让魏国得利，秦昭王一定要拿您问罪的。"

樗里子说："蒲城就在眼前，您说如何是好？"胡衍说："您可以放弃攻打蒲城，我试着到蒲城替您劝说蒲城的守官，让他感恩于您。"樗里子说："很好！"

胡衍回去后对蒲城守官说："樗里子已经知道蒲城十分恐慌和空虚了，扬言一定要拿下蒲城。但我能阻止他不攻打蒲城啊。"

蒲城守官诚恐诚惶，连连拜谢说："我愿意听命于您。"并急忙给胡衍献上了三百金，然后又说："如果您能让秦国退兵，我一定把您的功劳报告给卫君，让您在卫国享受国君一样的待遇。"这样，胡衍不仅在蒲城得到了三百金，而且从此在卫国显贵。

樗里子率兵撤出蒲地后，又带兵攻打了魏国的皮氏，皮氏坚守城池不降，樗里子只好撤离了。

昭王七年（前300年），樗里子去世，他葬在渭水南岸的章台之东。临终前他预言说："一百年之后，我的墓地两边会建有帝王的宫殿。"樗里嬴疾的家乡在昭王庙以西、渭水以南的阴乡樗里，因此人们称他为樗里子。

一百年后汉朝兴起，樗里子的话得到了应验，汉高祖在樗里子的墓地东边建起了长乐宫，在墓地的西边建起了未央宫，在坟墓的正面

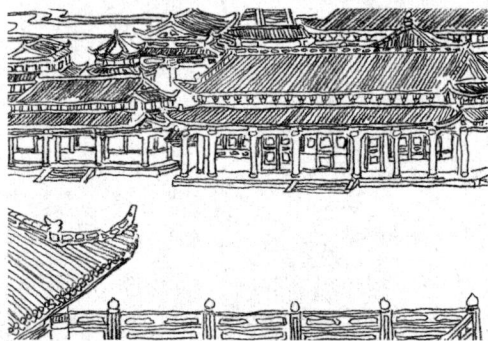

建起了兵器库。难怪秦人当时就有这样的谚语："力大数任鄙，智高数樗里。"

甘茂是下蔡人，曾侍奉下蔡的史举先生，他在史举先生那里学习了诸子百家的学说。后来通过张仪、樗里子的引荐拜见了秦惠王，秦惠王很赏识他，任命他为将军，他带兵协助魏章夺取了楚国的汉中。

惠王去世后武王即位，这时张仪和魏章已离开秦国去了魏国。不久，秦公子蜀侯辉和他的辅相陈壮谋反，武王派甘茂率兵平叛。甘茂平定了蜀地后回国，武王就任命他为左丞相，任命樗里子为右丞相。

秦武王三年（前308年），武王对甘茂说："我朝思暮想着能够坐着华丽的车子，漫游于三川之地，然后在此居高临下眺望周室。若如此，我就一生无憾了。"甘茂心领神会，就说："请允许我到魏国去，游说魏国一起攻打韩国，请让向寿随我一同去吧。"武王欣然答应。

甘茂一到魏国就让向寿回国，他说："您回去后对武王说：'魏国对我言听计从，希望大王先不要准备战事。'"他又对向寿说："事情办成后功劳全归您，您不要有所顾虑。"向寿回到秦国后，把甘茂要他说的话报告给了武王，武王就亲自到息壤等待甘茂。

甘茂到息壤后见到了武王，武王问他不准备攻打韩国的原因。甘茂说："宜阳是一个大县，上党、南阳两地又久积财税，实力雄厚，它们名义上叫县，实际上拥有郡的实力。大王若离开所依仗的几处雄关险隘，远行千里去攻打三川，取胜的困难是很大的，但这还不是我最担心的。"

他缓了缓口气继续说："从前曾参居住在费邑，鲁国有个与曾参同名同姓的人犯了命案，有人就对曾参的母亲说曾参杀了人，当时曾参的母亲正在织布，对此话一点儿都不相信，仍然神态自若地织着她的布。不久又有人来告诉她曾参杀了人，她仍旧不加理会。此后又有个人告诉她说曾参杀了人，曾参的母亲于是扔下梭子，走下织机，翻墙逃走了。曾参尽管贤能，其母尽管对他十分了解，但有三个人的传言，曾参的母亲还是信以为真了。如今我的贤能比不上曾参，大王对我的信任也比不上曾参母亲对曾参的信任，可是怀疑我的人却远远超过三人，我唯恐大王有一天像曾母一样最终怀疑我啊。"

他接着说："当初张仪西并巴蜀，北定西河，南取上庸，可谓功高至伟啊！但天下人不称赞张仪而称颂先王。魏文侯让乐羊攻打中山国，乐羊历经艰辛，三年后攻下中山，当他回到魏国请赏时，魏文侯却把一箱子告发他的信拿给他看。乐羊吓得连连叩头跪拜说：'攻下中山不是我的功劳，是大王的恩威和贤明啊。'"

他最后说："我现在只是个寄居秦国的客臣，樗里子和公孙奭（shì）宠信于大王，他们对攻打韩国的三川之地另有看法，到时会以韩国的强大为由与我争辩。大王您肯定会听信他们的意见，而停止攻韩计划的实施。这样就造成了大王您欺骗魏王，而我也将遭到韩相公仲侈的怨恨呀。"武王说："我不会听他们的，咱们君臣俩现在就盟誓，您可以放心去攻打宜阳。"

甘茂出兵后五个月还未
攻下宜阳,樗里子和公孙奭
果然上朝提出了反对意见,
武王就召回甘茂,让他退兵
回国。甘茂说:"息壤那地方
还在吗?"武王恍然大悟,很
干脆地回答说:"在。"于是就
大举进兵,令甘茂坚决攻打。
甘茂斩敌六万,占领了宜阳。韩襄王于是只好派国相公仲侈到秦国来
求和。

武王最终实现了他的
夙愿,乘车视察了三川之
地,最终他还到了周都,并
在周地去世。此后武王的
弟弟即位,是为秦昭王,昭
王的母亲宣太后是楚
国人。

当初秦国在丹阳大败楚军,韩国坐视不救,楚怀王于是就嫉恨韩国,这
时就率兵围攻韩国的雍氏。韩国国力衰弱无以抵抗,韩王就派国相公仲侈
到秦国求援。秦昭王刚即位,太后又是楚国人,所以秦国不肯出兵救援。

公仲侈于是就找到了甘茂,请甘茂出主意。甘茂对秦昭王说:"公仲
侈和我们已经结盟,他正是因为有秦国的依靠才敢挑战楚国。现在雍氏
被楚国围困,而秦军却屯兵崤山袖手旁观,这势必导致公仲侈仇视秦国,
不再相信秦国,当然以后也就不来朝见秦国了。韩公叔无奈之下也会率
领韩国投靠楚国,楚国一旦和韩国结盟,魏国就一定会受他们的摆布,这
样一来,西向攻打秦国、夺回失地的局面就形成了。请大王想想,坐等别
人进攻与主动进攻别人相比哪个有利呢?"秦昭王说:"是这样的。"于是
让秦国驻扎在崤山的兵士倾巢出动,楚国军队随即撤离。

秦王派向寿去平定宜阳之乱,派
樗里子、甘茂去进攻魏国的皮氏。向
寿是宣太后娘家的亲戚,从小和昭王
一起长大,所以被昭王重用。向寿来
到楚国,楚王听说秦王十分信任向
寿,于是就厚待向寿,向寿也因而感
恩楚国,于是就准备从宜阳攻打韩国。

韩相公仲侈请苏代劝说
向寿,苏代对向寿说:"困兽
在情急之下可以撞翻猎人的
车子。您打败了韩国,使公
仲侈受辱,但公仲侈仍有收
拾韩国残局去侍奉秦国的机
会,并自信一定能得到秦国
的封赐,请您不要结怨于公
仲侈。现在您把解口之地给了楚国,把杜阳之地封给了小令尹,以此使
秦、楚交好,秦楚结盟的后果无非是去攻打韩国,这样韩国就必然被灭
亡。韩国灭亡后,公仲侈必将率领自己的私家武装对抗秦国,与您做困
兽之斗,希望您能仔细考虑。"

向寿说:"我让秦、楚两
国联合并不是要对付韩国,
请您向公仲侈说明,并告诉
他秦国也可以与韩国结盟。"

苏代回答道:"尊重别人
所尊重的,才能赢得别人的
尊重。秦王亲近您比不上亲
近公孙奭吧,秦王赏识您比
不上赏识甘茂吧,但这两个人都不能直接参与国家大事,而您却能,原因
是他们都有各自的短板,公孙奭亲近韩国,甘茂偏袒魏国,所以秦王不信
任他们。现在您却偏爱和秦国争强的楚国,您走的是公孙奭、甘茂的老
路啊。况且人们都说楚国是个善于权变的国家,您一定会在与楚国的交
往上栽跟头的。"

他继续说:"您不如放弃偏见,主动与秦王谋划对付楚国,与韩国交
好而防备楚国,这样您就没有隐患了。韩国一旦与秦国交好,它就必定
先把国家大事交给公孙奭,然后会想方设法把国家托付给甘茂。韩国是

您的仇敌，如果您提出与韩国友好而防备楚国，这就不但赢了公孙奭和甘茂，而且还赢得了结盟不避仇敌的美名。"

向寿说："是啊，我是很想与韩国合作的。"苏代说："甘茂曾答应公仲侈把武遂还给韩国，让宜阳的百姓返回宜阳，现在您却想收回武遂，这事很难办啊。"向寿说："那该怎么办？难道秦国终究不能得到武遂吗？"

苏代说："武遂虽然难办，但您必须想办法走在甘茂之前和韩国友好，你为什么不借助秦国之威，替韩国追回楚国占领的颍川呢？颍川本来就是韩国的地盘，你若能使颍川回归韩国，这就做到了令行于楚而德泽于韩啊。如果索要不到颍川，则韩楚两国的怨仇就会加深，韩国便会彻底依附秦国。如今秦楚两国争霸，您这样不断地挫伤楚国，拉拢韩国，这对秦国是有利的。"向寿有些疑问地说道："是这样吗？"

苏代进一步说道："您这样做很好啊。甘茂想让魏国攻打齐国，公孙奭想让韩国攻打齐国，您有平定宜阳之功，又有安抚楚韩两国之德，然后再讨伐齐、魏两国，那么公孙奭和甘茂的打算都将化为泡影，他们在秦国的权势也会进一步被削弱。"

甘茂把归还武遂给韩国的想法告诉了秦昭王，秦昭王竟然答应了。向寿和公孙奭两人都竭力反对此事，但无济于事，两人因此怨恨甘茂，并不断在昭王面前说甘茂的坏话，甘茂十分害怕，便停止了攻打魏国蒲阪的战事，逃亡而去。此后樗里子与魏国谈判讲和，秦魏两国才各自撤兵休战。

甘茂在逃往齐国的路上遇见了苏代，苏代当时正替齐国出使秦国。甘茂对苏代说："我得罪了秦国而逃了出来，当下尚无容身之地。我听说贫家女和富家女晚上在一起搓麻线，贫家女说：'我无钱买烛，而您的烛光幸好明亮有余，请您挪动一下光源，分给我一点光亮，这无损于您，但却能使我同您一起享用烛光的便利。'如今我身处困境，路上遇见您正好出使秦国，大权在握，我的妻儿尚在秦国，请您也分出余光照顾一下他们吧。"苏代答应了他的请求。

苏代在秦国办完事后，借机对秦王说："甘茂非等闲之士，他在秦国居住多年，得到了秦国三代君王的重用，崤关至鬼谷的地形他都了如指掌。如果他在齐国联合韩国、魏国图谋秦国，这对秦国可不利啊。"

秦王说："事实确实如此，怎么办才好？"苏代说："大王可多给他一些贵重的财物，增加他的俸禄，把他召回来吧。回来后再把他安置在鬼谷，让他永远不能离开鬼谷。"秦王说："好的，就这样办。"秦王于是赐给甘茂上卿爵位，派人带着相印到齐国去接甘茂。

秦使到了齐国，甘茂却拒绝了秦使。苏代于是就对齐湣王说："甘茂

樗里子甘茂列传第十一

是个大贤人啊，秦国赐封给他上卿爵位，带着相印来迎接他，他却不去，原因是他感激大王的恩德，乐意做大王的臣下啊。大王您拿什么来礼遇他呢？"齐王说："这好办。"齐王随即就给甘茂赐封了上卿爵位。秦国闻讯后又免除了甘茂家的赋税和徭役，以此和齐国较劲，想打动甘茂，让甘茂回秦。

甘茂为齐国出使楚国，楚怀王刚与秦国通婚结亲，秦、楚两家的关系当时十分密切。秦王听说甘茂来到了楚国，就派人到楚国请楚王把甘茂送回秦国。楚王于是问范蜎(yuān)说："我想派人到秦国做国相，您看谁合适？"

范蜎说："我不具备推荐国相的能力。"楚王说："我打算让甘茂去，您认为合适吗？"

范雎说："不合适。甘茂曾经侍奉过下蔡的史举。史举曾是下蔡城门的看守官，这个人上不能侍奉国君，下不会操持家室，以苟且偷生、人格低下、节操不廉被世人所耻，但甘茂却能忍辱负重地侍奉他，所以甘茂是个能成大事的人。再说，秦惠王如此明哲、武王如此明察、张仪如此善辩，而甘茂都能与他们很好地共事，历经十个职位而没有罪过，非等闲之人不能为之啊！所以不能让甘茂到秦国任丞相啊。甘茂如果到了秦国，秦国就有了贤能的丞相，这对楚国来说并不是什么好事！"

他继续说："大王曾让召滑到越国任职，召滑到越国后，越国便蒙受了章义之难，楚国因而有了发展的机遇。从那时起，楚国开拓疆土，以厉门为边塞，以江东为郡县，国势如日中天，大王的事业飞黄腾达！现在大王只沉浸在把召滑用于越国后的快乐之中，却忘记了把甘茂用于秦国的祸患啊。所以，让甘茂到秦国去将是重大的失误。"

他最后说："您如果打算给秦国安置国相，我觉得向寿这样的人很合适。向寿是秦王的亲戚，和秦王一块长大，年少时和秦王同穿过一件衣服，长大后和秦王同乘过一辆车子，现在又直接参与秦王的国政。若能让向寿在秦国做国相，也对楚国十分有利啊。"楚王听后就派使人去了秦国，请求秦王让向寿在秦国任相。向寿做了秦国的国相，而甘茂再也没有到过秦国，后来他就在魏国去世了。

甘茂有个孙子叫甘罗，甘茂去世时甘罗才十二岁，此时正在侍奉秦国丞相文信侯吕不韦。秦始皇派刚成君蔡泽去了燕国，三年后燕国国君

樗里子甘茂列传第十一

喜派太子丹到秦国做人质。秦国又让张唐到燕国做丞相，打算联合燕国进攻赵国，目的是想进一步扩大河间一带的地盘。

张唐对文信侯说："昭王时期我曾攻打过赵国，赵国一直怨恨我，扬言'捉住张唐者，赏地百里。'如今去燕国必经赵国，我不可前往啊。"文信侯听后很不愉快，但也没有强求他。

甘罗问文信侯说："君侯怎么如此闷闷不乐?"文信侯说："我让刚成君蔡泽侍奉燕国三年，燕太子丹就来到秦国做人质，我亲自请张唐到燕国做丞相，可张唐不想去。"甘罗说："让我去劝说他吧。"文信侯训斥道："去、去、去! 我亲自请他，他都不去，你怎么能请动他?"甘罗答道："项橐（tuó）七岁时就做了孔子的老师，如今我已经十二岁了，请让我试一试何妨? 先不要急着训斥我啊。"甘罗于是去见张唐。

甘罗对张唐说："你和武安君白起相比，谁的功劳大？"张唐说："武安君南挫强楚，北震燕赵，战无不胜，攻无不克，攻城掠地，不计其数，我比不上他。"

甘罗又问："应侯范雎当初在秦国任丞相，文信侯是现在的丞相，他们两人相比谁的权力大？"张唐说："应侯不如文信侯。"甘罗又问："您能确定您的说法吗？"张唐答道："确定。"甘罗于是就说："当初应侯准备攻打赵国，武安君却故意刁难，结果武安君出发不久，就死在了咸阳附近的杜邮。这个地方距离咸阳仅仅七里路呀！如今文信侯亲自请您去燕国任相，您却执意不去，我不知道您要死在何处了。"张唐说："好吧，我就依着您这个小孩的意思去燕国吧。"于是张唐就确定了行期，准备上路。

甘罗对文信侯说："请借给我五乘车，我要为张唐前往燕国通报赵国。"文信侯报告秦始皇说："过去那个甘茂，他的孙子叫甘罗，虽然年龄很轻，但他是名门之后，所以诸侯都知道他。前几日张唐推说有病不愿去燕国，甘罗说服了他，使他毅然前往，而甘罗请求先到赵国为张唐清除障碍，请大王答应他吧。"秦始皇于是召见了甘罗，然后就就派他去了赵国。

赵襄王亲自到郊外迎接甘罗，甘罗问赵王："燕国太子丹到秦国做人质，这事大王听说了吗？"赵王说："听说了。"甘罗又问："大王听说了张唐要到燕国任相吗？"赵王说："听说了。"甘罗说："燕太子丹到秦国来，说明燕国不想欺骗秦国；张唐到燕国任相，说明秦国也不想欺骗燕国。燕、秦两国相互信任，结成同盟，结果只能是去攻打赵国，扩大秦国河间之地。大王不如先把与秦国河间接壤的五座城邑送给秦国，我请求秦王送回燕国太子丹，然后让秦国帮助赵国攻打燕国。"

赵王听取了甘罗的意见，就把河间附近的五座城邑割让给了秦国，秦国也送走了燕国太子丹。这样赵国就发动了攻打燕国的战争，占领了上谷一带的三十座城邑，赵国把其中的十一座城邑分给了秦国。

甘罗回国后，秦始皇给他加官晋爵，封赏他做了上卿，把原来甘茂的田地、房宅赐给了甘罗。

太史公说："樗里子因为和秦王的兄弟关系而被秦国看重，这是常理，但他在秦人中享有'智囊'之名，这并非等闲之誉，因此我就较多地采录了他的事迹。甘茂出身于下蔡乡下，但却能名扬诸侯，被强大的齐国和楚国所推崇。甘罗年龄很小，因献出一条奇计而名垂后世，他虽然算不上忠厚笃行的君子，但也是名噪一时的谋士啊。要知道，当时秦国咄咄逼人的时候，诸侯们为了保命，流行权诈之术是一种风尚啊。"

穰侯列传第十二
人物像

穰侯魏冉

芈八子

公子壮

仇液

穰侯列传第十二

秦国的穰侯名叫魏冉，他的先祖是楚国人，姓芈。秦武王死后（因与人举鼎比力气受伤而死）没有儿子，他的弟弟就被立为国君，是为秦昭王。穰侯是秦昭王的母亲宣太后的弟弟。

昭王的母亲原是秦惠文王后宫的女官，称芈八子（秦汉后宫八级官职中的第四级），昭王即位后，芈八子才被立为宣太后。

宣太后不是武王的生母，武王的母亲是惠文后，她去世在武王之前。

宣太后有两个弟弟，穰侯是她的异父同母兄弟，她的同父弟弟是华阳君，名叫芈戎。昭王有两个同母弟弟，一个是高陵君，一个是泾阳君。

魏冉在秦国很有影响力，惠王、武王时期他都拥有重权。武王去世后，魏冉力排众议，拥立了昭王。昭王即位后就任命魏冉为将军，让他负责卫戍都城咸阳的工作。

武王去世后，武王的弟弟们争夺王位，公子壮为此发动了叛乱，被臣下立为季君，魏冉平息了这场叛乱，并把带头拥立公子壮的武王后驱逐到了魏国。

在争夺王位的过程中，还有许多公子图谋不轨，魏冉把他们悉数诛灭。这样，魏冉在秦国声威大震。

昭王即位后年龄尚小，宣太后亲自辅政，魏冉执掌大权。

昭王七年（前300年），樗里子去世；泾阳君到齐国做了人质；赵国人楼缓在秦国任相。赵国人认为楼缓在秦国任相对赵国不利，于是就派仇液到秦国游说，请秦国让魏冉担任国相。

仇液临走时，门客宋公担心仇液身在异国，插手他国权臣之间的事情很危险，于是就对仇液说："秦王如果不听从您的游说，楼缓必定怨恨您。您不如先对楼缓承诺：'为您着想，我不会竭力劝说秦王任用魏冉为相的。'秦王见您请求任用魏冉的态度并不急切，就一定觉得奇怪，反而会听从您的劝告的。您这么说了，如果事情没有办成，楼缓也会对您有好感；如果事情办成了，魏冉当然会感激您。"仇液听从了宋公的意见。

仇液到秦国后，按照宋公的计策向秦昭王游说，秦昭王果然罢免了楼缓的丞相职务，任命魏冉做了丞相。这年，秦昭王要杀吕礼，吕礼逃回了齐国。

昭王十四年（前293年），魏冉举用了自己精心培养的爱将白起做将军，派白起代替向寿率兵攻打韩国和魏国，白起在伊阙关（今河南洛阳龙门）打败了韩魏联军，斩敌二十四万，俘虏了魏将公孙喜。

第二年，白起又夺取了楚国的宛、叶两座城邑后，魏冉托病辞职了。

秦王任用客卿寿烛做了丞相。

寿烛仅仅做了一年丞相就被免职，魏冉再次被任命为丞相。昭王还把穰地（今河南省邓州市）赐封给了魏冉，魏冉于是就被称作穰侯。后来，昭王又把陶邑（今山东定陶）加封给了穰侯。

穰侯受封穰地的第四年（前290年），他以秦国将军身份率兵攻打魏国，魏国不得不献出了河东方圆四百里土地给秦国。在魏国献出土地的第二年，穰侯又率兵占领了魏国的河内之地，夺取了魏国六十一座城邑。

昭王十九年（前288年）十月，秦昭王派穰侯出使齐国，穰侯约齐湣王与秦昭王同时称帝，秦为西帝，齐为东帝。一个多月后，吕礼又来到秦国，齐、秦两国国君又取消了帝号仍旧称王。

魏冉再度出任秦国丞相后的第六年又被免职，但两年后他又第三次出任了秦国丞相。四年后（前280年），他派白起攻取了楚国的鄢都，秦国把楚国的鄢都设置成了南郡，白起被封为武安君。

由于白起是在穰侯的举荐下做将军的，所以两人的关系十分亲密。白起的战果使穰侯暴富，穰侯的家产超过了秦王室。

秦昭王三十二年（前275年），穰侯担任秦国国相，他率兵攻打魏国，魏将芒卯战败而逃，秦军进入北宅，随即围攻魏国都城大梁。

魏国大夫须贾劝穰侯说："魏国的长吏曾对魏王说过，昔日梁惠王攻打赵国，夺去了三梁，拿下了邯郸，赵国虽然战败，但赵王坚决不肯割地，后来赵国就收复了邯郸；齐国人攻打卫国，攻下了卫国的旧都楚丘，杀死了子良，而卫国

穰侯列传第十二

人也不以割地为条件求和，后来卫国也收复了失地。赵、卫两国之所以能同仇敌忾，保全国家，就是因为他们能够忍受苦难，爱惜自己的国家。宋、中山两国不断地被人家攻伐，不断地给人家割地，结果都亡了国。卫国、赵国的做法值得效法；宋、中山两国的亡国教训则应引以为戒。"

他继续转述说："秦国贪婪暴戾，我们不能亲近它，它蚕食了魏氏的封邑，侵吞了原属晋国的土地，战胜了大将暴鸢（yuān），割走的土地有八个县之多，这些土地还未来得及并入秦国，秦国的军队就又发动了进攻，秦国什么时候满足过呢？

"现在秦军又来进攻了，它又打败了魏军，魏将芒卯败逃，秦军攻入了北宅，威胁着魏都。虽然如此，但秦军并不敢攻打魏都，只是要挟大王给他割地，大王坚决不能答应秦国的要求啊。

大王若背弃楚国和赵国与秦国讲和，楚、赵两国必定怨恨大王，进而会抛弃大王也去讨好秦国。秦国一旦和楚、赵两国结盟，就必然挟制楚、赵两国攻打魏都，那时魏国就一定会被灭亡的，大王坚决不能和秦国讲和啊。大王即使迫不得已和秦国讲和，那也应少割让土地，并要得到秦国的人质作担保，否则必定会上当受骗！

"这些话是我在魏国听到的，希望它能为您提供参考，帮助您考虑下一步的事情。《周书》上说：'上天的旨意不是固定不变的。'它是说幸运总不会每次都光顾同一个人。秦国打败暴鸢，占领了八个县，这并不是秦国武器精良，战斗力强，也不是秦人的计谋高超，而是秦人的运气太好了。现在秦国又打败了魏将芒卯，攻入北宅，又准备围攻大梁，秦人这是把运气当成了作战规律啊，聪明的人是不会这样做的。

"我听说魏国已经集结了全国百县的精锐之师来戍守大梁，我判断守城的部队不会少于三十万人。三十万大军守护七丈高的城墙，即使汤王、武王再世也不能轻易攻下。如今秦国却轻易背弃楚、赵两国而孤军深入，准备登上七丈高的城墙与三十万大军较量，而且志在必得，我认为这是开天辟地以来未曾有过的事。如果攻而不克，秦军就会疲惫，等秦军疲惫了，魏军就可乘势夺回失去的陶邑，秦军将会前功尽弃啊。

"是战是和，魏国目前还有些犹疑，您可以让它少割让点土地和它讲和，它必定会有所考虑的。希望您抓住机会，在楚、赵援军尚未到达大梁之前解决问题。楚、赵援军目前尚未到达大梁，魏国一定觉得用少量土地解除大梁之围是有利的。魏国同意了，您的愿望就实现了。

"魏国与秦国讲和了,楚、赵两国虽然对魏国的做法感到恼火,但他们也只能跟着魏国和秦国讲和了,这样,魏、楚、赵三家的合纵盟约就自然瓦解了,而您在战略上就有了充足的选择余地。

"获取土地并非只有通过战争的方式!您这样割取了原来晋国的土地就无需诉诸战争,魏国会拱手献出绛地和安邑的。魏国献出绛地和安邑,又为您打开了河西、河东的两条通道,原来的宋国故地(宋国这时已经灭亡)也将全部归秦所有。拥有了宋国故地又会威胁到卫国,卫国也将会随即献出单父之地。这样,秦军不用付出伤亡的代价就能控制全局啊。

"秦国控制了全局后,您还有什么索求不能得到满足,有什么想法不能实现!请您现在仔细考虑一下对大梁的策略吧,不要以一时的冲动把自己置于危险之中啊。"穰侯说:"好,您说得对。"于是穰侯就解除了对大梁的包围。

第二年,魏国背弃了与秦国的盟约,和齐国合纵结盟。秦王于是派穰侯讨伐魏国,穰侯率兵斩敌四万,魏将暴鸢战败逃走,秦国又占领了魏国的三个县。秦王再次给穰侯加封了食邑。

一年后(前273年),穰侯与白起、客卿胡阳再次攻打三晋(赵国、韩国、魏国),在华阳(今河南郑州市南)城下大败魏国将军芒卯,斩敌十万,夺取了魏国的卷邑、蔡阳、长社和赵国的观津。但此后秦国又把观津归还

给了赵国,同时还增兵给赵国,让赵国去攻打齐国。

齐襄王对秦国支持赵国攻打齐国有些害怕,就让苏代给穰侯写了封密信,信中说道:"我听路人说'秦国将派兵四万给赵国,让赵国攻打齐国。'但我认为传言不足信,并会提醒本国国君说,秦王圣明而多谋,穰侯智高而能断事,秦国一定不会出此下策,给赵国增兵攻伐齐国的。

"这是为什么呢?因为韩、赵、魏三国本来就是以晋国为基础的同盟体,他们与秦国接壤,是秦国的天敌。韩、赵、魏三国之间的渊源关系是割不断的,尽管他们有上百次的背弃,上百次的相欺,但这都是他们内部的事,都不能算是背信弃义。他们一旦面对外敌,一定是互信不疑的。打败齐国会使赵国强盛起来,赵国一旦强大,显然对秦国不利。

"秦国的谋士中一定会有人认为,先打败齐国,让三晋和楚国的力量在战争中削弱,然后再一一战败他们。殊不知齐国已经是疲惫不堪之国,以天下诸侯之力攻打齐国,就如同用千钧强弓去射击溃烂的痈疽,齐国哪有还手之力,如何削弱三晋和楚国呢?

"秦国如果出兵少,则三晋和楚国就会不相信秦国;秦国若出兵多,三晋和楚国又会有被秦国控制的担忧。不论秦国多出兵还是少出兵,三晋和楚国都会提防秦国的。齐国又害怕被赵国攻打,因此也必定会投靠三晋和楚国。

"秦国以瓜分齐国的办法诱使三晋和楚国出兵,但三晋和楚国一旦出兵齐国,则天下态势就发生了变化,秦国反而会有腹背受敌之累。

"秦国如果如路人所言增兵赵国,实质上就是三晋和楚国借助秦国的力量谋取了齐国,然后再以拥有齐国之地为资本来对付秦国。三晋和楚国怎能如此聪明,而秦国和齐国又怎能如此愚蠢呢?所以我认为秦国不会这样的。目前秦国要做的事应该是占领安邑,并经营好安邑,以此打消自己的后顾之忧。

　　"秦国占领了安邑,韩国的上党就会丢失,这样秦国就占据了天下中心,把控了交通咽喉,这与增兵赵国,又担心兵士不能返回哪个有利? 这是很明白的道理! 所以我说秦王圣明而多谋,穰侯智高而善断大事,秦国肯定不会增兵赵国,让赵国去攻打齐国的。"穰侯于是就取消了增兵赵国的计划,撤兵回国了。

　　昭王三十六年(前 271年),相国穰侯和他的客卿灶商议攻打齐国,想夺取齐国的刚、寿两城,以扩大自己在陶邑的封地。

　　魏国有个叫范雎的人自称张禄先生,他抨击穰侯攻打齐国,讥笑穰侯越过韩、魏等国攻打齐国违背军事常规,并以此为由请求觐见秦昭王。昭王听了范雎的游说后就任用了范雎。

范雎提醒昭王，说秦国的王权太弱，宣太后专制于内，穰侯擅权在外，利用秦国的武力攻打齐国为己加封，扩大势力，这与秦国的战略是背道而驰的。泾阳君、高陵君过于奢侈，他们的财富比国君还多。

秦昭王听后恍然大悟，于是就免掉了穰侯的相国职务，并把穰侯、泾阳君等人赶出了国都，让他们回到自己的封地，此后昭王又废掉了宣太后。穰侯出关时，载运货物的车辆就有一千多辆。

穰侯被剥夺了权力，最后在陶邑忧郁而死，他死后就葬在了陶邑。秦国此后就收回了陶邑并在那里设置了郡。

太史公说："穰侯是秦昭王的亲舅，秦国之所以能够不断向东扩张，不断削弱东方诸侯，曾称帝于天下，使各诸侯国俯首称臣，这都是穰侯的功劳。但当他富贵至极之时，范雎进行了战略游说，他便被剥夺了权力，屈身于人下，以至于忧郁而死，更何况那些寄居异国的臣子呢？"

白起王翦列传第十三
人物像

白起

王翦

白起王翦列传第十三

白起是郿地(今陕西眉县)人，他善于用兵，是秦昭王时期秦国的著名将领。

秦昭王十三年(前294年)，白起被封为左庶长，率兵攻打韩国新城(今河南伊川西)。这一年穰侯魏冉担任秦国的丞相，他举用任鄙做了汉中郡守。

白起被封为左庶长的第二年，爵位又晋升了两级，被封为左更。他率兵进攻韩、魏两国联军，发动了伊阙战役。白起在伊阙战役中采取避实击虚、各个击破的战术，全歼韩魏联军二十四万人，俘虏了魏将公孙喜，占领了魏国五座城邑。

伊阙战役后白起被提拔为国尉，他率兵渡过黄河，夺取了韩国安邑至乾河的大片土地，为秦军东进扫除了障碍。

白起被提拔为国尉一年后，又被封为大良造。他率兵攻打魏国，夺取了魏国大小城邑六十一座。次年，白起与客卿错联合攻克了垣城。五年后(前 286 年),白起率兵攻打赵国,夺取了光狼城(今山西高平市西)。

夺取光狼城后的第七年(前 279 年),白起又率兵攻打楚国,发动了著名的鄢郢战役。在这次战役中,秦军首先出其不意地深入楚国腹地,攻克了鄢(今湖北宜城镇)、邓(今湖北襄樊北)等五座城邑,第二年又攻陷了楚国都城郢(今湖北江陵西北),焚毁了楚国先王的墓地夷陵(今湖北宜昌市夷陵区),然后率兵东进至竟陵,楚王从都城逃到了陈(今河南淮阳)。此次战役后,秦国把郢地设为南郡,白起被封为武安君。

一年后(前 277 年),武安君发动了对楚国的第三波攻势,他迅速攻克了巫(今四川巫山北),随即又南下平定了黔中(今湖南西部)。秦国分别把这两地设成了巫郡和黔中郡。

昭王三十四年(前 273 年),白起率军攻打魏国,大破三晋联军于华阳(今河南新郑北),魏将芒卯败逃,三晋多名大将被俘,士兵十三万人被斩。白起与赵国将军贾偃交战时,把赵国两万名士兵沉进黄河淹死。

昭王四十三年(前 264 年),白起又率兵攻击韩国的陉城,夺取了韩国五座城邑,斩杀韩国士兵五万人。昭王四十四年(前 263 年),白起又攻打韩国的南阳太行道,他派兵堵死了这条通道。

昭王四十五年(前 262 年),白起率兵攻打韩国的野王(今河南沁阳)。野王投降秦国后,上党郡和都城郑(今河南新郑)的道路被切断。上党郡守冯亭与百姓谋划说:"通往都城郑的道路已被切断,我们已不能做韩国的百姓了,现在秦兵不断地进逼,韩国又不能救应,我们不如归附赵国吧。赵国如果接受了上党,秦国一定会恼羞成怒去攻打赵国,赵国受到攻击后必定会联合韩国的,那时韩、赵联合就可以抵挡秦国了。"于是就派人去报告赵国。

赵孝成王跟平阳君和平原君共同商议此事,平阳君说:"还是不接受

的好,接受了它,祸远大于利。"平原君表示异议说:"人家白白送给一个郡,我们岂有不要之理。这么大的便宜不能白白丢掉!"赵王就这样接收了上党,并封冯亭为华阳君。

秦昭王四十六年(前261年),秦国就在这一地区周围发起战事,首先攻占了韩国的缑氏和蔺邑。第二年(前260年),秦国左庶长王龁攻打韩国,夺取了上党。上党百姓在冯亭的带领下纷纷逃往赵国。赵国屯兵长平,接应了上党逃来的百姓。

这年四月,王龁就以赵国接纳上党百姓为借口攻打赵国,赵国派将军廉颇去长平率兵防守。廉颇在空仓岭一线布防,秦将王龁率军于沁河沿线不断挑衅,秦赵两军士兵不断发生摩擦。赵军前哨士兵阻拦打伤了秦国侦察兵,秦军侦察兵就斩杀了赵军一个副将茄,战事从此不断升级。

六月,秦军攻破了赵军的前沿阵地,夺取了赵军两个营寨,俘虏了四个尉官。七月,赵军加固了前沿工事,秦军又进行了攻击,结果攻破了赵军西线阵地,又俘虏了赵军的两个尉官,赵国空仓岭防线随即失守。

廉颇退守东线加强防守,秦军屡屡挑战,赵兵坚守不出,秦军不能突破,两军从此开始相持。但赵王却多次指责廉颇怯战,要廉颇主动出击。

秦国丞相应侯范雎这时对赵国施行了反间计,他派人拿着千金去赵国搞离间,这个人在赵国散布谣言说:"秦国最担心赵国起用马服君的儿子赵括,廉颇容易对付,他马上就要投降秦国了。"

赵王对廉颇在前线的表现十分气愤,他认为廉颇到长平后多次战败,军队不断伤亡,现在又怯战不出,于是就准备换下廉颇。当听到秦人

散布的谣言后，他便坚定了自己的判断，于是就派赵括去长平代替了廉颇。

秦国得知赵国让赵括代替了廉颇，就秘密派遣武安君白起上了前线，让白起担任秦军上将军代替王龁，让王龁担任副将，并申明军中有敢于泄露白起出任上将军者杀无赦。

赵括到任后就立即发兵攻击秦军，秦军佯装败退，但暗中却派遣了两支部队攻击赵军的后路。赵军对此全然不知，盲目地追击到了秦军的寨前。

秦军坚守营寨，赵军不能攻入。这时，秦军派出的两万五千人的部队已攻占了赵军长平营寨，切断了赵军的后路。另一支五千人的秦军精锐骑兵也快速穿插到了赵军的防线中间，把赵军分割成两段，使赵军首尾不能相顾，最致命的是这支精锐骑兵把赵军的运粮通道给堵死了。

面对进退两难的形势，赵军只好就地构筑工事进行防守，等待援兵救援。但秦军的精锐骑兵不断出击攻打赵军，赵军死伤惨重。

秦王得知秦军包围了赵军，截断了赵军的粮道，于是就亲自到河内发布了战时动员令，给河内的所有百姓加封爵位一级，征发河内十五岁以上的男子全部支援长平前线，拦截赵国救兵，断绝赵国粮道。

时间到了九月，被围的赵国士兵已经断粮四十六天了，士兵们在军中暗中杀人食肉充饥。

饥饿的赵军等不来粮食和援军，于是就硬着头皮进行猛攻突围。赵军编成四队轮番攻击了四五次，但依然不能突破秦军的包围。

白起王翦列传第十三

187

赵括于是孤注一掷,亲自披挂上阵,率领精锐士兵与秦军搏杀。赵括进攻时被秦军射杀,赵军顿时乱了阵脚,秦军乘势掩杀,四十万赵国士兵只好向武安君投降。

武安君谋划道:"当初秦军攻下了上党,上党的百姓不愿意做秦国的臣民而投靠赵国。如今赵国士兵在情急之下投降了秦国,但他们心有不甘,变化无常,且人数众多,不杀掉他们恐怕要出乱子的。"于是仅把赵国降军中年龄较小的二百四十名士兵放走,然后用欺诈的手段将赵国降兵全部活埋。此战前后秦军共斩杀赵兵四十五万人,赵国朝野一片震惊。

秦昭王四十八年(前259年)十月,秦军再次出兵上党,平定了上党地区的反对势力。此后秦军从上党出发,兵分两路进攻赵国,一路在王龁的率领攻下皮牢,一路在司马梗的率领平定了太原。韩、赵两国对此十分惊恐,于是就让苏代带着厚礼到秦国游说应侯范睢。

苏代问范睢:"武安君剿杀了赵括率领的四十万赵国大军吗?"应侯回答:"是。"苏代又问"他又要围攻邯郸吗?"应侯回答说"是。"苏代于是说"赵国一旦灭亡,秦王就会君临天下,武安君如此大的功劳当封为三公啊。"

他继续说:"武安君为秦国攻占的城邑有七十多座,他出奇兵南取楚国的鄢、郢及汉中地区,临阵受命北灭赵国大军,周公、召公、吕望的功劳也超不过他！如果秦国灭亡赵国后君临天下，武安君位居三公是毫无疑问的，到那时您能屈身于武安君之下吗？即使您不想屈居下位，可那已经成了事实，您也不得不屈从了。"

他接着说："秦军当初进攻韩国，包围了刑丘，困住了上党，上党的百姓就纷纷投奔赵国，天下百姓不愿做秦国的臣民已经很久了。如果赵国被灭，赵国北边的土地将落入燕国，东边的土地将落入齐国，南边的土地将落入韩国、魏国，那么还有多少百姓能归入秦国呢？韩国、赵国目前正在惊恐之中，您不如使它们割让土地给秦国，然后和他们讲和，无论如何也不能让武安君再立战功了。"

应侯被这番话所打动，于是就向秦王说："士兵们已经太累了，请允许韩国、赵国割地求和，让士兵们好好休整一下吧。"秦王同意了应侯的提议，割取了韩国的垣雍和赵国的六座城邑，次年正月双方停战。

武安君这时在前线占尽了优势，当停战的命令传到后他很是纳闷，从此就怀疑起了应侯，和应侯的关系有了隔阂。

九月，秦国派五大夫王陵率兵攻打赵国邯郸，武安君此时有病不能出征，王陵在前线打不开局面。

昭王四十九年（前258年）正月，秦国增兵支援王陵，王陵率兵发动进攻，但反被赵军打败，秦军损失五个军营，部队损失惨重。

武安君病愈后，秦国准备派武安君到前线接替王陵。武安君说："邯郸本来就不好攻，加之诸侯国的救兵源源不断地开来，每天都有新生力量投入战斗，他们对秦国的积怨已久，此时攻打他们难度很大。再说秦国虽然在长平消灭了赵军，可秦军也伤亡过半，现在国内兵力空虚，又要跋山涉水、远行千里去争夺人家的国都，其困难可想而知。赵军在城里坚守，诸侯军在城外策应，前后夹击，秦军必败。这个仗不能打啊。"

为了让武安君出征，秦王亲自给武安君下了命令，但武安君不肯前往，秦王又派应侯去请他，他坚决推辞。为了找到合适的理由拒绝出征，武安君就又称病卧床了。

秦王只好让王龁披挂上阵，王龁接替王陵后，率领部队于八、九月份之间发起了攻击，但仍不能攻下邯郸，前线战事一筹莫展。

楚国这时抓住战机，派春申君和魏公子信陵君率数十万部队攻打秦军，秦军伤亡惨重。武安君得知战况后却说"秦王不听我的劝告，现在结果如何啊?"

秦王听后大怒，强令武安君带病出征，武安君说他病情十分严重仍不肯出征。应侯又去请他，他躺在床上没有起来。秦王于是就免去了武安君的官爵，把他降为士兵，令他离开咸阳迁居到阴密。但武安君说他有病不能行动。

三个月后，诸侯联军猛攻秦军，秦军节节败退，前线战事十分吃紧，战败的情报不断飞来。这时秦王更加气愤，就派人驱逐白起，命令他限期离开咸阳！这时武安君已经上路，已经走到了咸阳西门外十里处的杜邮。

秦昭王与应侯及群臣议论说："白起离开咸阳时神情闷闷不乐，牢骚满腹，说了很多不该说的话。"秦王于是就派使者追赶白起，赐给白起宝剑，令他自杀。

武安君把剑放在脖子上说："天啊，我犯了什么罪，竟落到如此下场。"稍后又说："我本来就应该去死，长平前线的几十万人降兵被我用欺诈的手段坑埋，这就足够定我死罪了。"于是自杀了。

武安君被赐死，并不是他有罪，所以秦人都怜悯他。武安君的死期是秦昭王五十年（前257年）十一月，秦国无论城邑还是乡野，每逢他的忌日，人们都郑重地祭祀他。

王翦是频阳东乡（今陕西富平县东北）人，从小喜好军事，是秦始皇时期的秦国著名将军。始皇十一年（前236年），王翦率兵攻打赵国的阏与（今山西和顺），他攻陷了阏与后，又一鼓作气攻取了赵国的九座城邑，赵国漳水流域尽归秦国。

始皇十八年（前229年）王翦率兵攻打赵国，他用了一年多时间就全部占领了赵国，并俘虏了赵王迁。赵国投降后，秦国把赵国的版图纳入了秦国，在赵国故地设立了郡县。

赵国灭亡的第二年，燕太子丹派荆轲刺杀秦王，秦王发怒，派王翦率兵攻打燕国。王翦在易水西岸打败了燕军主力，燕王逃到了辽东。王翦平定了燕蓟之地后就撤兵回国了。

秦王派王翦的儿子王贲去攻打楚国，王贲在荆地大败楚军。次年（前225年），王贲从楚国回兵攻打魏国，魏王战败投降，秦国尽取魏国之地。

秦国年轻将领李信少壮勇猛，曾率领几千骑兵深入燕地，把燕太子丹赶进了衍水（今辽宁太子河），燕军失败后，李信得到了燕太子丹的首级。秦始皇对李信十分欣赏,认为他贤能勇敢。

秦始皇问李信:"我准备攻取楚国,将军算一算需要多少兵力才行?"李信说:"最多二十万!"秦始皇又问王翦,王翦回答说:"非六十万人不可。"秦始皇说:"王将军老了啊,太胆怯了。还是李将军勇猛啊,他的话是对的。"于是就派李信和蒙恬带兵二十万去攻打楚国。

秦王信任李信,任用李信去攻打楚国,王翦因而情绪低落,于是就托病辞官,回频阳家乡养老去了。

秦军在李信的率领下攻击楚国平与(今河南平与北),在蒙恬的率领下攻打楚国寝丘(今安徽临泉),两军皆大破楚军。李信又乘胜攻取了鄢、郢两城,然后率兵向西与蒙恬军会师城父(今河南平顶山市北)。

楚军避实击虚,在项燕的率领下已经尾随秦军三天三夜了,但秦军却全然不知。楚军终于大破李信,攻下了秦军的两个营寨,杀死秦军七名都尉,秦兵狼狈逃窜。

战报传回秦国,秦始皇大怒,乘车疾驰频阳去见王翦。他表示歉意地对王翦说:"我没有听信您的话而任用了李信,李信果然使秦军蒙受了耻辱。现在我听说楚军不断向西逼进,我心急如焚啊,将军虽然有病,但无论如何也不能抛弃我啊。"

王翦说："老臣年老多病，难以尽忠，大王还是另选良将吧。"秦始皇还是满脸歉意地说："将军你就出征吧，不要再推辞了。"王翦于是说："大王如果一定要老臣出征，那非得六十万人不可。"秦始皇说："就按将军您说的办。"于是王翦率兵六十万出征，秦始皇亲自到灞上送行。

王翦出发前请求秦始皇赐封给他田、宅、园、池等物，数目十分巨大。秦始皇说："将军尽管上路好了，难道我还会让将军受穷不成？"王翦说："为大王带兵打仗，功劳再高也不会被封侯，大王现在很器重我，我也得抓住时机给子孙们谋一点家业啊。"秦始皇听后哈哈大笑。

王翦带大军到了函谷关后，连续五次派使者回去请求封赏田宅。有人就说："将军这样做未免太过分了。"王翦说："您说错了，秦王性格多疑善变，现在又把全国的兵力交给了我，我这时不以谋取财物为借口取得大王的信任，难道想让大王坐在宫中怀疑我吗？"

王翦到前线后就接替了李信的指挥权，楚王得知后就动用全国的兵力抵抗王翦。王翦构筑营垒坚守不出，楚军屡屡挑战，王翦置之不理。这时王翦只管在军中让士兵们休息、洗浴，改善士兵的伙食，让士兵养精蓄锐。他还亲自抚慰士兵，与士卒同饮同食，嘘寒问暖。

过了一段时间后，王翦问士兵们都在玩什么游戏？报告说："士兵们正在玩投石比赛，看谁投得更远。"王翦于是说："士兵们可以投入战斗了。"

秦军不肯出战，楚军撤兵东去。王翦却抓住时机率兵追击，命令精锐部队对楚军实施猛烈攻击，把楚军打得大败。

王翦不依不饶，命令部队继续追击，秦军在蕲南杀了楚国将军项燕，楚军这时已溃不成军。秦军势如破竹，一举占领并平定了楚国各地城

白起王翦列传第十三

邑。一年后，秦军抓住了楚王负刍，楚国灭亡，秦国就在楚国各地设立了郡县。

王翦又率兵向南征讨了百越国君；王翦的儿子王贲与李信这时也平定了燕国和齐国。秦始皇二十六年（前221年），秦国兼并了东方六国，统一了天下。王翦父子和蒙恬将军的功劳最多，留名于后世。

秦二世时，王翦和儿子王贲都已离世，蒙恬也被诛杀。陈胜起兵反秦时，秦二世派王翦的孙子王离攻打赵国，王离把赵王歇和张耳围困在钜鹿城。

当时有人说："王离是秦朝名将，他率领强秦之兵攻打刚刚建立的赵国，打败赵国是必然的。"有人反对说："不能那样说啊，家中三代人为将，第三代人就会失败的。因为祖上杀人太多，后人必遭天谴和不祥，如今王离已是王家的第三代将领了，他必然会失败的。"不久项羽率兵救援赵国，打败秦军后就俘虏了王离，王离的部队投降了诸侯军队。

太史公说："俗话说'尺有所短，寸有所长。'白起打仗时料敌如神，计出不穷，名震天下，但却对付不了应侯。平定六国的一带将星王翦，秦始皇尊其为师，可他却不能辅佐秦始皇建立德政，固其根本，而是一味地迎合人主，取悦人主，直至去世。所以他的孙子王离被项羽所俘就是理所当然的事了。这些人都有他自己的短处啊。"

孟子荀卿列传第十四
人物像

齐宣王

孟轲

魏惠王

邹忌

孟子荀卿列传第十四

　　太史公说:"我读《孟子》时,当读到梁惠王问'怎样才能有利于国家'时,我不禁掩卷沉思,由衷感叹:'利'确实是罪恶和祸患的根源啊!孔子很少谈及利,恐怕就是因为他时刻都警惕着这一祸源。他说:'如果对利不加约束,任其自流,那么怨恨就会增多。'确实,不论天子还是百姓,因为好利而产生的祸患没有什么两样!"

　　孟轲是邹国人,他曾跟着子思(即孔伋,孔子的孙子)的弟子学习。他融会贯通了孔子的学说后就去游说齐宣王,以求齐宣王的任用,但宣王对他的观点不感兴趣,没有任用他。

　　他又前往大梁游说魏惠王,惠王也不以为然,认为他所讲的理论十分空远,不能解决现实问题。

当时秦国任用了商鞅，商鞅使秦国国富兵强；楚国、魏国任用了吴起，吴起使两国战胜了敌人，削弱了敌国；齐威王、齐宣王任用孙膑和田忌，两人使各诸侯国朝拜齐王。当时天下局势动荡，各国都致力于合纵与连横之中，以能征善战之士为将领，拜权谋争利之人为上卿，孟轲游说的是唐尧、虞舜及夏、商、周三代之德政，因此不被诸侯各国所看重。

孟轲于是不再跻身于当世之务，退身与万章等人续修了《诗经》和《尚书》，对孔子的学说作了进一步的阐述，著有《孟子》七篇。

除孟轲之外，当时继承孔子学说的著名人物还有邹先生等人。齐国有三位邹先生，第一位是邹忌，他鼓琴自荐，被齐国任用为相国，封于下邳（今江苏邳县西南），称成侯。他生活的年代先于孟轲。

其次是邹衍，他生活的年代晚于孟子。邹衍看到诸侯国的国君生活越来越奢侈，根本不崇尚德政，不像《诗经·大雅》所描述的那样，自己先以身作则，然后再倡导百姓，让百姓得到教化，其行为已经严重违背了贤王的仁德。于是

他就深入观察阴阳变化之奥妙，记述怪异离奇之事，写成了《终始》《大圣》等十余万字的著作。

邹衍著作中的语言宏阔而又幽深，荒诞而又离奇，说明事理时先从小处着笔验证，然后逐步演绎到大道，以至于天高地大，浩瀚无涯。

邹衍叙事时先从当代说起，然后再逐步上溯，直至远古时期的黄帝。这一时期，他所表述的历史事实以及判断是非的标准都是学者们所共识的，只是他依着世代的盛衰变化过程，一路用吉凶之术考察着事物的本源，最后越说越远，一直用这种办法探究到了天地起源之前。真是玄之又玄，幽冥难知啊。

邹衍的思想内容可以概括为"五德终始说"和"大九州说"。他用他的阴阳学说从"中国"的名山大川、山川所养育的禽兽、各地水土所出的植物、各种物类中的珍品说起，一直推演到了人们从未涉足的海外的未知之事。

他认为自天地分开以来，金木水火土五德就相生相克，往复无穷，衍生万物，产生变化。天命和人事也是这样互相感应的。每个时代都应建立起与五德相适应的政治制度。

他认为儒者所说的中国，仅占天下的八十一分之一，中国称为赤县神州。赤县神州又分为九州，这九州的地域大禹已经勘定，但它不能列入大州之数，因为中国以外像赤县神州这样的州还有九个，这才是所谓的大九州。

赤县神州周围环绕着小海，人们和禽兽与外界不能相通，从而自成一体。这样的州还有九个，这九个州又各成体系，各州之间都有小海隔离。大九州之外又有大海环绕，那才是天地的边际。

邹衍通过阴阳相互作用，讲述着自然界的变化和天人感应的道理，但最终要说明的问题还是仁义节俭和君臣、上下及六亲的关系。他讲述这些事情的时候，前期铺垫确实过于泛滥。

王公大臣们最初接触到邹衍的学说时都感到惊奇和震撼，进而眼前

一亮，茅塞顿开，都想通过这种理论整饬社会，实施教化，但过后却无法付诸实践。

所以当时齐国非常重视邹衍，邹衍到了魏国，魏惠王也非常看重他，亲自到郊外迎接他，并用宾主之礼（非君臣之礼）接待他。

邹衍到了赵国，赵国平原君与他结伴而行，恭谦地侧过身来与他亲切交谈，入席时还亲自给他擦拭席位。

邹衍来到燕国，燕昭王十分热情，亲自给他做向导，手持扫帚给他清路；请求让自己坐在学生中间聆听他讲授阴阳学说；在燕国都城蓟邑为他修建碣石宫让他讲学。他在这里撰写了《主运篇》。

孔子在陈国、蔡国断粮受困，孟子在齐国、梁国遭遇冷落，邹衍却受到了诸侯各国的如此尊敬，他们同样推崇的是仁义道德，为什么却会出现截然相反的结果？

商纣无道，武王兴仁义之师讨伐而成就王业，伯夷宁可饿死在首阳山而不吃周朝的粮食，卫灵公向孔子请教兵事而孔子不答，魏惠王谋划攻打赵国，而孟子却以周太王为避免战事离开邠地晓之以理。这些做法哪有迎合世俗、讨好人主的意思呢？方榫是不能穿入圆孔的啊。

有人说伊尹背着锅给商汤做饭，却借机游说商汤任用自己，他最终使商汤成就了王业；百里奚为见到秦缪公而甘心喂牛，秦缪公任用他后却成就了霸业。他们的做法都是先迎合人主的意愿，然后再按自己的意志去引导人主啊。邹衍的话虽然不合常理，但也许和伊尹负鼎、百里奚喂牛有着殊途同归的功效吧。

从邹衍到齐国稷下学宫的诸位学者，如淳于髡（kūn）、慎到、环渊、接子、田骈、邹奭（shì）等人，他们都著书立说探究治国大计，谋求国君的任用，这些事例不胜枚举！

淳于髡是齐国人，他博闻强记，学无常师，取百家之长，成一家之言。讽谏君主时，他很仰慕晏婴的直爽，但同时又不忘察颜观色、认真揣度对方的心思。

有人把淳于髡引见给了魏惠王，惠王单独召见了他两次，但在两次召见中，他始终未说一句话。

惠王十分纳闷，于是就责备引见的人说："你不是说淳于髡很贤能，管仲、晏婴都比不上他吗？可我召见了他两次，他却一言不发，难道我不配和他说话吗？这究竟是什么原因！"

这个人就去问淳于髡，淳于髡说："对，大王说得没错。我第一次见到大王，大王正热衷于如何乘着快马追赶猎物；第二次见到大王，大王却陶醉在声乐之中不能自拔。我因此无话可说。"

这个人又把淳于髡的话告诉惠王，惠王听后十分震惊，他说："哎呀，淳先生真是圣人啊！他一眼就看穿了我的心思。他前次见我时，有人献给了我一匹良马，我还没来得及去看，淳先生就来了。他再来见我时，恰巧又有人献了一些歌妓给我，我正准备去看，不料淳先生就来了。我虽然打发走了左右的人，但确实心里当时还想着马和歌伎的事啊。"

此后惠王又召见了淳于髡，两人一连谈了三天三夜都没有倦意。惠王于是就想让淳于髡做国相，但淳于髡辞谢不受。

淳于髡离开魏国时，魏惠王很庄重地欢送了他，赶来一辆豪华的驷驾马车给他，还给了他很多匹帛、很多件美玉以及一百镒金。淳于髡一生没有做过官。

慎到是赵国人，田骈、接子是齐国人，环渊是楚国人，他们都崇尚黄老学说，并在黄老道学领域有很深的造诣。慎到著有《十二论》，环渊著有《蜎子》十三篇，田骈、接子也都各有其著述。

邹奭是齐国的又一位邹姓学者，他继承了邹衍的学术思想，并在此基础上撰文立说。

齐王重用并嘉奖了稷下学宫的学者们，从淳于髡以下，诸学者都被封为大夫，都在街市的繁华地带有豪宅。这充分体现了齐国对学者们的尊崇，对继续招揽贤才的决心，宣扬了齐王爱惜人才的美德。

荀卿是赵国人，五十岁时才来到齐国稷下学宫讲学。

邹衍的学说幽深、宏阔、富于雄辩；邹奭的文章完备、周密，但难以实施；至于淳于髡，只要您和他相处的时间较长，您就能听到一些有益的言论。因此齐国人说："邹衍能谈天命，邹奭会写文章，淳于髡智多能辩。"

齐襄王时期，田骈等人都已去世，荀卿就成了资历最深、年龄最长的学者宗师。当时齐国正在补充列大夫的额缺，荀卿曾三次担任稷下学宫的祭酒，本应首先由他填补空缺，但齐国有人诋毁荀卿，荀卿于是就去了楚国。

荀卿到楚国后，春申君就让他做了兰陵令。但春申君去世后，荀卿

就被免职,这时他已把家安在了兰陵。李斯曾经是荀卿的学生,后来做了秦国的丞相。

荀卿对乱世的腐败政治十分嫉恨,当时亡国乱政的事不断发生,国君们不招纳贤士,不推崇大道,却被装神弄鬼的巫祝所迷惑,一味地沉浸在求神赐福去灾的活动之中。

庸俗的儒生们不堪大任,整天拘泥于细枝末节,加之庄周等人又狡猾多辩,败坏风俗,朝野一片混乱,荀卿十分气愤。

荀卿于是闭门不出,专心考察儒家、墨家、道家的行为得失,著述了几万字的文章。此后他病死在家中,葬在了兰陵。

当时赵国也有个名叫公孙龙的学者,他曾以"离坚白"之说同惠施的"合同异"之说进行过论辩。"离坚白说"过分强调事物的差异性,即"白马非马论"。"合同异说"认为一切事物的差别、对立都是相对的,过分强调

了差异之中有同一性。

　　这一时期建立起自己学说体系的还有还有赵国的剧子、魏国的李悝，楚国的尸子、长卢，齐国东阿的吁子。从孟子到吁子，他们的著作都广为流传，所以就不一一给他们立传了。

　　墨翟是宋国的大夫，擅长防御战术，主张有节制地使用财物。有人说他和孔子是同一时代人，也有人说他生活的时代在孔子之后。

孟尝君列传第十五

人物像

孟尝君

齐宣王

田忌

田婴

孟尝君列传第十五

孟尝君姓田名文,其父是靖郭君田婴。田婴是齐威王的小儿子、齐宣王的庶弟。

田婴从威王时期就开始在齐国任职主事,他与成侯邹忌及将军田忌一块带兵参加过救韩伐魏战争。后来,成侯任国相,田忌任将军,为了争宠,成侯就陷害田忌。田忌十分害怕,就领兵去攻打了齐国边境城邑,失败后逃跑。

当时齐威王去世,宣王即位为国君,宣王知道成侯陷害了田忌,就又把田忌召了回来,重新让他做了将军。

宣王二年（前341年），田忌和孙膑、田婴带兵去攻打魏国，在马陵大败魏军，俘虏了魏国太子申，杀了魏国将军庞涓。

宣王七年（前336年），田婴成功出使了韩国和魏国，使韩、魏两国归服了齐国。田婴陪同韩昭侯、魏惠王与齐宣王在东阿南会晤，三国盟约后离去。第二年，宣王又与梁惠王在甄邑会晤。梁惠王在这年去世了。

宣王九年（前334年），田婴担任了齐国的国相，这年，齐宣王与魏襄王在徐州会晤，此后互相改称自己为王。这事引发了楚国的不满，楚威王于是就恼怒田婴。第二年，楚国讨伐齐国，在徐州打败了齐军，要求齐国驱逐田婴。

田婴十分害怕，就让张丑去劝说楚王，楚王因此不再要求齐国驱逐田婴。田婴在齐国做国相的第十一年（前323年），宣王去世，湣王即位。湣王即位后第三年，湣王把薛地封给了田婴。

田婴一生有四十多个儿子，他的一个地位较低的小妾生了个儿子叫田文，田文的生日是五月五日。田婴当时对这个小妾说："我不打算要这个孩子，你不要抚养他了。"但田文的母亲背着田婴养育了田文。

田文长大后，母亲就通过田文的其他兄弟让田文见到了田婴。田婴见到孩子后很气愤，追问田文的母亲说："我让你放弃这个孩子，你为什么让他活下来？"站在一旁的田文行过叩头礼后反问田婴说："你不让五月份生的孩子活是什么道理？"田婴说："五月份出生的孩子将来长到和门户一样高时，他会妨碍父母的。"田文又问："人是受命于天还是受命于门户呢？"田婴无言以对。

田文于是接着说："人如果受命于天，你何必忧虑呢？如果受命于门户，你加高门户不就好了。况且谁还能长到门户那样高呢！"田婴不高兴地说："好了，你不要再说了！"

很长一段时间后，田文终于有了机会和田婴说话，他问父亲田婴说："儿子的儿子应怎样称谓？"田婴不假思索地说："叫孙子呗。"田文又问："孙子的孙子又怎么称谓呢？"田婴说："叫玄孙呗。"田文接着问："玄孙的孙子又叫什么？"田婴说："那我就不知道了。"

田文于是就发表见解说："您已经三朝为相了，您的私家财产已积累到了万金，而您的门下却没有一位贤士，齐国的国土没有一点扩充，我深感不安啊。我听说将军门下必出猛将，国相门下必出相才，您做到了吗？现在您的后宫嫔妾穿着拖至地面的华丽绸缎，而门下的贤士们却难以穿上粗布短衣；您的家仆小妾饭后残羹剩肉，杯盘狼藉，而贤士却吃糠咽菜都难以满足；您不断地给连称呼都叫不上来的后世人积累财产，却忘记了齐国的国势一天天衰落，我十分费解！"

听了这番话后，田婴对这个儿子有了新的看法，开始以公子的身份礼遇他，并让他主持家政，接待宾客。田文把家政管理得井井有条，宾客们不断前来投奔，田文因而名闻诸侯。

田文十分贤能，因此各诸侯国都派人来请求薛公田婴立田文为继承人，田婴答应了。田婴去世后，田文在薛邑继承了田婴的爵位，田文就成了后来的孟尝君，田婴的谥号为靖郭君。

孟尝君在薛邑礼贤下士，招揽宾客，各诸侯国的贤士纷纷投奔。一些犯罪逃亡的人也归附了孟尝君，薛邑一时聚集了几千名食客。孟尝君重义轻财，宁肯舍弃家业也要厚待宾客。宾客不分贵贱，田文一视同仁，与他们住同样的房子，吃同样的饭食。

由于宾客人数多，孟尝君生怕照顾不周，怠慢了宾客，因此接待宾客时总要安排人在屏风后做谈话记录，记录他们的谈话内容及宾客的有关亲属的住址。谈话一结束，孟尝君就派人带上礼物去慰问宾客的亲戚。

有一次，孟尝君和宾客们一块吃

晚饭,有个人不小心遮住了灯光,宾客中就有人认为孟尝君肯定和他们吃的不是同样的饭,于是就放下餐具要起身离开。孟尝君看到后立即把自己的饭食端了过来,与这个宾客坐在了一起,那个宾客看到饭食并没有两样,于是感到十分羞愧,出门后便刎颈自杀以谢罪。从此,宾客们更加亲近孟尝君。

秦昭王听说孟尝君贤能,就派泾阳君到齐国做了人质,然后请孟尝君到秦国来,他想亲眼看一看这位贤能公子的风采。孟尝君准备前往,但宾客们都阻拦他,孟尝君不听,执意要前去。

宾客苏代于是对孟尝君说:"今天早上我起得很早,来时见到一个木偶人与一个土偶人正在谈话。木偶人说:'您可要注意啊,下雨天出门您就要化成泥土了。'土偶人说:'我本是泥土之身,化成泥土也就物归本源了,可您不一样啊,真的下起了雨,您会被水冲走的,哪儿是您的归宿我还真的不知道呢。'秦国如狼似虎,您如果一旦不能回来,那土偶人一定会嘲笑您的!"孟尝君恍然大悟,于是就取消了去秦国的计划。

齐湣王二十五年(前299年),齐国派孟尝君去了秦国,秦昭王任命孟尝君做了秦国的国相。有人劝秦王说:"孟尝君虽然贤能,但他毕竟是齐王的宗亲,他一定是先考虑齐国再考虑秦国的。让他在秦国做国相对秦国不利啊。"秦昭王听后就罢免了孟尝君,而且还把孟尝君囚禁起来准备杀死。

　　面对如此危急的情况,孟尝君只好派人去见昭王的宠妾,想通过她向昭王求情。昭王的宠妾说:"孟尝君那件白色的狐皮衣服很漂亮啊,不知道我能不能得到呢?"那件狐皮衣服确实漂亮,价值千金,天下无双,可孟尝君到秦国后就已经把它献给秦昭王了。

昭王宠妾的要求使孟尝君十分犯难,他遍询宾客,宾客们束手无策。正当孟尝君垂头丧气时,人群后边突然有人喊:"我能拿到那件狐皮衣。"孟尝君循声望去,一眼就看到了那个会装狗盗窃的宾客。情急之下,孟尝君只好让他披着狗皮,进宫盗取了当初献给昭王的那件狐皮衣服。昭王的宠妾得到了狐皮衣服后,很自然地向昭王求情放了孟尝君。

　　孟尝君等人获释后的第一反应就是立即逃跑,他们改名换姓办理了出境证件,快速逃出了秦国都城,夜半时分就到了函谷关。放出孟尝君后昭王十分后悔,于是就派人去找他,当

发现孟尝君已经逃走时，就立即派人去追捕。

孟尝君一行到了函谷关，但这时关门紧闭，不能通行。因为秦国法令规定，只能在鸡鸣后方可打开关门，放往来客人出入。孟尝君害怕秦昭王派人追赶，因此心急如焚，抓耳挠腮，但无计可施。突然，宾客中有人惟妙惟肖地学了一声鸡叫，附近的鸡随即就叫成了一片，关门于是打开了。孟尝君一行出关后，大约一顿饭的工夫，秦国追兵就赶到了函谷关，但为时已晚了。

孟尝君一行逃出函谷关后路过赵国，赵国平原君按照贵宾的礼仪接待了他。他离开赵国时，赵国人听说他贤能，就争着想一睹风采，但见了孟尝君后却讥笑说："原以为孟尝君英俊潇洒，没想到他竟这么瘦小，一点都不起眼啊。"孟尝君听后大怒，立即与随行的宾客一起跳下车子砍杀了数百人，捣毁县城后离去。

齐湣王当初派孟尝君到秦国，孟尝君到秦国后却遭此磨难，齐湣王因此十分内疚。孟尝君回国后，他就让孟尝君做了国相。

齐国曾帮助韩国、魏国攻打过楚国，孟尝君这时非常怨恨秦国，于是就准备联合韩国、魏国攻打秦国。为做好战争准备，他就派人去西周借兵器和粮草。

　　苏代受西周之托去游说孟尝君，他说："齐国帮助韩国、魏国攻打楚国已经九年了，韩、魏两国得到了宛、叶以北的地方后已经强大，如今您再和他们一起攻打秦国，这将使韩、魏两国的力量更加强大。若韩、魏两国南无楚国之虑，北无秦国之患，那么齐国就危险了。韩、魏两国强大后必定轻视齐国，畏惧秦国，我真为您担心啊。"

　　"当前您应该做的事情是让西周与秦国交好，不要攻打秦国，不要向西周借兵器和粮草。只要引军驻扎在函谷关附近威胁秦国就行了。然后您可让西周去替您游说秦昭王。您让西周君说：'薛公绝不会做攻打秦国，壮大韩、魏两国的势力的傻事，他兵临函谷关下，造势攻打秦国，其实是想让大王责成楚国割让东国之地给齐国，秦国可以用释放楚怀王作条件与楚国交涉啊。'这样说后，秦国是一定会应允的，因为它是在用楚国的土地换取了自己的安全啊。

　　"况且，楚怀王被释放后也一定会感激齐国，齐国得到东国之后也会更加强大，那么薛邑自然就会世代无忧了。秦国并非没有实力，韩国、魏国之所以依重齐国，那是因为韩、魏两国西邻秦国，受到秦国威胁罢了。"薛公认为苏代说得很对，于是就让韩、魏两国去朝贺秦国。齐、韩、魏三国终于没有发兵攻打秦国，齐国也不再向西周借兵器和粮草了。

楚怀王到秦国后,秦国扣留了楚怀王,孟尝君强烈要求秦国释放楚怀王,但秦国根本没有释放楚怀王的意思。

孟尝君做了齐国的国相,家里的事只能由舍人们操持,他的

舍人魏子到封邑去收租税,结果往返三次也没把租税收上来。孟尝君问他原因,魏子说:"我以您的名义把收来的租税赠给了一位贤者,所以没有收回租税。"孟尝君听后十分气愤,一怒之下就辞退了魏子。

几年后,有人向齐湣王诋毁孟尝君,说孟尝君要发动叛乱,湣王就把这话记住了。凑巧田甲这时劫持了湣王,湣王就怀疑这事与孟尝君有关。孟尝君知道后十分害怕,只好出逃。

这时,得到魏子租税的那位贤人听到了此事,他就上书湣王说孟尝君不会作乱,并自杀于宫门口前证明孟尝君的清白。湣王十分震惊,就派人调查孟尝君是否有反叛之意,结果证实孟尝君十分清白。湣王随后就召回了孟尝君,但孟尝君推说有病,请求回薛邑养老,湣王答应了他。

秦国逃亡将领吕礼在齐国做了国相，吕礼与苏代不和，想在齐国难为苏代，苏代于是对孟尝君说："齐王听信了亲弗的谗言，驱逐了对自己忠实的周最，让吕礼做了国相，其目的是想让齐国与秦国交好。齐国与秦国一旦结盟，亲弗与吕礼就必然受到重用，而您在齐国的地位就无足轻重了。您不如赶快率兵北上，迫使赵国和秦、魏两国讲和，然后招回周最以彰显您的厚德，扭转您的困局，挽回齐王的对您的信任，阻止齐、秦联合而使天下形势发生变化。齐国不与秦国结盟，东方诸侯就会归附齐国，孤立亲弗，亲弗必然逃走，那时，齐王不用您还能用谁呢？"

孟尝君听从了苏代的计谋，吕礼因此受到了威胁而怨恨孟尝君，并准备杀害孟尝君。孟尝君十分担心，就写信给秦国丞相穰侯魏冉说："我听说秦国准备通过吕礼结盟齐国，齐国也是天下的强国，齐、秦一旦结盟，吕礼必然得势，那时您就不会被秦王看重了。因为秦、齐结盟后，秦国和齐国的攻击对象无疑是相邻的三晋之国，那时，吕礼自然就成了协调齐、秦两国战略的要人，俨然是秦、齐两国的国相啊。这就是您让吕礼结交齐国的结果！齐国和秦国结盟，即使齐国不去参战，齐国怨恨您的人也多得是。"

信中说："您不如转变策略，劝说秦王攻打齐国。齐国如果被攻破，我会想方设法让秦王把所得的土地封给您。齐国失败后，秦王担心的就是三晋会强大起来对抗秦国，他必然会重用您去交好三晋。三晋已被齐国拖垮而又害怕秦国，也会通过您去交好秦国。这样，您不仅打败了齐国建立自己的功劳，而且挟持魏国抬高了自己的地位，另外还因打败齐国可得到更多的封邑，秦、魏两国同时敬重您，您何乐而不为呢？您若不去攻打齐国，吕礼就会继续被重用，您将会十分狼狈的。"穰侯看完信后就请求秦昭王攻打齐国，吕礼只好逃离了齐国。

齐湣王灭亡宋国后十分骄傲，准备除掉孟尝君。孟尝君很害怕，就逃到了魏国。魏昭王让他做了国相，他于是联合秦国、赵国，帮助燕国攻打齐国。齐国战败后，齐湣王逃到了莒地，后来就死在了那里。

齐襄王继位之后，孟尝君当时与各诸侯国的关系都比较好，齐襄王害怕孟尝君，就主动与他和好，并恢复了他在薛邑的封地和爵位。

田文去世后谥号为孟尝君。孟尝君的儿子们为争夺继位权发生内讧，齐国、魏国就趁机攻灭了薛地，杀死了他的后人，绝了他的子嗣。

当初冯欢听说孟尝君热情好客，便穿着草鞋，失魂落魄地来求见孟尝君。孟尝君说："先生远道而来有何指教?"冯欢说："我贫穷潦倒，无处寄身，听说您好客，就来投靠您混口饭吃吧。"孟尝君听后就把他安顿在了下等客舍。

十天后，孟尝君问客舍的负责

人说:"冯先生这几天在做什么?"回答说:"冯先生贫穷极了,只有一柄剑,那柄剑的把手还是用草绳缠的。但他却不断用手指弹着剑哼唱道:'长剑啊,我们回去吧!这里没有鱼吃啊。'"孟尝君听后就让冯欢住到了中等客舍。冯欢吃上了鱼。

五天后,孟尝君又问冯欢的情况,舍长回答说:"客人又弹着剑哼唱:'长剑啊,我们回去吧!可这里没有车子可乘坐啊。'"孟尝君听后又让冯欢住在了上等客舍。冯欢出门有了车子。

五天后孟尝君又问起了冯欢的情况,舍长回答说:"他还是不满足,又弹着剑唱道:'长剑啊,我们回家吧,在这里养活不了家啊。'"孟尝君听后很不高兴,终于没有再说什么。就这样,冯欢整整熬过了一年。

当时,孟尝君做齐国国相,薛邑虽有万户食邑,但他的食客也有三千多人,食邑的收入难以供养如此多的食客。于是他就在薛邑放贷谋息,增加收入。但当年年景不好,借贷的人多数付不起利息,食客的生活将无法接续,孟尝君为此焦虑不安。

孟尝君于是问身边的人说:"谁可以到薛邑收回租税和利息呢?"客舍的舍长说:"上等食客舍的冯先生看起来很精明,他又上了年纪,又不能做其他的事情,派他去比较合适。"

孟尝君找来冯欢说:"宾客们不知道我无能,都纷纷慕虚名前来,现在门下的宾客就有三千多人,食邑的收入不能保证供给。为了增加收入,我就在薛邑放贷谋利,可年景不好,多数人不能偿还利息,宾客们的伙食将难以为继,我想让先生到薛邑去收取债务。"冯欢答应后就去了薛邑。

冯欢在薛邑召集来所有债户,收取了十万钱利息。但他并没有把这笔钱送回去,而是用这笔钱购置了肥牛、美酒,再次召集了所有债户,并要求他们带上借钱的文书凭据参加宴会。酒酣意浓之际,冯欢让人拿着契据在席前与债户一一核对,有能力付息的,与其约定付息期限;贫穷不能付息的,收回契据当众烧毁。

冯欢然后对债户们说:"孟尝君贷款给大家,目的是想给大家提供资金,让大家发展生产;他之所以收取利息和债务,是因为没有钱财供养宾客。如今,有能力偿还债务的,我们约定了还债日期,无能力还债的,我已经烧毁了债务凭据,废除了你们的债务,你们尽管开怀畅饮吧。我相信这样的主人谁还忍心去背叛他呢?"所有的人立刻都站了起来,连连跪拜谢恩。

烧毁契据的消息传到了相府,孟尝君顿时大怒,立即派人召见冯欢。他一见冯欢就怒斥道:"我的宾客三千人要吃饭,封地本来就少,很多百姓又不给利息,宾客的生活将难以为继,以此我才让您去催收债务,听说您用收来钱大办宴席，还烧毁了契据文书，这到底是怎么回事！"

冯欢回答说："不办酒席就不能召集债民，不召集债民就无法了解债民的状况。有能力偿还债务的，我给他限定了还债日期。没有能力偿还债务的，即使您向他催债，他也无力归还。况且时间越长利息越多，情急之下他们只有逃亡躲债了。这样，轻则您会落下贪财好利、不爱惜百姓之名，重则您会落下冒犯国君的恶名。这不是安抚鼓励百姓、彰显你的德望的做法啊！我烧掉毫无用处的契据，废弃有名无实的账簿，这不仅使薛邑的老百姓拥护你，而且彰显了你乐善好施的名声，您有什么可疑惑的呢？"孟尝君听后连连称谢。

齐王被秦国和楚国毁谤言论所蛊惑，认为孟尝君位高震主、越位擅权，于是就罢了他的官。宾客们看到他被罢官，就纷纷离开了他。

冯欢于是对孟尝君说："请给我借一辆车，这辆车的质量和规格必须要有保证，他一定要能跑到秦国，并在秦国要有一定的规格。我一定让你官复原职，并且封地更多。"孟尝君于是备好车辆和礼物，亲自送冯欢上了路。

冯欢游说秦王说："天下游说

孟尝君列传第十五

之士西向入秦者，无一不是想强秦而弱齐的；东向入齐者，无一不是想强齐而弱秦的。秦、齐两国势均力敌，势不两立，好比一雌一雄，雄者才会得到天下啊。"这一道破时局的语言使秦王一下子愣住了，于是恭恭敬敬地问道："那您认为秦国怎样做好呢？"

冯欢说："大王知道齐国罢了孟尝君的官吧？"秦王说："这件事我听说了。"冯欢说："天下敬重齐国，就是因为有孟尝君在齐国。现在齐王废了他，他必定心生怨恨，必定想背弃齐国投奔秦国。他一旦到了秦国，那么齐国的国情、人事等都将为秦国所掌握，到那时，齐国就不是秦国的对手了，您将得到的是整个齐国啊，岂只是称雄的问题呢！大王应马上派人带上礼物暗地里去迎接孟尝君，把他挖过来呀！机不可失，齐王一旦明白过来后那一切就都迟了，雌谁问题就成了未知数了。"

秦王听后非常高兴，立刻派人用了十辆马车拉了百镒金去迎接孟尝君。冯欢辞别秦王后先到了齐国，他又用他的雌雄观点游说了齐王，并把秦国迎接孟尝君的事说给了齐王。齐王也被冯欢的话所打动。

冯欢继续对齐王说："大王何不抢在秦国的前面重新起用孟尝君，并多给他点封地呢？这样就能断绝秦国图强争霸的计划了，孟尝君也当然愿意为齐国效劳啊。秦国虽然强大，但齐国岂能让它随意到齐国抢挖人才呢！您一定不能让秦国的阴谋得逞！"齐王听完后，立即表态说："好。"于是派人到边境等候秦国使者。

不久，秦国使者到了齐国边境，齐国人就乘快马去报告齐王，齐王于是就召回孟尝君让他继续做国相，归还了他的封地，又给他增加了千户食邑。秦国使者只好回国了。

冯欢去迎接孟尝君赴任，孟尝君在途中感叹说："我喜好宾客，乐于养士，待人接物不敢失礼，对三千多名宾客一视同仁，但宾客们一看到我被罢官就都背离而去，真让人心寒啊。如今靠着先生之力我又得到了相位，那些离去的宾客还好意思再见我吗？如果有人再见我，我一定唾弃他、羞辱他！"

冯欢听后立即停车下拜，孟尝君见状也立即下车还礼，然后问："先生这是在替那些宾客道歉吗？"冯欢说："不是，是因为您的话说错了，我是替那些宾客叫屈呢。天下没有不散的筵席，万物有其固有的道理，您明白这其中的道理吗？"孟尝君说："我不明白先生的意思。"

冯欢说："万物都有必然的终结，世事都是常规的道理；富贵的人多宾客，贫贱的人少朋友，事情本来就是这样。您看那集市上的人们，天亮时，人们都争着赶往集市；日落后，人们都争着从集市里赶回。他们并不是喜欢早晨而厌恶黄昏，是因为他们所期望得到的东西集市中已经没有了。因此，您失去相位时宾客们就离去，您得到相位时他们又来投奔，这是很自然的事啊。您不能因此怨恨宾客，也不能因此截断他们投奔您的通路，您应该像过去一样对待宾客呀。"孟尝君连连下拜说："我听从先生的话，先生的教导我一定铭记在心。"

　　太史公说："我曾游历过薛地，发现那里有很多凶暴之徒，与邹、鲁两地很不一样（鲁地是孔子故里，邹邑是孟子故里）。我问其原因，那里的人告诉我，孟尝君曾招天下侠义、奸恶之人六万多家在这里落户，因此凶暴之徒较多。看来孟尝君以乐于养客而沾沾自喜真是名不虚传啊。"

平原君虞卿列传第十六
人物像

平原君

虞卿

毛遂

平原君虞卿列传第十六

平原君赵胜是赵国的公子（赵武灵王之子），他在赵国诸公子中最贤能。赵胜喜好宾客，门下供养的宾客有数千人之多。

平原君在赵惠文王和孝成王时期任赵国国相，曾三次离开相位，又三次高调履职，封邑在东武城（今河北省故城县境内）。

平原君家的高楼面对着民宅，民宅里住着一个跛足的残疾人。一天，这个残疾人挑着水桶，一瘸一拐地外出打水，滑稽的姿势惹得楼上的美人嬉笑起来。不料，这笑声伤了这个残疾人的自尊心，残疾人十分生气。

这个美人是平原君宠爱的妻妾，第二天，这位跛足的残疾人就去找平原君论理。他说："我听说您喜爱士人，士人也不远千里来归附您，但我怀疑您到底是喜爱士人还是喜爱美人？我不幸残疾跛足，可您的姬妾却在楼上耻笑我，我想得到耻笑我的人的人头。"平原君听后也觉得好笑，于是就笑着答应了他。

跛足的残疾人离去后，平原君又笑着说："这小子太让人费解，笑他几声就要杀我的爱妾，这也太过分了吧。"于是就忘记了此事。

此后一年多时间里，一半以上的宾客就陆陆续续地离开了平原君，平原君非常奇怪。他问："我对各位以礼相待，为什么有这么多人要离开我呢？"

宾客回答说："因为您没有杀死耻笑跛足人的小妾，宾客们认为您喜好美色而轻视士人，所以就离开您。"平原君于是就杀了那个小妾，并带着人头向瘸子道歉。这样，门客们又陆续回来了。

当时，能够拥有众多的宾客是一种荣耀。齐国有孟尝君，魏国有信陵君，楚国有春申君，他们门下都拥有众多的宾客，而且还暗暗较劲，都想让自己的宾客人数超过别人，以此求得美名。

秦国围攻赵国邯郸，赵王让平原君想办法与楚国盟约救援邯郸。平原君与门客们商议后，决定带二十个文韬武略的门人前往楚国盟约。平原君对宾客们说："通过谈判的方式订立盟约为上策。如果达不成共识，那也要在大庭广众之下挟持楚王订立盟约。总之，楚国不盟约救赵我们就不能回国。现在就开始挑选去楚国的人选吧。"

他们挑了十九人后遇到了困难，无论如何也挑不出最后一个人来。这时，门客中有个叫毛遂的人站在了人群前边，他对平原君说："去楚国的人不是还少一个吗？希望我能给您充个数吧。"

平原君问毛遂："先生光临门下几年了？"毛遂说："整整三年了。"平原君于是说："贤能的人和大家生活在一起，就好比口袋中放进了锥子，锋尖会立即显露出来的。先生在这里已经三年了，左右近臣从来没有称赞过您，我也从来没听说过您，这说明先生没有什么过人之处啊。请谅解，您不能去啊。"

毛遂说："那就请您今天把我放进口袋里吧，让我给您露上一把。如果您早把我放进口袋，那整个锥锋早就露出来了，哪里还只是一点点锋尖呢？"在毛遂自荐下，平原君终于同意让他一同前去，但其他十九个人都面面相觑，内心都在嘲笑毛遂。

到楚国后，毛遂和大家一起论衡大事，他们听了毛遂的见解后，就开始对毛遂刮目相看，并暗暗佩服毛遂。

谈判开始了，平原君给楚王全面阐述了两国生死存亡的利害关系，讲述了合纵的必要性、重要性、紧迫性，但楚王无动于衷。大半天过去了，谈判还是没有结果，于是那十九个宾客就鼓动毛遂说："先生上吧。"

毛遂手握剑柄，跨上台阶，屹立在殿堂上正色说道："合纵的利害关系只是三言两语的事，小孩都听得明白，现在大半天过去了却谈不出结果，这究竟是什么原因？"

楚王沉着脸问平原君："他是什么人？"平原君说："他是我的家臣。"楚王于是厉声呵叱道："你给我下去吧！我与你的主人谈话你来掺合什么！"

毛遂手握剑柄，上前一步后压低声音说："大王所以敢呵叱我毛遂，是因为此时依仗楚国人多势众，但您应该清楚，十步之内大王并没有优势，您的性命就掌握在我的手中！我的主人就在面前，您为什么当着主人的面呵叱我？"毛遂一下子镇住了场面。

毛遂放缓口气接着说："商汤凭着七十里之地而拥有天下，文王凭着百里之地而使诸侯臣服，这难道是因为他们的士兵多吗？不是的，是因为他们正确分析了形势，充分发挥了自己的优势和威力。如今楚国之地纵横五千里，拥有雄兵百万，这是成就霸业的大资本啊。楚国如此强大，其威势天下无人能挡啊。

他继续说："可秦国白起这个小竖子，带着几万人马就敢攻打楚国，他第一战攻克了楚国的鄢城和郢都，第二战烧毁了楚国的夷陵，第三战使大王的先祖受辱，这真是楚国的家仇国恨、奇耻大辱啊！赵国也为此感到羞耻，可大王却不觉得难受！您要知道，我们远道而来和您合纵盟

约,是为了楚国而不是为了赵国啊。您当着主人的面呵叱我是什么道理?"

楚王说:"好,好,先生说的很对,合纵抗秦关乎楚国的江山社稷,我一定倾全国之力合纵抗秦。"毛遂又问:"您确定要合纵盟约吗?"楚王回答:"确定。"毛遂于是对楚王的左右侍从说:"拿鸡、狗、马血来。"

毛遂双手托着盛着血的铜盘,跪在楚王面前说:"歃血为盟的顺序应先从大王开始,然后是我的主人,最后是我。"楚王终于歃血为盟,赵楚合纵盟约就这样在楚国的殿堂上确定了。

平原君一行回到了赵国后,平原君说:"我不敢再随便评价士人了,不敢再以自己的主观看法去判定一个人的能力高下了。我识人无数,自认为不会遗漏天下贤能之士,但现在居然把毛先生给漏下了。毛先生一到楚国,赵国的尊严就立刻显现,我真切地感受到那时赵国的尊贵堪比九鼎大吕啊。毛先生的言辞犀利,切中要害,一人堪比百万大军!"平原君于是把毛遂尊为上客。

平原君一回到赵国,楚国就立即派春申君带兵救援赵国。魏国的信陵君在平原君的请求下,也上演了窃符救赵大戏,这时他正带着晋鄙的军队赶往赵国。

秦国对邯郸的围攻更加猛烈,邯郸十分危急,眼看就要投降,平原君心急如焚。主管邯郸宾客住所的官吏的儿子叫李同，李同求见平原君说："赵国将要灭亡，您不感到担忧吗？"平原君说："赵国灭亡了，我就成了俘虏了，我怎么能不担忧呢？"

李同说："赵国已经到了最危险的时候了，邯郸城内百姓易子而食，以骨当柴，可您的姬妾侍女数以百计，她们身上穿锦绣，碗中有剩肉，但百姓们却难以穿上粗糙的葛布衣服，吃上糟糠之食啊。如今国弱民穷，有的士兵甚至削尖木头当长矛，拿起棍子当兵器，而您的珍玩器物却满堂陈设，若秦军攻破了赵国，您哪里还会有这些东西？若赵国得以保全，您又何愁没有这些东西？"

李同接着说："您如果下定决心，把夫人以下的全体人员编到士兵队伍中去，让他们分工劳作，把家里所有财产拿来犒劳士兵，士兵在这危急关头是很容易被您的恩德所感动的，那时您何愁守不住都城邯郸呢？"

平原君依计而行，很快就组织起了一只三千人的敢死队，李同就在其中。这三千人的队伍不顾一切地冲向秦军，秦军立即溃败，后退三十里后扎营。

楚、魏两国的救兵这时也来了，战场的形势顿时发生了变化，秦军只好撤走了。邯郸城终于得以保全，但李同却在作战中牺牲了。赵国为了表彰他，就赐封他的父亲为李侯。

信陵君窃符救赵保全了邯郸，虞卿想以此为由给平原君请求增加封邑。公孙龙知道此事后就连夜去见平原君说："我听说虞卿想以信陵君出兵救赵为由，请求给您增加封邑？"平原君说："有这事。"公孙龙说："您万万不可这样做啊。"平原君问："为什么？"

公孙龙说："您之所以能成为赵国的国相，这并不是因为您的才能在赵国独领风骚；您之所以能拥有东武城的封邑，也不是因为您为赵国建立了汗马功劳，原因很清楚，您是赵王的近亲啊。您接受相印时并不忌讳自己有无德才，得到封邑时也不过问自己是否立有战功，原因很简单，因为您早就认为这是国君近亲应得的。"

他接着说："如今您以信陵君出兵为由请求封赏，那就是既要享受近亲之利，又要得到国人之功。这显然是很不合适的，您没有把自己的位置摆正啊。虞卿之所以这样做，是因为这样做对他极为有利，事情成功了，他就像债权人拿着债券一样向您索取报偿；事情不成功，他也可以摆出为您求封的架势，拿着虚名让您感激他，您何必呢？"于是平原君就拒绝了虞卿的提议。

平原君在赵孝成王十五年（前251年）去世，子孙们承袭了他的封爵。赵国灭亡时，平原君也就断绝了子嗣。

当初平原君十分赏识公孙龙，让公孙龙享受着十分优厚的待遇。公孙龙持"离坚白"之说在赵国大发宏论，名扬一时。齐国的邹衍到赵国后却大讲"合同

异"之说，以此对公孙龙进行驳斥，并且战胜了公孙龙。此后平原君就辞退了公孙龙。

虞卿是一个游说之士，他脚穿草鞋，手拿雨伞，来赵国游说赵孝成王。他第一次拜见赵王后，赵王就赐给了他百镒黄金和白璧一双；第二次拜见赵王后，赵王就让他在赵国做了上卿，所以人们称他为虞卿。

秦、赵两国长平大战时，当时赵军失利，损失了一员都尉，赵王于是召来楼昌和虞卿，对他们说："军队在前方不能取胜，还牺牲了一名都尉，我想披坚执锐、亲赴前线，你们看如何？"楼昌说："这样做没有多大用处，不如派重臣去秦国求和。"虞卿说："楼昌之所以主张求和，是因为他认为赵军必败。可您要知道，和谈的主动权也在秦国一方啊，如果要谈判那也要争得主动权才行。请问，大王您认为秦国的意图到底是什么，是想打败赵国的呢还是另有企图？"

赵王回答说："秦国已经把全国的兵力开赴到了长平前线，目的就是要打败赵军。"虞卿说："既然如此，那就请大王派出使臣，拿上重礼去游说联合楚国和魏国。楚、魏两国想得到大王的奇珍异宝，就必定接纳大王的使臣，只要赵国的使臣进入楚国和魏国，秦国就必定怀疑诸侯们在联合抗秦，于是，它攻打赵国的意志就会动摇，赵国就可抓住时机与它和谈，并会赢得一定的主动权。"

赵王没有采纳虞卿的意见，与平阳君赵豹商议后，就派郑朱出使秦国联系和谈之事。秦国瞒天过海，假意接纳了郑朱。

赵王又召见虞卿说:"我让平阳君和秦国讲和,秦国已经接纳了郑朱,您认为这事能成功吗?"虞卿说:"我认为不能成功,而且会加快秦军打败赵军。现在,诸侯们祝贺秦国初战告捷的使臣都在秦国,郑朱是赵国的重臣,他进入秦国,秦王和应侯一定热情接待他,并会把他到秦国求和的消息发布出去,目的是让诸侯各国知道,赵国已经屈服于秦国,从而打消诸侯国救援赵国的念头。诸侯各国一旦不救援赵国,那和谈就不可能成功了。"

果然不出虞卿所料,秦王和应侯对郑朱来秦国的事大加宣扬,诸侯各国都知道了赵国正在向秦国求和。秦国把郑朱拖了一段时间后,突然给郑朱表明秦国不再谈判,秦军随即发动了大规模进攻,赵军在长平大败。秦军包围了邯郸,赵国被天下人耻笑。

邯郸之围解除后,赵王朝拜了秦王,又派赵郝到秦国去求和谈判,赵郝与秦国签订了和约,赵国又要割出六个县给秦国。

虞卿问赵王说:"大王您认为秦国撤兵的原因是什么?是因为秦军无力进攻了,还是因赵国求和,秦国怜悯大王呢?"赵王回答说:"秦国进攻我赵国已经竭尽全力了,肯定是打得疲惫了才撤兵的。"虞卿说:"秦国以他的力量攻取它不能攻取的地方,不能达到目的时才撤兵的,可大王却把秦军不能夺取的土地送给了秦国,这是等于帮助秦国进攻自己啊。来年秦国缓过神来再进攻大王,大王可就无法自救了。"

赵王把虞卿的话告诉了赵郝。赵郝说:"难道虞卿能知道秦国的力量能进攻到哪里吗?他真的知道秦国已经无力进攻了?这么一块弹丸之地不给秦国,让秦国来年再来攻打大王,难道大王想让秦国割取腹地不成?"赵王说:"我依您的意见割让了六个县了,你能保证秦国来年不再进攻我吗?"

赵郝回答说:"这就不是我所能保证的事了。过去三晋之国(韩、赵、

魏)与秦国的关系都很好,现在韩、魏两家和秦国的关系仍然很好,只有赵国和秦国闹僵了,秦国因而独独进攻大王。这说明大王在对秦国关系问题的处理不如韩、魏两国高明啊。现在我以割让土地的方法为您恢复了与秦国的关系,两国在边境上开通了关卡,互通了贸易,与秦国的关系已经和韩、魏两国一样了,如果来年秦国又来进攻赵国,那一定是大王在处理与秦国的关系上又落在韩、魏两国的后边了。所以我不能承担这个事情。"

赵王又把赵郝的话说给了虞卿。虞卿说:"用赵郝的话说,如果不割地讲和,来年秦国就会攻入赵国的腹地;割地求和,他又不能保证秦国来年不再进攻。那么我们割让六县给秦国有什么意义呢?今年割去了它不能攻取的土

地,来年它占据这些土地再来进攻我们,我们又割让秦国不能夺取的地方给秦国,这是自取灭亡的办法啊。您不能这样做啊。"

他继续说:"秦国虽然善攻,但终归没有攻破这六县;赵国虽然防守不力,但终归也没有失去这六县。作战中,秦国不但没有攻破这六县,而且还把自己攻的疲惫不堪。我们不如用这六县结好天下诸侯,使天下诸侯合击疲惫的秦军,天下诸侯得到了六县,我们却在秦国那里得到了补偿,这与割让土地壮大秦国,削弱赵国相比哪个有利?"

他进一步说:"赵郝所谓的大王在处理秦国的关系上不如韩、魏两国高明,所以秦国就攻打赵国,赵国就要割地给秦国,认为只有这样才能修复与秦国的关系。赵郝每年让大王割让六个县给秦国,赵国以这样的速

度坐失城邑，用不了多久赵国就会无城可送了。况且在这个工程中，如果有一年不给秦国送地，秦国就要攻打，那前面所割让的土地不是就白白作废了吗？这样下去，当赵国无地可送时，秦国又要攻打，大王还能送什么给秦国呢？"

他最后说："俗话说：强者善于发动进攻，弱者往往不能防守。现在我们无所作为，一味地听任秦国的摆布，使秦国军队毫不费力地、不断地得到我们的土地，这势必使秦国的力量不断强大，赵国的国力不断消弱。让不断强大的秦国来割取不断弱小的赵国的土地，秦国是不会停止其扩张步伐的。赵国之地有限，而秦国的贪欲无限，以有限的土地去满足无限的贪欲，那最终的结果只能是自取灭亡。"

虞卿和赵郝各执一词，赵王不知如何是好。这时楼缓从秦国回来了，赵王就问楼缓说："我们到底应不应该割让土地给秦国？"楼缓回答说："这不是我能知道的事啊。"赵王说："那您就谈谈您个人的意见吧。"

楼缓回答说："大王听说过公甫文伯母亲的事吗？公甫文伯是鲁国的大夫，他去世后有两个妻妾为他自杀殉情。他母亲听到这事后连一滴伤心的泪水也未落下，家中的一个老仆人就说：'世上哪有儿子死了母亲不哭的道理？'母亲听后说：'孔子是个大贤人，我让公甫追随孔子，孔子被鲁国驱逐后他就不跟随孔子了，而他死后却有两个妻妾为他殉情，这样的人肯定是不重长者而重妻妾的。'"

他接着说:"母亲如果说出这样的话,母亲就肯定是个淑娴的母亲;妻子如果说出这样的话,妻子一定是个爱嫉妒的人。如此看来,同样的话让不同的人去说,话的意思就完全变化了。我刚从秦国来,如果我不同意割地给秦国,那对赵国来说不是什么好计策;如果说割地给秦国,我又担心大王会认为我偏向秦国。所以我不敢回答这个问题。"赵王听后说:"好,我知道您的意思了。"

有人把赵王和楼缓的对话说给了虞卿,虞卿就入宫拜见赵王。他说:"楼缓是在故意卖关子,玩弄说话技巧,大王万万不能听信他的话,不能割让土地给秦国!"楼缓听说了这件事后也去找赵王,赵王又把虞卿的话说给了楼缓听。

楼缓说:"虞卿只知其一不知其二啊。秦、赵两国结怨相攻,高兴的是天下诸侯啊。为什么呢?因为他们也能借着秦国之势趁火打劫,在赵国分得一杯羹啊。赵军被秦军围困后,各国的使者已经聚集在秦国祝贺胜利了,这就是目前的现实。因此,您不如割让土地安抚秦国,与秦国讲和,阻止秦国攻打赵国,打消各国瓜分赵国的念头。否则,各国都会借着秦国的威势,趁赵国疲惫之时瓜分赵国。赵国是将亡之国,还谈什么图谋秦国呢?所以说虞卿只知其一不知其二啊。大王就这样决计吧,不要再犹豫了。"

虞卿听了楼缓的言论后又去见赵王,他对赵王说:"楼缓的话太危险了!他挖空心思劝说您割地给秦国,目的是为了扰乱天下诸侯的视线,让天下诸侯放弃赵国,哪里还谈得上抚慰秦国呢?他为什么不说割让土地就显示了赵国的软弱和无可救药,打消了天下诸侯救赵的念头呢?"

他接着说:"况且我主张不割让土地给秦国,并不

是说不给秦国土地就完事了。秦国向大王索要六个城邑，大王试想，齐国和秦国是老冤家，如果我们把这六座城邑给了齐国，齐国得到土地后是不是会与我们一起攻打秦国呢？答案是肯定的。您如果把这样的想法告诉齐王，齐王不等您把话说完就会同意出兵救赵了。这样做，我们虽然给了齐国六个城邑，但却在秦国那里得到了补偿，齐国、赵国也因此向秦国报了大仇，同时还向天下彰显了大王的作为。"

他继续说："大王尽管放心，只要您把齐、赵两国结盟之事昭之于天下，不等赵国的军队在边境部署，秦国的使臣就会带着重礼反向大王求和了。秦王和赵国一旦以这样的方式讲和，韩、魏两国也一定会从心底里敬重大王的，他们敬重大王不会没有表示的，他们一定会拿着贵重的礼物来觐见您的。如此一来，韩、魏、齐三国结好大王，秦国和赵国的主从位置也就发生了变化，大王何乐而不为呢？"赵王听后说："太好了，就按您说的办。"于是赵王就派虞卿出使齐国。

虞卿出使齐国还未回国，秦国求和的使臣就来到了赵国。而楼缓得到消息后就立即逃跑了。赵王十分高兴，给虞卿封赐了一座城邑。

不久，魏国请求与赵国合纵盟约，赵孝成王就召请虞卿商议此事。当时赵王和平原君在座，虞卿见过平原君，平原君说："我想听听先生对合纵问题的高见。"虞卿又见过赵王。赵王说："魏国请求合纵盟约，想听听您的意见。"虞卿说："魏国错了。"赵王说："我本来就没有想答应它。"虞卿说："那大王也错了。"赵王说："先生到底是什么意思呢？"

虞卿说："我听说小国和大国结盟共事，有了利益大国就会享用，有了祸患只能由小国去承担。现在魏国国小而自愿结盟受其祸，赵国国大而大王却不愿结盟辞其利，所以我说魏国和大王都错了。我认为与魏国合纵结盟是有利的。"赵王说："很好。"于是赵国和魏国就合纵结盟了。

后来,原魏国国相魏齐为了躲避秦国应侯的追杀,一路逃到了赵国,并想寄居在赵国。虞卿为此事去请求赵王,赵王没有同意,虞卿便放弃了在赵国的万户封邑和相印,与魏齐抄小道逃离了赵国,然后去了魏国。他踏上这条小路时就踏上了厄运,从此结束了他人生的辉煌时期。

虞卿到魏国后,他在大梁的处境十分艰难,魏齐死后,虞卿郁郁不得其志,于是就闭门不出,开始著书立说。他上察《春秋》,下观近世,总结各国为政的成败得失,写下了《节义》《称号》《揣摩》《政谋》等八篇论著,世人称之为《虞氏春秋》。

太史公说:"平原君是个乱世之中风度翩翩的公子,但他却缺乏把握全局的战略眼光和能力。有一个词说得好,叫"利令智昏"。平原君相信冯亭的邪说,贪图上党之利,致使赵国兵败长平,四十万大军被坑杀,赵国几乎被灭亡。虞卿审时度势,出谋划策,料事如神,为赵国立下了汗马功劳,但他不忍心抛弃魏齐,终于遭困于大梁。普通人尚且知道不能这么做,但虞卿这样的贤人为什么要这样做呢?可话又说回来,虞卿如果不遭受厄运,他也就不会著书立说,留名于后世了。"

魏公子列传第十七
人物像

魏公子

魏王

侯嬴

平原君夫人

魏公子列传第十七

魏公子名叫无忌,是魏昭王的小儿子,魏安釐王(名圉)的异母弟弟。昭王去世后,安釐王即位,封弟弟无忌为信陵君(今河南宁陵)。

范睢因为在魏国时被魏相魏齐屈打,所以十分怨恨魏齐。他逃出魏国后在秦国做了国相,就派秦军围攻大梁,要求交出魏齐。秦军在华阳大败魏军,魏将芒卯战败而逃。魏王和公子无忌十分担忧。

公子无忌宽厚仁慈,礼贤下士,士人无论能力大小,他都以礼相待,他从不因为自己的高贵和富有而怠慢士人。因此,方圆数千里的士人都来归附于他,他的宾客人数一时多达三千余人。十几年来,各国都因公子贤能、宾客众多,而不敢对魏国有所企图。

一天,公子正在和魏王下棋,突然,北边的烽火台传来了浓浓的烽烟,随从报告说:"赵国发动了进攻,军队马上就要进入边界了。"魏王立即停止了博弈,下令召集大臣们商议对策。公子却劝阻了魏王,他不慌不忙地说:"那是赵

国在打猎呢，赵国不会入侵魏国的。"还催赵王赶紧落子。

　　两人又接着下棋，公子倒是神态自若，可魏王心神不宁，心思全没放在下棋上啊。不久，就传来消息说："刚才是赵王在打猎，他们没有进犯边境。"

　　魏王于是惊讶地问公子说："您怎么知道他们是在打猎呢？"公子说："我的宾客中有人在赵国卧底，我因此知道赵王的行动。"魏王大吃一惊，内心突然袭来一股寒气，从此不敢再让公子处理国政。

　　魏国有个隐士叫侯嬴，年近七十，家境贫寒，在大梁城东门看门。公子听说他后，就派人带上厚礼去拜见他。侯嬴不肯接受礼物，说："我修身洁行几十年，不会因为做看门这个职业贫困就去接受公子的财物。"

　　公子听后十分感动，于是就摆设了宴席，召集了宾客，然后带领随从，空出车子的座位，亲自到东城门去迎接侯先生。

　　侯先生毫不谦让，整理好破旧的衣冠后，就径直坐在了车子的上座。侯先生想以此观察公子的诚意，但他却看到，此时公子更加谦恭，手握着缰绳好像是个仆人。

　　侯先生还嫌不够，上车后又对公子说："我有个朋友在街市上卖肉，劳驾您把车子赶到那儿，我想看望他一下。"公子十分顺从地把车子赶到了街市。

侯先生下车后去见他的朋友朱亥，没完没了地和朱亥聊起了天。侯先生想借此进一步观察公子的态度，因此不时侧目暗中观察公子，但他看到公子面色和悦，耐心十足。

公子的宴席上，魏国的将军、宰相、宗室大臣及高朋们早已到齐，都在等着公子举酒开宴；街市上的人都看到了公子手握缰绳正在等待侯先生；公子的随从人员都在暗暗地责骂侯先生。侯先生看到了公子的诚意后，就告别朱亥上车了。

公子回来后，首先把侯先生领到了上座，然后给大家介绍了侯先生。公子对侯先生大家夸赞，满堂宾客无不惊讶。

酒宴进行到高潮时，公子站起身举杯为侯先生祝寿，侯先生借机对公子说："我侯嬴今天也太难为公子了吧，我只不过是个看门的人，而公子却亲自驾车在稠人广众之中迎接我；我本来并没有必要去见朋友，但却故意去拜

访他，而公子竟能屈身陪我见他；我故意让公子的车马在街市中久等，但却发现公子十分耐心。这样也好，街市上的人都会认为我是小人，公子才是礼贤下士的君子啊。"

宴会结束后，侯先生就成了公子的贵客。侯先生对公子说："那天我拜访的人是个屠夫，名叫朱亥，他是个贤才，但世人不了解他，因此只能在街市中做屠夫了。"此后公子曾多次拜见朱亥，但朱亥都不搭理公子，公子觉得这个人很奇怪。

魏安釐王二十年（前 257 年），秦军在长平大败赵军，不久，秦军又围困了赵国都城邯郸，赵国十分危急。公子的姐姐是赵国平原君的夫人，她多次给魏王和公子写信，要求魏国出兵救援赵国。于是魏王就派将军晋鄙带领十万人马出征了。

秦昭王得知魏国将要出兵，就派人威胁魏王说："我攻下赵国只是早晚的事，谁敢去救赵国，我拿下赵国后就首先攻打他！"魏王听后十分害怕，就令晋鄙停止进军，就地驻守在邺城。邺城距离赵国很近，魏军驻守在这里，名义上是救援赵国，实际上是投鼠忌器，两头观望，根据形势的进一步发展，再决定自己的下一步行动。

在赵国通往魏国的道路上，全是平原君派出向魏国求救的车子，他们接连来到魏国，频频向魏国告急。平原君在信中对公子说："我仰仗于魏国，和魏国结为姻亲，就是因为公子品行高尚，能救人于危难之中。现在邯郸危在旦夕，可魏国救兵不至，公子的高尚品节又表现在哪里呢！您看不起我赵胜不打紧，我被俘受辱无所谓，难道您不怜悯您的姐姐吗？"

公子万分着急，多次请求魏王出兵，又让宾客们想方设法劝说魏王，但魏王害怕秦国，始终不肯出兵。无奈之下，公子就决计自己亲自参战，誓与赵国同存亡。于是他召集了宾客，带着百辆战车准备前往赵国。

公子带着自己的队伍出征，路过东门时见到了侯先生，他把自己的全都想法告诉了侯先生，然后告别侯先生继续上了路。但当时侯先生却不热不凉地

说:"公子努力吧,我年纪老了不能随行啊。"

公子走出了好几里路,心里一直在犯嘀咕:"我对侯先生的敬重和礼遇天下无人不晓,可如今我冒着生命危险奔赴前线,侯先生竟无一言半语送我,难道我什么地方做错了?"于是又赶回来取问侯先生。侯先生一见公子哈哈大笑说:"我就知道公子会回来的。"公子问:"为什么?"

侯先生说:"公子爱士,天下闻名,如今有难,我怎能不管呢?可您这样同秦军作战很不明智,好比肉包子打狗,有去无回啊。公子这样做事还要我们这些宾客干什么?"公子听后赶紧向侯先生行礼问计。

侯先生于是让其他人离开,悄悄地对公子说:"我听说魏王经常把晋鄙的兵符放在卧室内,妻妾当中如姬最受宠爱,她出入魏王的卧室很随便,只要她愿意,就能偷出兵符的。"

他接着说:"我听说如姬的父亲被人所杀,如姬已经积怨三年了,群臣们都想为她报仇,但至今未能如愿,如姬为此事还向公子您哭诉过呢。公子不如派人杀了她的仇人,把人头献给如姬,如姬一定会感激公子,并愿意为公子效命的。这时,只要您开口求如姬,如姬一定会答应您的。您得到了虎符,就可以夺取晋鄙的军队,实现您救赵伐秦的愿望。您建立的可是春秋五霸一样的功业啊!"

公子依照侯嬴的计策请求如姬,如姬果然盗出了晋鄙的兵符。公子拿上兵符准备出发,侯先生又对公子说:"将在外,君令有所不受,只要有利于国家,您就大胆地去做。晋鄙是魏国的老将,即使验合了兵符,他也不一定立即交出兵权,他可能还要请示魏王。这样,事情就危险了。我让朱亥跟您一同前往,朱亥是个大力士,如果晋鄙交出兵权则罢,如果不交出兵权,就让朱亥击杀他!"

公子听完侯嬴的话就哭了。侯嬴于是说:"公子害怕了?"公子回答说:"晋鄙是魏国的老将,他作战勇猛,很有经验,我和他验合兵符,他肯定不会轻易交出兵权,我就必定要杀死他,因此我难过啊,哪里是怕死呢?"

公子去请求朱亥,朱亥这回态度发生了变化。他笑着说:"我本是一介屠夫,可公子不轻看我,多次登门慰劳我,我不拜谢公子,是因为那些小礼小节没什么用处。如今公子有难,我应当舍身效命!"于是就跟随公子去了。

公子又向侯先生辞行,侯先生说:"我本应随您一块去,可力不从心啊。您放心去吧,我计算着您的行程,当您见到晋鄙那一天,我面北自杀受死,以此来为公子壮行。"就这样,公子出发了。

到邺城后,公子见了晋鄙,晋鄙验合了兵符。但晋鄙老觉得这事有些蹊跷,就双眼紧盯公子说:"我拥兵十万镇守边境,肩负着国家的重任,你只身前往来代替我,这到底是怎么回事?"于是就不想交出兵权。还没等公子回话,朱亥就快速取出了藏在衣袖里的铁椎,对准晋鄙的头猛击,这铁椎足足有四十斤重,一椎下去,哪还有晋鄙的性命?于是公子接管了晋鄙的军队。

出发前，公子对部队进行了整编。他命令："父子两人同时在军中的，请父亲解甲归田；兄弟两人同在军中的，兄长回家；独生子必须回家奉养双亲。"部队经过整编后，留得精兵八万。

魏军在公子的率领下，雄赳赳地开赴到了邯郸前线，秦军见势不妙，于是撤围而去。赵国得救了，赵王非常高兴，就与平原君一块到郊外迎接公子。平原君替公子背着箭囊在前面引路，赵王连连对公子叹道："自古以来的贤人没有谁能与公子相比啊。"从此，平原君再也不敢拿自己和别人相比了。

公子到达邺城的那一天，侯先生果然北向自刎了。公子盗了兵符，击杀了晋鄙，魏王非常恼火，公子对此也十分清楚，秦军撤退后，公子就让部将带着部队返回魏国去，自己和宾客们则留在了赵国。

赵孝成王十分感激公子，就与平原君商议，决定把赵国的五座城邑封给公子。公子听到消息后非常高兴，居功自傲之情溢于言表。

有宾客劝公子说："有些事情不可以忘记；有些事情不可以不忘记。别人有德于公子，公子不可以忘记；公子有德于别人，希望公子忘掉它。况且公子假托魏王之令，夺取了晋鄙的兵权，这对赵国来说有功，但对魏国来说就不是忠臣了。公子以此为荣，在赵国居功自傲，我认为实在不应该。"公子听后十分羞愧，连连自责。

赵王让人打扫了殿堂庭院，准备了宴席，要召开宴会给公子封赏。赵王亲自到殿外迎接客人，他把公子当做主人，领着公子走上了殿堂西边的台阶，公子却侧着身子一再谦让，主动从东边客人的台阶进入了殿堂。

　　宴会上，公子不断责备自己，说自己无功劳于赵国，有过失于魏国，显得十分愧疚。赵王始终陪着公子饮酒，一直到晚上，都没有机会给公子谈及赐封五座城邑的事，害怕这样会刺激公子，更加伤了公子的心。

　　公子最终还是留在了赵国，赵王只能以保障公子的生活为由，让公子接受了鄗（hào）邑的封赐。这时，魏王也把信陵之地还给了公子，但公子仍留在了赵国。

　　公子听说赵国有两位处士（即隐士，有才德而不做官的人）很有名气，一个是毛公，一个是薛公。公子很想结识这两个人，但毛公藏在赌市中，薛公藏在酒肆里不肯相见。公子于是探知了两人的住址，暗中和他们交往起来，彼此都感觉到很开心。

　　平原君得知这事后就对夫人说："我开始还听说您的弟弟魏公子是个举世无双的大贤人，现在我听说他竟和赌徒、酒贩混在了一起，看来他只是个无知和放肆的人罢了。"

　　夫人把这话告诉了公子，公子听后就准备离开赵国。他说："我之所以做了对不起魏王的事来救赵国，是因为我听说平原君贤能才满足他的要求。平原君看起来很豪放，其实不

249

是个爱惜士人的人。"

公子接着说："我在大梁时就听说过这两个人贤能，到赵国后就想见见他们，但唯恐见不到他们呢。是的，我想和他们交往，还怕他们不愿意见我呢。平原君却认为和他们交往是耻辱，我看倒是平原君这个人不值得交往。"于是，就收拾行装准备离去。

夫人把公子的话又告诉了平原君，平原君听后就立即去找公子，向公子脱帽致歉，坚决请求公子留下。

平原君的宾客们听到这件事后，有一半人就离开了平原君去归附公子；天下士人听后，也争相投靠公子。平原君的宾客们对公子仰慕不已，啧啧称赞。

公子在赵国寄居了十年，秦国听说公子留在了赵国，就日夜不停地攻打魏国。魏王为此十分担忧，就派人去请公子回国。

公子仍担心回国后魏王恼怒自己，于是就对宾客们说："谁如果敢勾结通融魏国使者，我就处死谁！"由于宾客们都是跟着公子从魏国来的，所以也没有人劝公子回魏国。

毛公和薛公见到公子说："赵国之所以敬重公子，公子之所以名扬诸侯，就是因为公子身后有魏国这座靠山。现在秦国日夜进攻魏国，魏国十分危急，而公子毫不顾惜，坐视不救，我们十分费解。如果秦国攻破大梁，毁灭了魏国的宗庙社稷，公子还有什

么脸面见天下之人呢?"两人的话还没有说完,公子的脸色就变了,他立即让人准备车马,快速赶回魏国。

魏王和公子久别重逢后非常激动,两人互话思念之情,热泪不禁夺眶而出。此后,魏王便把上将军印授给了公子,公子便开始统帅魏国军队。

魏安釐王三十年(前247年),公子派使臣到各国通好,诸侯们得知公子在魏国做了上将军后,就纷纷派兵救援魏国。

公子率领五国军队在黄河南岸大败秦军,秦将蒙骜败逃。公子率军乘胜追击,把秦军赶回了函谷关。公子大兵压境,秦军退守函谷关内不敢出战。

此次战役使公子威震天下,各诸侯国的宾客纷纷给公子进献兵法,公子就在进献的兵书上一一签名。当时人们就把这些兵书合起来称作《魏公子兵法》。

公子的行动令秦王十分恐惧,秦王于是就拨出万金经费离间魏国。这些人拿着钱财到魏国找到了晋鄙原来的门客,让他们给魏王谗言说:"公子在外流亡十年,一回国就做了大将,各国的将领都归他指挥,诸侯们只知道魏公子而不知道魏王。公子正想抓住这个时机称王,诸侯们畏惧公子的声威,也想联合拥立公子。"

秦国的离间活动花样百出,有人竟装聋卖傻向公子祝贺,问公子是否已经被立为魏王了。魏王天天都能听到这样的消息,众口铄金,魏王于是信以为真。不久,魏王就派人代替了公子的上将军职务。

公子对秦国的阴谋心知肚明,但他不能改变魏王的猜疑,于是就称病回家了。他在家里整日与宾客们饮酒作乐,时不时地还接近女人,这样自暴自弃地渡过了四年,终于因饮酒无度而病亡。这一年,魏安釐王也去世了。

公子死亡的消息传到了秦国,秦王就派蒙骜再次进攻魏国。蒙骜迅速攻占了魏国的二十座城邑,秦国把这些地方划设成了秦国的东郡。此后,秦国不断蚕食魏国,十八年后便俘虏了魏王假,并在大梁城进行了残忍的屠杀。

汉高祖年少时，就常常在乡间听说公子贤能，他做了皇帝后还对公子念念不忘，每次经过大梁，他都要去祭祀公子。高祖十二年（前 195年），汉军平息了黥布叛乱，军队撤回时路过大梁，高祖又去祭祀了公子，并在公子的墓区安置了五户人家，让他们专门看守公子的墓园，世世代代负责公子的祭祀。

太史公说："我曾经在大梁城的废墟中寻迹访古，问及曾经的那个夷门，当地人说，夷门就是大梁城的东门。天下公子们喜欢士人的不乏其人，但信陵君这样尊重隐士，不以交结下层贱民为耻，道理更深刻。信陵君的名声超过诸侯，这的确不假啊，高祖每次经过大梁时都要命令百姓不能断绝他的祭祀。"

春申君列传第十八
人物像

春申君

秦昭王

楚顷襄王

朱英

春申君列传第十八

　　春申君是楚国人,姓黄,名歇。他游学各地,学识渊博,能言善辩,楚顷襄王因此让他出使秦国。

　　秦将白起在华阳大败韩魏联军,俘虏了魏国将军芒卯,韩、魏两国不得不到秦国向秦昭王俯首称臣。秦昭王于是命令白起同韩国、魏国一起出兵攻伐楚国。

　　白起大军还未出发,楚国使者春申君黄歇就来到了秦国。春申君知道了秦国攻伐楚国的计划,就想方设法阻止秦国出兵。

　　秦国此前曾派白起攻打过楚国,夺取了楚国的巫郡、黔中郡、鄢城、郢都,一直向东攻打到竟陵。楚顷襄王只好把都城东迁到陈县。

　　秦国还把楚怀王诱骗到秦国扣留,楚怀王结果就客死在了秦国。顷襄王是楚怀王的儿子,秦国对他不屑一顾。在这种背景下,黄歇担心秦国一旦发兵楚国就会灭亡,于是就上书游说秦王。

书辞说："如今天下,秦楚两国最为强大,但我听说秦国却要攻打楚国,这势必是二虎相争而猎狗得利,愿大王改变策略,交好楚国!我听说物极必反,冬夏之间的交替就是这个道理;至高则危,棋子叠高而倒塌就是这种现象。现在天下的四方之地,秦国就占据了西北两垂,这是开天辟地以来曾未有过的事,拥有万乘之国的天子也不能相比,愿大王慎思。

"秦国从先帝文王、庄王到大王三代,一直致力于东进打通齐国的战略,从而拦腰斩断了东方诸侯各国的交往,使他们合纵结盟的计划不能实施。大王派盛桥到韩国驻守任职,盛桥就把韩国的土地并入了秦国,而且不动气伤肝,不使用武力,大王实在是太高明了。

"大王发兵攻打魏国,阻断了魏国都城大梁的交通,然后一举拿下河内、燕、酸枣、虚、桃等地,又乘胜攻入了邢地,魏国的军队好似被风吹散的云朵,散落在四处而不能彼此接应。大王的功绩是多么的卓著啊!

"大王让士兵进行了休整,两年后又继续了对魏国的战争,先后夺取了蒲、衍、首、垣等地,兵临仁、平丘、黄、济阳城下。秦兵围而不攻,迫使魏国屈服,大王又割取了濮磨以北之地。这样,大王就打通了齐国、秦国的通道,占据了楚国、赵国中间的高地,断绝了楚国和赵国的联系,天下五合六聚相商而不敢互相救援,大王的声威已经彰显到了极点。

"大王如果能就此转变策略,不再攻伐,持功守威,广施仁德,任何祸患将不会发生,功业将与三王并立,五霸同辉!大王如果依仗人多势众,兵强马壮,趁着打败魏国的威势,继续以武力臣服天下,我担心大王会后患无穷啊。《诗经》上说：'任何事情都没有人不肯善始，但很少有人善终。'《易经》上说：'狐狸过河时总是翘起尾巴，因为它不想弄湿尾巴，但河太宽，稍不留神就弄湿了自己的尾巴。'这些话都讲的是开头容易，结尾难啊。

"当初智伯反叛赵国时，只看到反叛的好处，却没料到自己会在榆次被杀死；吴王进攻齐国时，也只看到进攻齐国利益，哪能料到被勾践在干隧战败！这两个国家都曾建立过巨大的功绩，但都是因为贪图眼前的利益而导致国破身死。现在大王嫉恨楚国没有被灭亡，但却忘记了灭亡楚国就会增强韩、魏两国的势力啊。我认为大王现在不能去灭亡楚国，因为这对大王来说并不是什么好事！

"《诗经》说：'远离家门而发动战争是不可取的。'因此我认为楚国是您的帮手，邻国才是您的敌人。《诗经》还说：'又蹦又跳的兔子，猎犬定能捕到；别人想要算计，我也反复思量'。现在大王突然相信韩、魏两国对您顺从，这和当初吴王相信越国勾践有什么两样？我听说'敌人不能宽容，时机不可失去。'我担心韩、魏两国装出可怜巴巴的样子，乞求大王去消除祸患，是要麻痹大王，欺骗大王啊。

"大王试想，秦国和韩、魏两国的交往，没有两代以上的恩德，却有多代人的仇杀，国君父兄子弟接连死在秦人刀下已经将近十代了。他们国破家亡，宗庙焚毁，剖腹露肠，颈断面毁，身首分离，抛尸荒野；他们的父子兄弟不分老弱病残，被牵着脖子，捆着双手，成群结队地被押解着恣意凌辱；他们的百姓无法生活，夫死子亡，骨肉分散，或沦落为奴，或流亡为妾。因此

韩、魏两国的存在才是秦国最大的忧患,大王与他们一起攻打楚国,我认为很不妥当。

"大王攻打楚国的行军路线将如何确定呢?是准备向仇敌韩国、魏国借路吗?如果是这样,那么从大王出兵之日起,大王就会一直担忧秦军是否能够返回。这就等于大王把自己的军队借给仇敌韩国、魏国了。大王如果不向韩国、魏国借路,那就只能通过随水右边的地区到楚国了。而这一带都是广川大水,山林溪谷,没有粮食产出的险恶地带,大王即使能占有它,但这些地方也不能被大王所用,结果还要落下毁灭楚国的恶名。

"大王一旦进兵楚国,韩、赵、魏、齐四国必定要全力对付秦国,秦、楚两国交战之日,就是各国混战之时。魏国将会攻打留、方与、铚、湖陵、砀、萧、相等地,秦国占领的原宋国之地将会全都丧失。齐国将会攻击楚国的泗水地区。这一带地势平坦开阔,土壤肥沃,齐国一定能够攻克它,并会单独享受着这里的富有。这样,韩、魏两国得到喘息将会坐大中原;齐国拥有泗水地区会更加壮大。

"韩、魏两国一旦壮大,就必定西向抗衡秦国。齐国则南有泗水,东临大海,北依黄河,东有大山,国家便难有祸患。这样天下诸侯就没有谁能比齐、魏两国的发展条件更好了。只要他们保有既得利益,任用好地方官吏,只需一年时间就会壮大,那时即使他们不能称帝,但阻止大王称帝却绰绰有余。大王人多地广,兵强马壮,与楚国结冤,却让韩、魏两国尊奉齐国称帝,这是失策啊。我认为目前大王交好楚国为上策。

"秦、楚如果联合进逼韩国,韩国的行为必然收敛。然后大王利用东山之险威胁韩国,利用黄河控制韩国,韩国就必然成为秦国的关内侯国了。大王控制韩国后,再在郑地部署十万精兵,那么魏国就会心寒,许地、鄢陵就会担心被攻破,上蔡、台陵与魏国的联系就会被断绝,魏国自然也会像韩国一样俯首投降。"

"大王一旦与楚国交好,韩国和魏国这两个万乘之国在危机之下就会割地求救于齐国。大王这时就可以攻打齐国,齐国的右边之地可唾手而得。如此一来,大王的土地就可贯通东、西两海,从而控制天下诸侯,最直接的结果就是燕、赵不能联系齐、楚,齐、楚不能联系燕、赵。然后大王可危逼燕、赵,动摇齐、楚,此四国不需要多大的气力就可以制服。"

昭王读完上书后说:"好极了!"于是下令白起停止出征;辞谢了韩、魏两国两国使者;派人带着厚礼与楚国交好。

黄歇与秦国签订盟约后返回楚国,楚王又派他和太子完到秦国作人质。这样,春申君就和太子在秦国呆了好几年。

楚顷襄王病了,太子不能回国。太子与秦国相国应侯范雎关系较好,黄歇就去找应侯,他说:"相国真的与楚太子相处的很好吗?"应侯说:"是啊。"

黄歇说:"如今楚王病情严重,生命垂危,您不如赶紧让太子回去,如果太子即位,他一定会厚待秦国,并永远感激相国的。这不仅会使友善国家更加亲近,而且楚国这个万乘大国会随时听命于秦国。如果他回不

去继续留在秦国,楚国有了新的国君,那他和咸阳城的普通百姓有什么区别?况且楚国一旦有了新立太子,肯定不会像现任太子一样侍奉秦国的。因此我认为不让太子回国不是上策,请相国考虑。"

应侯把黄歇的话告诉了秦王。秦王说:"让楚太子的老师先回楚国看看楚王的病情再说。"

黄歇对太子说:"秦国扣留太子的目的是想得到楚国的好处,现在看来太子是没有能力满足秦国这个要求了,我对此十分忧虑。阳文君的两个儿子在国内,大王如果去世,您又不在楚国,阳文君的儿子必定会即位的,太子就不能侍奉楚国的宗庙了。"

太子问黄歇如何是好?春申君说:"您不如混在使臣的队伍中逃离秦国吧,让我留下对付秦王,我将以死抗拒秦国。"楚太子于是换了衣服,装扮成楚国使臣的车夫逃出了秦关。春申君黄歇留在了秦国,他声称有病,整日闭门不出。

黄歇估算着太子已经出关了,这才出门去找秦昭王说:"楚国太子已经回国去了,而且已经走出很远了,黄歇当死,请大王赐罪吧。"秦昭王大怒,就要准许他的自杀请求。

应侯当时在场,他说:"黄歇作为臣子,不惜自己的生命报答主人,这让人感动啊。太子如果被立为楚王,他必定重用黄歇。因此不如将他无罪释放,并让他回国,以示对楚国的亲善。"于是秦王释放了黄歇,并让他回国了。

黄歇回国三个月后楚顷襄王去世了,太子完被立为楚王,是为楚考烈王。考烈王元年(前262年),考烈王任命黄歇为国相,封他为春申君,把淮北地区的十二个县赐给他做了食邑。

十五年以后,黄歇对楚王说:"淮北靠近齐国,那里形势很危急,请把淮北地区划设为郡,以便应对这一地区的复杂形势。"然后献出了自己在淮北十二个县的封邑,并请求把自己封到江东去。

考烈王同意后,春申君在原吴国故都的废墟上建起了城邑,这里就成了春申君的都邑。

春申君做了楚国的国相后,此时齐国有孟尝君,赵国有平原君,魏国有信陵君,他们几个人相互争着礼贤下士,都想把天下人才纳入自己门下,以便更好地辅佐君王,主持国政。

春申君担任楚国国相的第四年,秦国在长平打败了赵国,坑杀了赵军四十多万人。第五年,秦国包围了赵国都城邯郸,赵国向楚国求救,楚国不顾与秦国的盟约,派春申君带兵救援。在楚、魏、赵三国攻击下,秦国解除了邯郸之围,春申君返回了楚国。

春申君担任楚国国相的第八年,楚考烈王派他向北征伐鲁国,次年他就灭掉了鲁国,任命荀况为兰陵(今山东苍山)县令。从此,春申君名声大震,楚国又强盛了起来。

赵国平原君派使者去拜访春申君,春申君把他们安排在了上等客舍。赵国使臣自以为是,想在楚国夸耀赵国的

富有,于是就特意在头上插上了玳瑁簪子,亮出装饰着珍珠宝玉的剑鞘,请求春申君的宾客会面。春申君的宾客三千多人,其上等宾客都穿着镶嵌着宝珠的鞋子来见赵国使者,赵国使者十分惭愧。

春申君任宰相的第十四年(前 250 年),秦国庄襄王(异人)即位,他任命吕不韦为秦相,封吕不韦为文信侯。次年,秦国灭掉了东周国。

春申君任宰相的第二十二年,各诸侯国担心秦国吞并中原的势头不能遏制,就订立盟约联合讨伐秦国,楚考烈王担任了六国联盟的首脑,春申君担任了主事,组成合纵联军去讨伐秦国。

联军到达函谷关后,秦国倾全国之兵出关应战,六国联军战败而逃。楚考烈王把战败的原因归罪于春申君,并开始疏远春申君。

春申君的宾客中有个观津人叫朱英,他对春申君说:"人们都说楚国本来很强大,但自从您任职后,楚国的国势就衰弱了。但我不这样认为。先王与秦国交好了二十年,秦国一直没有攻打楚国,这是因为当初秦国攻打楚国条件不成熟,它若越过黾隘要塞来攻打楚国,这地方十分艰险,很不方便;它若从西周、东周借路攻打楚国,它就会背对韩、魏两国,战略上十分不利啊。

"现在的形势却发生了根本的变化,秦国连年攻打魏国,魏国危在旦夕,已经答应把许和鄢陵两城割让给秦国了。秦国占此两城后,秦军距离楚都陈的路程仅仅一百六十里路,因此秦、楚交兵就在所难免了,而且会愈演愈

烈的。"

当初秦国不断蚕食魏国，继而威逼楚国。楚国把都城从陈县迁到了寿春，而秦国则把已经成为秦国傀儡的卫元君（卫国第四十三代国君）从濮阳迁到了野王，并把这一地区划入东郡。春申君因此请求进入吴地。那时他担任楚国的国相。

楚考烈王无子，春申君十分犯愁，他就给考烈王进献了很多宜于生育的妇女，想让他们给考烈王生子，但始终不能如愿以偿。

赵国李园听说这事后，就带着自己的妹妹来到楚国，打算把妹妹进献给楚王。但当听说楚王不能生育时，李园就动起了歪脑子，找机会做了春申君的侍从。

不久，李园便请假回家，回家后又故意迟迟不来。当他回来去见春申君时，春申君问他迟到的原因，他说："齐王派使臣来求娶我的妹妹，我与使臣饮酒，所以延误了日期。"

春申君问道："给您妹妹的聘礼送了吗？"李园说："没有。"春申君又问："可以让我见一下您妹妹吗？"李园说："可以。"于是李园就把妹妹进献给了春申君。

李园的妹妹很快就得到了春申君的宠幸，不久就有了身孕。李园知道妹妹怀孕后，就与妹妹商定了下一步的打算。

李园的妹妹找了个机会对春申君说："楚王对您太尊宠了，即使他的兄弟也无法和您相比。您已经在楚国为相二十多年了，楚王又没有儿子，如果楚王百年之后要立兄弟为王，兄弟即位后必然宠信他的旧臣和亲信，到时您该怎么办呢？况且您主政多年，难免对楚王的兄弟有失礼的地方，楚王的兄弟一旦被立为国君，您就难免遭受祸患，宰相大印和江东封地就不复存在了。

"我怀有身孕这件事别人都不知道，我又得到您的宠幸时间不长，如果以您的尊贵身份把我进献给楚王，楚王必定宠幸我；如果我有幸得到上天的保佑生个男孩,那么您的儿子就将成为楚王。到时楚国就是您的楚国,这与您身遭祸患相比哪个好呢?"

春申君十分赞同她的说法,于是就把她安置在了一个极为秘密的住所,然后向楚王提起了这门亲事。

楚王把李园的妹妹召进了宫中,并对她十分宠爱。此后李园妹妹还真的生了个儿子,楚王就立他为太子,又把李园的妹妹封为王后。李园也得到了楚王器重,参与了朝政。

李园担心春申君说漏了嘴而更加骄横,于是就暗中豢养了敢死之人,准备杀死春申君灭口。但这事朝中好多人都知道。

春申君任宰相的第二十五年(前239年),楚考烈王病危。朱英对春申君说:"世上有不能预知的福,也有不能预知的祸。现在您处在不能预知后事的乱世,侍奉着性格变化无常的君主,又怎能不会遇见不能预知的人呢?"春申君问道:"什么叫不能预知的福?"

朱英说:"您在楚国为相二十多年了,名虽国相,实则楚王。现在楚王病危,朝不保夕,您辅佐着幼主,就像伊尹、周公一样代管着国政,幼主长大后再把大权交给他,那时您不就南面称孤而据有楚国了吗?这就是不可预知的福。"

春申君又问道:"什么叫不可预知的祸?"朱英说:"李园不能执掌国政就会成为您的仇敌;不掌握兵权却豢养敢死之人已经很久了,楚王一旦去世,李园就要入宫夺权并杀您灭口。这就是不可预知的祸。"

春申君又问道:"什么叫不可预知的人?"朱英说:"您让我做郎中,楚王去世后李园必定抢先入宫,我替您杀掉李园。我就是您不能预知的人。"

春申君说:"您不要有这种想法,李园是个生性软弱的人,我对他又很好,他怎么会做这样的事!"春申君没有听取朱英的意见,朱英害怕祸及自身,于是就逃走了。

十七天后,楚考烈王去世,李园果然抢先入宫,并在宫中布下了杀手,春申君一入宫,杀手们就一拥而起杀死了他,并把他的人头割下扔到了宫门外边。此后，李园又诛灭了春申君的家族。

李园的妹妹生的那个儿子被立为楚王，是为楚幽王。这一年是秦始皇即位的第九年（前 238 年），嫪毐（lào ǎi）与秦国太后淫乱被发觉，秦国猝死了嫪毐，并夷灭了嫪毐的三族。吕不韦因此案受到牵连被罢免。

太公史说："我到楚地，观览了春申君的旧城，宫室建筑十分宏伟啊！当年，春申君劝说秦昭王，以及冒着生命危险派人把楚太子送回楚国，是多么聪慧的高明之举啊！可是后来被李园控制，昏聩糊涂了。俗话说：'应当决断时不决断，反过来就要遭受祸患。'说的就是春申君失却了朱英要击杀李园的机会吧。"

范雎蔡泽列传第十九
人物像

范雎

须贾

秦昭王

王稽

范睢蔡泽列传第十九

范睢是魏国人,字叔,经常在各诸侯国之间游说。他想在魏王手下做官,但因家贫无法得到举荐,于是就先在魏国中大夫须贾府中做了家臣。

魏昭王时,须贾出使齐国,范睢也跟随前往。须贾在齐国呆了好几个月,但齐王一直未召见他们。齐襄王听说范睢很有辩才,就派人给范睢送去了钱财十金和牛肉美酒等物,但范睢固辞不受。

须贾知道这件事后大怒,认为范睢出卖了魏国的机密,因此才得到了齐王的钱财和酒肉。须贾让范睢收下牛肉美酒,送还了礼金。

须贾对范雎十分恼恨，回国后就把这件事情告诉了魏相魏齐。魏齐是魏国的公子之一，他听说此事后也十分恼怒，便叫人鞭打范雎。范雎的肋骨被打断，牙齿被打落，难以忍受酷刑，就闭目装死。

魏齐的门客用草席包裹了范雎，把他丢进了厕所。当时魏齐正在宴会宾客，宾客们趁着酒劲耍泼，上厕所时就在范雎身上撒尿，故意侮辱范雎。

当范雎发现周围没有其他人的时候，就从草席中伸出了头，哀求看守说："大人若能放我出去，我一定重谢大人。"看守答应了他，就去请求魏齐说："请把草席中的死人扔掉吧。"魏齐醉醺醺地说："可以。"范雎终于死里逃生了。

看守扔掉"死人"的事被魏国人郑安平知道了，郑安平匆匆忙忙赶来把范雎藏了起来，然后和范雎一块逃走了。范雎从此便更名换姓叫张禄。

魏齐酒醒后想起了范雎的事，他对自己的草率决定十分懊丧，于是就派人去找范雎，可范雎早已消失的无影无踪了。

秦昭王的使者王稽当时在魏国，郑安平为了接近他，便屈身做了他的差役。王稽问郑安平说："魏国有没有贤士可以和我一块到西边去？"郑安平说："我的家乡有位叫张禄的先生想见您，想和您谈论天下大事。不过，他有仇人，不敢白天出门。"王稽说："那您晚上和他一块来吧。"

郑安平和张禄见到王稽，两人的谈话还未结束，王稽就发现范雎是个难得的人才，于是就与他约定西去秦国。王稽说："请先生在三亭冈南等我。"

王稽辞别了魏国回国，经过三亭冈南时范雎上了车，他们很快就进入了秦国国境。到鬷州湖城时，范雎远远望见一队人马从西边而来。范雎问："那一队车马是干什么的？"王稽说："是秦相穰侯东去巡察县邑。"范雎说："我听说穰侯在秦国独揽大权，他对诸侯各国的说客很厌恶，我担心他来后会侮辱我，我想暂且躲在车中不与他相见。"

穰侯和王稽相遇后，对王稽出使归来表示了关心和问候，然后站在车旁问："关东的情况有没有变化？"王稽答道："没有。"穰侯又说："使君没有带其他国家的说客一起来吧？这些人没有什么用处，来了只会扰乱国家。"王稽答道："我不敢这样做。"两人说完后便辞别而去。

王稽上车后范雎说："我听说穰侯很有智谋，遇事总是多方狐疑，刚才他就怀疑您带了诸侯的宾客来秦国，但却忘记了搜查车子。他一定会后悔的，还是让我下车分开行走的好。"于是范雎就下了车和王稽分头行走。

果不出范雎所料，他们走出了十几里路后，穰侯就派人骑着快马回来搜车了。这些人查看了车厢，发现没有其他人时便离去了。

王稽一行回到了咸阳，向秦昭王汇报了出使的情况，然后趁机说："魏国有个张禄先生，此人是天下难得的辩士，他说：'秦国目前的情势就像是高高垒起的鸡蛋，时刻都有崩塌的危险，但若能采纳他的意见，便可确保安全。'他还说他要说的话太敏感，只能密谈，不能转达，所以我把他带回来了。"秦王对此不以为然，让下人安排范雎先住下。范雎住在普通客舍，每日吃着粗茶淡饭，等待着秦王的召见，就这样过了一年多时间。

当时秦昭王已经当政三十六年了，秦国向南攻下了楚国的鄢城和郢都，囚禁了楚怀王，怀王客死在了秦国；向东打败了齐国，齐湣王曾自称东帝，后来就去掉了帝号；多次围困韩、赵、魏三国，三国不断割地求和。秦国很讨厌各国的说客，根本不听信他们的劝说。

穰侯和华阳君是昭王母亲宣太后的弟弟，泾阳君和高陵君是昭王的同母弟弟。穰侯在秦国为相，其他三人就轮流做将军。他们都有封邑，加之宣太后的庇护，其私家财产比王室还多。穰侯做了大将军后，他要越过韩、魏两国去攻打齐国的纲寿，进一步扩充自己的陶邑封地。

范雎为此上书昭王说：我听说圣明的君主很看重功劳和才能，有功劳的就给予奖赏，有才能的就给予官职，劳苦多的俸禄多，功劳大的爵位高，能管大事的官职大。所以圣明的君主在位，没有才能的人就不敢做官,有才能的人不会被埋没。如果您认为我说的有道理,那就请您以此为原则,帮助您治理国家;如果您认为我说的话不可用,那让我久留在这里也就没有什么意义了。

书辞说:"俗话说:'庸主当政以自己的好恶用人;明主在位则有功之人必赏,有罪之人必罚。'如今我的胸膛挡不住铡头,腰身承受不起斧钺,我怎敢用不确定的事情在大王面前做投机尝试呢?大王如果认为我地位低贱而轻慢我,但总不能不重视举荐我的人对您的反复上奏推荐吧!

"我听说周室有砥砈,宋国有结绿,梁国有县藜,楚国有和璞,这四块美玉都生于土中,但优秀的工匠却不能认识它,然而它们终归成了天下的名物。因此,被贤明的君主所遗弃的人,并不一定不能使国家强大啊。

"我听说一门心思富家的人,往往都想谋取国家的利益;致力于国家富强的人,往往都想方设法向其他诸侯索取。但如果天下有了明主,那么任何一个诸侯国就不敢独占财利,因为一旦某一个诸侯国富强了,他就会向天子索取权力!良医知道病人的生死,明主知道事情的成败啊,所以有利的事就去做,有害的事就放弃,有疑虑的事就先尝试,即使舜、禹再生,也改变不了这样的法则。

"这些话说的是谁,我不敢在书中言明;话说的浅显了又恐怕您不愿意听,所以只好这样了。我私下想,也许是我愚笨,不能启发大王的心智,也许是大王认为我低贱而不任用我。如果不是这样,那就请大王抽出一点时间,让我见见大王!我说了这么多,但句句都是大实话,倘若有一句假话,就请大王处死我。"

秦昭王看完上书后大喜,亲自去向王稽道歉,并派车去接范雎。范雎到离宫见秦昭王,到宫门口时,他假装不知道这是通往后宫的路,就径

直往宫内走去。恰巧秦昭王出来了,宦官就怒气冲冲地驱赶范雎说:"大王来了!"范雎故意嚷着说:"秦国只有太后和穰侯,哪有大王?"他想用这话激怒秦昭王。

昭王走过来后,听到范雎正和宦官争吵,就急忙上前去迎接范雎。昭王歉意地说:"我早就想向您请教了,可义渠(古西戎之国)那边的事很急,一直脱不开身,加之我早晚都得向太后请示,所以让您久等了。现在义渠的事已处理完了,我就急忙让人去请您。我这个人很愚钝,请让我对您行宾主之礼(非君臣之礼)吧。"说着,秦昭王就要向范雎行礼,范雎连忙辞让。此时,在场的大臣们莫不对范雎肃然起敬。

秦昭王屏退左右臣下,然后行半跪礼请求范雎说:"先生如何教寡人?"范雎应道:"嗯、嗯。"停了一会儿后,昭王又半跪着请求范雎说:"先生如何教寡人?"范雎还是同样地嗯、嗯了两声,便没有了下文。如此三番后,秦昭王就半跪着问:"先生不愿意教寡人吗?"

范雎答道:"我不敢教大王啊,从前吕尚遇到文王时,吕尚只不过是一个垂钓于渭水的渔父,他们当时不可能有什么交情,所以也就没有更多的言语。等到文王立吕尚为太师后,他们才能够深入交谈了。此后,吕尚便辅佐文王拥有了天下。假如文王疏远吕尚而不和他深谈,那么周朝就不会施行王道,文王、武王也就不会成就王业。"

范雎接着说:"如今我只是个寄居在秦国的客臣,与大王的交情也不深,但要讲的却是匡扶国家的大事,并且是大王骨肉之间的事,想效愚忠却不知道大王的心思,这就是我不敢回答大王的问题的原因。

"我并不是因为胆怯而不敢谈,我知道今天谈了这些事,明天就会被处死,但我不会回避。我想,只要大王能按我说的去做,那么我死不足以为惜,亡不足以为忧,漆身为厉、披发装疯不足以为耻!

"五帝如此圣明终不免一死,三王如此仁爱也不会长生,五霸如此威武生命也照样终结,乌获、任鄙力大无比,成荆、孟贲、王庆忌、夏育勇猛异常,他们一个个不也死去了吗?死亡对每个人来说都是平等的,谁也逃脱不了,只要能做对秦国有利的事,才是我最大的愿望,我有什么可担忧的呢!

"伍子胥被装在口袋里逃出了昭关,昼行夜伏逃到了陵水,一路上饿着肚子跪地爬行,到吴国后在街市上裸着上身,叩着响头,鼓起肚皮吹笛子讨饭,但他最后却使吴国复兴,帮助吴王阖闾成就了霸业。我若能像伍子胥侍奉吴国一样侍奉秦国,不受约束地为大王效劳,使我的主张得以实现,即使事后被囚禁,终身不能与大王相见,我也毫无怨言!

"商臣箕子、楚人接舆,他们漆身为厉、装疯弄傻,但终不能使君主醒悟,对国家也毫无益处。假如能对君主有所裨益,让我落下箕子的下场,我会把披发装疯看成是一种荣耀,而不会感到丝毫的耻辱!我只是担心我装疯弄傻死去,主张不能实现,天下人因而不敢再到秦国尽忠。

"如今您上畏太后之严，下被奸臣媚态惑乱，住在深宫之中被近臣左右，从而使您终身迷惑，不辨忠奸。这样下去大则社稷不保，小则身败名裂，这正是我所担心的啊。至于贫穷、屈辱之事，死亡之患，我哪里还顾得上呢！如果死我一人而使秦国得到大治，那死了远比活着的意义大。"

秦昭王听完后又半跪下说："先生再不要这样说了，秦国地处偏远，寡人愚昧不化，先生屈尊而来，这是上天的造化。上天恩宠先王，不抛弃先王的子孙后代，所以我才能得到先生的教诲啊。从今往后，无论事情大小，上至太后，下至大臣，先生都可以教我，请不要再怀疑我。"范雎听后立即下拜，昭王也下拜还礼。

范雎于是说："大王的国家四面都是要塞，外敌难以攻破。甘泉、谷口屏障北方，泾、渭二水环绕南方，右有陇山、蜀郡护卫，左有函谷关、蒲阪津为襟，雄兵百万，战车千辆，进可攻，退可守，真是王者之地啊！这里的百姓怯于私斗而勇于公战，真可谓王者之民啊！大王兼有两者之利，如果发起对诸侯的战争，那就如同放出韩卢那样的猛犬去捕猎跛脚的兔子，成就霸业就指日可待了。

"可是您的臣子们却很不称职，秦国迄今为止已经闭关十五年了。之所以不敢伺机向崤山以东出兵，是因为身为相国的穰侯没有能够为秦国精心谋划，同时大王的决策也有失误之处啊。"

秦昭王半跪着说："我想听听我失策之处何在？"这时，范雎发觉周围好像有不少人在偷听他们的谈话，于是就不敢提宫廷内太后专权的事，只好先谈穰侯在外交上的失策，以此观察秦昭王的态度。

范雎说："穰侯要越过韩、魏两国去攻打齐国的纲寿，这并非良策，若出兵太少，就不能战胜齐国；出兵太多，又对秦国的本土有害。君王之所以同意这样做,我猜测是想让秦国少出兵,而让韩、魏两国派出所有的军队来协同。我认为这样做不但有失道义,而且很欠考虑。韩、魏两国与秦国的亲善并非真心,而您却要越过他们的国境去攻打齐国,这合适吗?

"齐瑉王当初南下攻打楚国,破军斩将,拓地千里,可到头来齐国竟未得到尺寸之地。难道是齐国不想得到土地吗?是形势所迫它不能得到啊。齐国打败楚国后,各诸侯国看到齐国已经精疲力竭,且君臣不和,便发兵攻打齐国,大败齐军。齐军将士受辱,责骂之声不断,他们问齐王:'是谁策划攻打楚国?'齐王说:'是田文。'于是齐国大臣起兵作乱,田文逃走。

"齐国战胜了楚国,反而使自己遭难,韩、魏两国得了利,这正是所谓的'借兵给贼,送粮给盗'啊。大王不如改变对诸侯国的策略,进行远交近攻,这样,攻一寸土地大王就能得一寸土地,攻一尺土地大王就能得一尺土地。但秦国现在却不这样做,反而要去攻打远方的齐国,这实在让人费解!从前中山国有五百里之地,赵国并吞了它,赵国不但有了成功之名,而且得到了实惠,天下诸侯拿它毫无办法。

"韩、魏两国位置居中,是诸侯各国交往的中枢,大王如果要成就霸业,就必须结好中原各国,使自己取代中原各国的中枢地位,然后以此为基础制约楚、赵两国,楚国强盛,您就亲近赵国,赵国强盛,您就亲善楚国,楚、赵两国与秦国结好,齐国就一定害怕。齐国一旦害怕,就必定用谦卑的言辞、厚重的礼物来尊奉秦国。这时大王便可放开手脚,大胆攻取韩、魏两国了。"

昭王说:"我想亲近魏国的时间已经很长了,可魏国这个国家反复无常,不守信用,我无法同它亲近啊。请问如何与它亲近?"范雎说:"如果用谦卑的言辞,厚重的礼物不能感动它,割让土地不能收买它,那就只有寻找机会发兵攻打它了。"昭王说:"您说得很好,我悉听君命。"昭王于是拜范雎为客卿,同他一起谋划兵事,并采用他的谋略派五大夫绾带兵攻打魏国,拿下了魏国的怀邑。两年后,又夺取了魏国的邢丘。

范雎此后劝昭王说:"美丽的秦、韩大地相互交错绣在一起,韩国之地夹在秦国，就如同树木里面生了蠹虫，人的心腹有了疾病，危害极其严重。天下局势平稳则罢，局势一旦有变，它就成了对秦国最具威胁的国家，大王不如先谋划臣服韩国之事吧。"

昭王说："我也想让韩国臣服，可韩国不听，您说怎么办好？"范雎说："韩国岂敢不听！大王一旦出兵攻打荥阳，则巩邑和成皋的道路就会被堵塞；大王再向北阻断太行山的道路，则韩国的上党驻军就不能下山。这样，韩国就被分为三截，灭亡指日可待，韩国怎敢不听大王呢！韩国一旦臣服，大王就可以考虑成就霸业之事了。"昭王说："好。"于是就想派使者到韩国去。

一晃几年过去了，范雎日复一日地得到秦王的信任。他趁便对昭王说："当初我住在山东时，只听说齐国有田文，而未听说有齐王；只听说秦国有太后、穰侯、华阳君、高陵君和泾阳君，而未听说有秦王啊。

"我听说掌握国家大权的人可称之为王，和国家的命运有利害关系的人可称之为王，有生杀予夺之权的人可称之为王。如今太后独断专行毫无顾忌，穰侯出使他国不向您报告，华阳君、泾阳君生杀予夺为所欲为，高陵君任免官吏随心所欲，大权旁落到如此地步而国家不出现危机的，那才是咄咄怪事。这四大权力被别人掌控，难怪人们不知道秦国还有秦王呢。这样的局面大权怎能不落入他人之手？政令还会出此于大王吗？

"我听说善于治国的君主内树其威，外重其权，而穰侯的使者却掌握着大王的重权，恣意对诸侯表态，随便给诸侯下令，征讨敌方，攻伐别国，没有人敢不听命。打了胜仗，攻下了城邑，战利品全部运到了他的封地陶邑，却把与诸侯的恶劣关系留给了国家；打了败仗，则把国内百姓的怨恨引向国家，使江山社稷受到危害。

"诗说：'旺盛的树木会长出斜枝，长出斜枝就会伤害主干。封邑过大时就会危害国家，大臣尊贵时君主就会卑弱。'崔杼、淖齿二人曾经掌控了齐国的大权，崔杼就敢射伤庄公的腿；淖齿也敢抽掉湣王的筋。赵国的大权被李兑掌控，赵武灵王就被囚禁在沙丘的宫里饿死。现在秦国有太后、穰侯专权,高陵君、华阳君、泾阳君为帮,结果人们不知道秦国还有秦王,这和淖齿、李兑之事相同啊!

"夏、商、周三代之所以亡国,就是因为君王把大权交给了宠臣,自己却整日饮酒作乐不理朝政。那些得到授权的臣子,都是些妒贤嫉能,蒙蔽君主,欺凌下臣,谋取私利,不为社稷着想的人,可君主又不醒悟,因此丧失了自己的国家。现在秦国从小乡官到诸大臣,甚至大王身边的左右侍从,没有一个不是穰侯的亲信,大王孤身一人立于朝堂,我深感担忧啊,恐怕在您之后,拥有秦国的人就可能不是秦王的子孙了。"

昭王听后大惊,他说:"您说得太对了。"于是就废黜了太后,将穰侯、高陵君以及华阳君、泾阳君驱逐出了国都,任命范雎为国相。

秦王没收了穰侯的相印,将穰侯驱逐回封地陶邑。穰侯回封地时,装载财物的车子就有一千多辆。当车队离开国都时,关吏例行检查,发现车里装载的珍奇宝物比王室还多。

秦昭王四十一年（前266年），秦国把应地封给了范雎，范雎的封号为应侯。范雎做了秦国的国相后，秦国人仍称他为张禄。其时，魏国人也只知道秦相是张禄而早已忘记了范雎。

魏王听说秦国要向东攻打韩、魏，便派须贾出使秦国。范雎得知须贾到了秦国，便隐瞒了国相身份，穿着破旧的衣服到客舍见到了须贾。须贾吃惊地说："范叔原来还在啊。"范雎说："在啊。"须贾笑着说："范叔有事来秦国游说？"范雎说："没有啊，我以前得罪了魏相，所以逃亡在此，哪里还敢再游说呢！"

须贾又问："范叔到此何事？"范雎说："我在此为人家做佣工呢。"须贾心生怜悯，就留范雎同坐而食。须贾说："想不到范叔竟贫寒到如此地步！"说着就拿出了一件粗丝袍子给范雎穿，并随口问道："秦国的相国张君，不知您是否知道？我听说秦王很宠信他，有关天下的大事都由他来决定，我这次要办的事情能否成功，关键在于张君。不知道您是否有熟人和他认识？"

范雎说："我家主人和他很熟悉，就连我也可以拜见他，请让我带您去见张君吧。"须贾说："我的马有病，车轴也断了，没有豪华的驷马大车我是从不出行的。"范雎说："让我为您向主人去借驷马大车吧。"范雎回去后就"借"来了驷马豪车，然后自己驾车载着须贾直奔相府。相府的人看到范雎后都纷纷回避，须贾甚感奇怪。

范雎把车子停到了相府门口说："您稍等一下，让我先进去给国相大人通报一声。"须贾于是就在门外等待，但好久不见范雎出来，于是就问门卒说："范叔进去后迟迟不见出来，不知道是什么原因？"门卒说："这里哪有范叔啊？"须贾说："就是刚才和我一同坐车来的那个人呀。"门卒说："他是我们的国相张君！"

须贾听后大惊，知道范雎在有意捉弄自己，于是就袒臂跪地，请求门卒替他向范雎请罪。范雎庄严地坐在盛大的帷幕前，周围侍从肃立，招呼须贾进见。须贾连连叩头，口称死罪。他说："我没想到您能凭借自己的能力平步于青云之上，我不敢再读天下之书，不敢再论天下之事了。我犯下了足以让您烹煮的大罪，我甘愿自弃于野蛮的胡貉之地，是生是死我都听命于您。"范雎说："你知道你的罪孽有多少吗？"须贾说："拔下我的头发也不足以数清我的罪孽！"

范雎说："你的罪孽有三：楚昭王时，申包胥为楚国打败了吴军，楚王在荆地封给了他五千户食邑，包胥不肯接受，因为他的祖坟在楚国，他不

想客居在荆地。我的祖坟在魏国，我怎能出卖魏国？而你当初却认为我在齐国出卖了魏国，就在魏齐面前谗言我，这是其一。魏齐把我扔进厕所侮辱我，你却不去阻止，这是其二。你喝醉酒后在我身上撒尿，肆无忌惮地侮辱我，这是其三。但你能够赠衣服关心我，说明你还顾念老朋友的情谊，因此我可以高姿态地释放你。"

范雎把这件事报告给了秦昭王，昭王就决定不接受魏国来使，让须贾回国。须贾向范雎辞行，范雎就设宴招待各国在秦使者。范雎和各国使者坐在堂上，吃着丰盛的宴席，而唯独让须贾坐在堂下，并在他面前放了一些牲畜饲料，让两个受过墨刑的犯人像喂马一样喂他。范雎严厉地对须贾说："你给我转告魏王，赶快把魏齐的头拿来！否则，我就要在大梁屠城。"

须贾回到魏国后，把在秦国的经历告诉了魏齐，魏齐十分害怕，就逃到赵国，躲藏在了平原君家中。

范雎在秦国做了国相后，王稽见到范雎说："世上有三件不可预知之事，亦有三件无可奈何之事。君王哪一天晏驾不可预知；您会不会突然离开人世也不可预知；我会不会突然死去同样不可预知。如果有一天君王晏驾西归，您即使恨我，但此时已无可奈何了；如果您突然离开人世，即使您恨我，但此时也无可奈何了；如果我突然死去，您即使恨我，但同样无可奈何了。"范雎听后闷闷不乐，但无言以对，于是进宫去找秦昭王。

范雎对昭王说："如果没有王稽的忠诚，我当初就不能西入秦关；如果没有大王的贤明，我就不会有今天的尊贵。现在我官至国相，位封列侯，但王稽却和当初一样还是大王身边的传令官。这并不是他当初带我入秦国的本意啊！"昭王于是召见了王稽，封他为河东太守，并特许他三年可以不向朝廷汇报赋税收入。范雎又向昭王举荐了当初的救命恩人郑安平,秦昭王就任命郑安平为将军。

范雎此后便散其家财,
报答了他遭遇困境时,曾经
帮助过他的所有人。范雎把
这笔账算得很细,凡是当初
吃过人家一顿饭的,他都予
以偿还;凡是当初瞪过他一
眼的,他就一定报复。

范雎任秦相的第二年,
即秦昭王四十二年(前265年),秦国向东夺取了韩国的少曲和高平。这
时,秦昭王听说魏齐躲在了平原君的府邸,就准备为范雎报仇。他假意
友好地给平原君写信说:"我听说公子人格高尚,很有节义,想与公子结
为天下最真诚的朋友,如果公子受邀能前往秦国,我将十分荣幸,愿与公
子畅饮十日!"

平原君很害怕秦国,面对秦昭王的邀请他不敢不去,加之秦昭王的
信又十分真诚,平原君便信以为真,于是就到秦国去见秦昭王。昭王陪
平原君畅饮了几天酒后,便对平原君说:"从前周文王得到吕尚后就尊他
为太公,齐桓公得到管夷吾后称他为仲父,现在范君也是我的叔父啊。
范君的仇人在公子家里,希望公子派人回去把他的人头拿来,不然,我是
不会让公子出关的。"

平原君说:"尊贵时结交
朋友,是为了贫贱之时有所
依靠;富裕时结交朋友,是为
了穷困之时有栖身之地。魏
齐是我的朋友,即使他在我
家里,我也不会把他交给您
的,况且他根本就不在我
家啊。"

昭王于是又写信给赵王说:"大王的弟弟平原君在秦国,范君的仇人魏齐在平原君家里,请大王赶快派人提魏齐的人头来见,不然,我将发兵攻打赵国,并永远扣留您弟弟平原君。"

赵孝成王看完信后大惊,立即派人包围了平原君的家,魏齐见势不妙,就连夜出逃去见赵国的国相虞卿。虞卿考虑到不可能说服赵王,就放下相印,和魏齐一块逃出了赵国。两人漫无目的地逃亡在荒野小路上,不知道该去何方?他们认为这样匆匆忙忙地出逃,肯定不会有诸侯国敢随意接纳,于是就逃往大梁,想通过信陵君的关系以后再到楚国去。

信陵君畏惧秦国,听到消息后十分犹疑,便问身边的人说:"虞卿是怎么样的一个人?"当时侯嬴正好在场,就说:"人本来就不容易了解自己,当然自己了解别人就更困难了。我只知道虞卿脚穿草鞋,拿着雨伞去见赵王,赵王第一次见到他,就赐给他白璧一双,黄金百镒;第二次见到他,就拜他为上卿;第三次接见他,就让他接管了赵国的相印,封他为万户侯。天下人当时都争着谈论虞卿呢。"

侯嬴接着说:"魏齐窘迫之时投奔虞卿,虞卿不以爵禄为贵,放下赵国相印,丢掉万户侯爵,和魏齐一起从小路逃走。他为了解救别人的危难而投奔公子,公子却问他是怎样的一个人。人本来就很难了解自己,当然要了解别人就更困难了!"

信陵君听后十分惭愧,立即驱车到郊外迎接虞卿和魏齐。可魏齐听说信陵君当初对是否接纳自己十分犹豫,一怒之下便自杀了。

赵王得知魏齐自杀,就想尽办法得到了魏齐的人头,把它送到了秦国，秦昭王这才放平原君回国。

秦昭王四十三年（前264年），秦国发兵攻占了韩国的汾陉要塞，顺势在黄河岸边的广武山（河南荥阳东北）上筑起了城，以加强对这里的控制。

五年后（前259年），秦、赵两国在长平的战事陷入僵局，秦昭王采纳了应侯范雎的计谋，用反间计使赵国上当受骗，赵王让赵括去长平代替了廉颇的将军职务，秦军因而大败赵军，夺取了长平，进而包围了赵国都城邯郸。

此时，范雎已与武安君白起有了矛盾，并给昭王进谗言杀死了白起。范雎保荐郑安平为将军，让他带兵攻打赵国，但郑安平战败，情急之下就带领二万人投降了赵国。按照秦律，被举荐的人犯罪，举荐的人要以同罪处置，郑安平的罪行足以使范雎的三族被治罪。范雎自知罪责难逃，就跪在稻草上向昭王请罪。

秦昭王担心这样会伤了应侯的心，就在朝中下令说："谁敢再谈论郑安平之事，就用郑安平所犯之罪处罚谁。"为了宽慰应侯，昭王每天都用比以前更多的食物赏赐应侯。

两年后，河东太守王稽外通诸侯被处死，王稽也是应侯所举荐，应侯因而十分苦闷。昭王上朝时看到应侯十分沮丧，就摇头叹息。应侯见状后上前说："我听说'君主忧虑是臣下的耻辱，君主受辱臣下就该去死。'现在大王在朝堂如此忧虑,臣大胆请求大王对臣治罪。"

昭王说:"我听说楚国正在铸造锋利的兵器而驱逐歌妓,兵器锋利则士兵勇敢,驱逐歌伎则说明国君心有大志。楚国励志而精兵,我担心它是要图谋秦国。平时不做好准备,就不能应付突如其来之事,现在武安君已死,郑安平等人又背叛国家,国无良将,外敌又多,我在为此忧虑啊。"

昭王本来是想用这些话来宽慰应侯的,但应侯听后却更加恐惧,一时不知所措。蔡泽听说了这些话后,就来到了秦国。

蔡泽是燕国人,在各地游学求官,大大小小的诸侯跑了个遍,但一直没有求得官职。

蔡泽当初请唐举给自己相面,他说:"我听说先生曾给李兑看相,先生当时说李兑百日之内会掌握国中大权,不知道有没有这事?"唐举说:"有这事。"蔡泽又说:"像我这样的人会不会有这样的运气?"唐举把他看了看后笑着说:"先生生着朝天鼻,阔肩膀,窄脸面,凸鼻梁,罗圈腿,我听说圣人言心不言相,大概说的就是先生吧。"

蔡泽知道唐举这是在开自己的玩笑,于是也笑着说:"富贵之相我已经有了,请先生再看看我的寿命吧。"唐举说:"先生还有四十三年的寿命。"蔡泽边笑边谢,然后离去。

蔡泽上车后大大咧咧地对车夫说:"哈哈,我吃着米饭和肥肉,赶着车马奔驰,身怀黄金大印,腰缠紫色丝带,在君王面前论事,有如此荣华富贵,我看四十三年就蛮不错了。"从此,蔡泽就离开燕国去了赵国。

蔡泽到赵国后被赶了出来,然后又去了韩国、魏国,途中又被强盗抢

走了炊具。这时,他听说郑安平、王稽两人背叛了秦国,应侯十分愧疚,情绪非常低落,于是就去了秦国。

蔡泽为了见到秦昭王,就故意让人放话激怒应侯,这人对人说:"燕国来了一位宾客叫蔡泽,他是当今天下最卓越的辩才和智谋之士,只要他一见到秦王,秦王准会冷落应侯,进而削去应侯的职权。"

应侯听了这话后说:"五帝三代之事,诸子百家之说我无所不知;能言善辩之士都败在了我的手下,他岂能使我受困,抢走我的相位!"于是就派人去召蔡泽来见。蔡泽进来后神态自若,拱手行作揖礼,应侯本来就对蔡泽的言语感到不快,现在又看到他不行下拜礼,行为过于傲慢,于是就责备他说:"你曾扬言要取代我做秦相,可有这事?"蔡泽回答说:"有啊。"应侯说:"我想听听您的高见。"

蔡泽说:"哎,您的思想也太转不过弯了!您看那四时更替,完成了各自的使命后便悄然离去,人生在世何尝不是如此呢?只要身体健康,手足灵便,耳聪目明,胸怀仁义,这对士人来说不就很好嘛?"应侯说:"是的。"蔡泽说:"心怀仁而秉持义,行大道而施恩德,然后得志于天下,使天下人拥戴和敬慕,都希望他能做君主,这难道不是明智的游说之士所期望的吗?"应侯说:"是的。"

蔡泽又说:"身处富贵,名扬天下,使万物各归其理;享有高寿,一生平安,终其天年而不夭折;天下人继其传统,守其成业,传之无穷;名实相符,惠泽千里,万世称道,永不磨灭,这种人难道不是道德的化身吗?不是被圣人称之为能够带来吉祥,保佑人成功的神吗?"应侯说:"是这样的。"

蔡泽话题一转说:"如果您的结局像秦国的商鞅、楚国的吴起、越国的文种一样,您愿意吗?"此话一出,应侯便知道蔡泽这话是要让自己为难,便硬着头皮说:"为什么不可以呢? 商鞅辅佐秦孝公终身没有二心,一心为公而不顾及私利,设置刑具以禁止邪恶,赏罚严明以求政治清明,推心置腹,坦露真诚,甘愿蒙受怨言和指责,为秦国利益而欺骗了老朋友魏公子卬(áng),使秦国战胜了魏国,谋取了利益,俘虏了敌将,打败了敌军,开拓了疆土,这有什么不好呢?"

应侯说:"吴起辅佐楚悼王,他坚持原则,使楚国政治清明,私情不能妨害公事,谗佞不能诋毁忠信,苟且附合的言语不被听用,阿谀奉承的行为会遭到嘲笑。他不因为面临危险而使自己的行为简约,为了大义不回避责难,为了使楚国称霸不回避凶险,这又有什么不好呢?

"大夫文种辅佐越王,越王被困受辱,但他一如既往,忠贞不渝,竭尽全力而不离弃,功成名就而不骄傲,富贵至极而不怠慢,这难道还不够忠诚吗?

"像这三个人,义在他们身上已经表现到了极致,忠在他们身上已经无以复加。所以君子为了大义而死就会视死如归,生前受辱算不了什么,死后得到荣誉和受到尊敬才是他们最高的追求。杀身成名是士人的固有品质,只要是为了大义,即使死了又有什么可抱怨的呢?"

蔡泽说:"主圣臣贤,这是天下的大幸;君明臣直,这是国家的大福;父慈子孝,夫信妻贞,这是家庭的大喜。比干忠诚却不能挽救殷商,伍子胥多智却不能保全吴国,申生孝顺而晋国发生了大乱。这些都是臣子忠诚,儿子孝顺,反而国家灭亡或者大乱的例子,原因就是他们没有遇到圣明的君王或者贤良的父亲。所以天下人都以他们的君主或父亲为耻辱,而怜悯他们作为臣子或儿子被杀或被放逐的命运!

"商鞅、吴起、大夫文种这三位臣子的行为无疑是正确的,他们的君王无疑是错误的。所以世人都知道这三位臣子的功业,却看不到君主对他们的恩德。难道这三个人希望遇不到明主而死吗? 如果一定要等到死后才追念其忠诚,成就其名声,那么微子就不能被称作仁了,孔子也就不能被称作圣了,管仲也就不能被称作智了。

"有谁建功立业后不希望得到好结果呢？身与名俱全者为最好；身虽不保，但留下了名声为次好；名声败坏而保全性命为最下。"应侯十分赞同蔡泽的说法。

蔡泽停顿了一会儿又说："商鞅、吴起、大夫文种，他们身为人臣，尽忠建功，虽然完成了自己的心愿，但却被杀身；闳夭辅佐周文王，周公辅佐周成王，不也同样是这样的忠诚和贤圣吗？但他们却有了很好的归宿。就君臣的关系而言，您认为商鞅、吴起、大夫文种与闳夭、周公相比，哪种君臣关系好些呢？"

应侯回答说："当然闳夭、周公和他们君主的那种关系好啊。"蔡泽又说："您的君主慈爱仁义，信任忠良；性情敦厚，不忘旧故；既贤且智，与有道之士如胶似漆，且情深义厚不背弃功臣。您认为他与秦孝公、楚悼王、越王相比如何？"应侯回答说："我不知道啊。"

蔡泽说："您的君主亲近忠臣不如秦孝公、楚悼王和越王啊。而您却施展才华，为君主排忧解难，修明政治，平定叛乱，努力强兵，排除祸患，消除灾难，拓宽疆域，广种谷物，使家庭殷实，国家富裕，君主的地位得到了加强，社稷得到了尊奉，宗庙得到了彰显。如今，天下没有人敢冒犯您的君主，他威震四海，功昭万里，声名将流传千秋。如此，您认为自己与商鞅、吴起、大夫文种相比如何？"应侯说："我比不上啊。"

"您的君主亲近忠臣，不忘故交比不上秦孝公、楚悼王和越王；您的功绩和受到的宠信又比不上商鞅、吴起和越国大夫文种，可是您的官职爵位已极高，私家财富远胜过他们，而自己却不知道引退，我担心您的灾祸会比他们更加惨重啊。

"俗话说：'太阳到了正午就会慢慢西下；月亮盈圆之后就会渐渐亏缺。'所以，物极必反是天地间的大理，因时而变是圣人做事的法则。因此，国家有道就出来做官；国家无道就隐居山林为士。

"《易》说：'龙飞在天，利见大人。'《论语》说：'用不正当手段得来的富贵，我视它如浮云。'现在先生的怨仇已报，恩德已还，心愿已了，但此时却不知与时而变，我内心觉得先生这样做并不高明。

"翠、鹄、犀、象这些动物,或翱翔于天空,或游走在山林,通常情况下它们并不会受到死亡的威胁,但它们却经常被猎杀,其原因就是它们抵挡不住诱饵的美味!以苏秦和智伯的才能,他们并不是不能避开耻辱或远离死亡,但他们却死于非命,其原因就是他们贪得无厌啊。

"因此圣人制定礼法以节制欲望,要求征收百姓赋税要有节制,让百姓服役时不但要避开农忙时节,而且要有限度。因此他们没有自满之心,没有骄奢之行,一生心与道俱存,身与道俱在,所以他们的品德在天下传承而不绝。

"齐桓公九合诸侯,一匡天下,但在此后的葵丘会盟时,他却骄傲之情溢于言表,自尊自大目中无人,诸侯各国就立即背他而去。吴王夫差兵强马壮,无敌于天下,持其强而轻视诸侯,欺凌齐、晋,因此而身死国亡。夏育、太史曒(jiǎo)两人勇猛异常,一声大喊就能惊退三军,但最后却死在庸夫之手。这些都是处在鼎盛之时不知回头,不知节制自己的欲望,以致遭受祸患的例子啊!

"商鞅辅佐秦孝公定立法律制度,禁绝奸恶之源;推崇战功,赏罚分明;统一度量标准,调整赋税政策;废井田,开阡陌,统一思想认识,使秦人以农为本,奠定了秦国的称霸大业。秦国以农业富国,以军事强国,兴兵便能扩展领土,休兵便可生产富国,他们因此无敌于天下,立威于诸侯。但孝公死后商鞅却被处以车裂之刑。

"楚国方圆千里,拥兵百万,秦将白起竟率数万之兵攻打楚国,第一波进攻就攻下了楚国的鄢城和郢都,烧了楚国的祖茔夷陵;第二波进攻就吞并了楚国的蜀地汉中,制服了楚国。白起又率领秦军越过韩国、魏国,远征强大的赵国,在长平大战中杀死了赵将赵括,坑埋了赵国降兵四十余万,赵国将士血流成河,哭声如雷。此后,秦军就包围了赵国都城邯郸,秦国由此看到了成就帝业的希望。

"楚、赵两国本是天下的强国,一直与秦国争霸逞强,但此后便大为恐惧,不敢再向西进攻秦国了。这些都是白起造成的威势啊!他一人攻克了七十多个城池,但大功告成之后,秦昭王赐给他的却是一把宝剑,使他死在了杜邮。

"吴起在楚悼王时为楚国变法图强,实行改革,他削弱了大臣的权力,罢免了无能、无用之人的官职,铲除了毫无紧迫感的官吏,禁绝了豪门之间的相互宴请。他整饬楚国的民风,禁止寄食做门客的习俗,重视农耕善战之士,使楚国向南攻取了杨越,向北吞并了陈国、蔡国。吴起使合纵、连横之说没有市场,游说之人不敢开口乱政,他禁止结交朋党,鼓励百姓努力耕战,从而稳定了楚国的政治大局。楚国威震天下,称霸诸侯。但大功告成之时,吴起却被楚国肢解惨死。

"大夫文种为越王深谋远虑,解除了越王的会稽之围,避免了越国被灭亡的危险,然后忍辱负重,救亡图存,开垦荒地,充实城邑,率领四方之士,全国民众,上下一心辅助勾践,终于使越国灭了吴国,报了会稽之仇,进而成为霸主。他虽然功业昭著,但勾践却忘恩负义将他杀死。

"这四人功成名就后却不知离去,以致于结局如此悲惨,这正是所谓的只知伸而不知屈,只知进而不知退啊。范蠡明白这个道理,所以他成功后就悄然离去,做了个潇洒的陶朱公。先生难道没有看过博彩吗?有的人一次性押了大注,有的人却喜欢分开投注,这其中的道理您是明白的。

"现在您已是秦国国相,运筹于朝堂之中,控制着天下局势:您为秦国谋取了三川之利,充实了宜阳的兵力,打通了羊肠坂之天险,堵塞了太行山的道路,范氏、中行氏的通道已经被您切断,东方六国已无法合纵抗秦。秦国又修筑了千里栈道直通蜀汉,形势咄咄逼人,天下诸侯莫不畏惧。秦国的目的已经达到,您的功业已经辉煌到了极点,秦国坐地分功之时马上就会到来,此时您还不谋划隐退,结局就会与商鞅、白起、吴起、大夫文种一样了。

"我听说'以水为镜可以知容貌;以人为镜可以知吉凶。'《书》说'成功之下,不可久处。'以上四位先生的灾祸您何必再去经历呢?您为什么不在此时送回相印,让贤能的人去掌管呢?为什么不在此时退居山林观山赏水呢?若如此,您不但会享有像伯夷一样正直廉洁的美名,使应侯的爵位世代相传,而且还会享有像许由、延陵季子等人谦让的美誉,像王乔、赤松子等人的高寿。这和受到灾祸相比哪个更好呢?

"如果您犹豫不决,不忍离去,就必定会遭到与四位前人一样的灾难。《易经》说:'居高位而不知谦退,则盛极而衰,不免有败亡之悔。'这话指的就是那些能上而不能下,能伸而不能屈,一去而不能再返的人啊!请先生仔细考虑。"

应侯说:"您说的对啊,我听说'如果只知道索取而不知道停止,贪得无厌,永无满足,那么,已经到手的东西反而又会失去。'幸亏先生指教,使我茅塞顿开,我将认真考虑此事。"于是便请蔡泽入坐,待为上客。

几天后应侯上朝,他对秦昭王说:"有位从山东来的新客叫蔡泽,他是一位辩士,通晓三王故事,熟悉五霸功业,明白世俗之变,秦国的大政完全可以托付给他。我见过的人很多,但没有发现谁比他更有才能,我是比不上他啊,因此就冒昧地把他的情况向您汇报。"

秦昭王召见了蔡泽,和蔡泽交谈后大喜,便任命他为客卿。

蔡泽被任命为客卿后,应侯便推说自己有病,请求辞去国相职务。昭王极力挽留,但应侯声称病情严重不能胜任,坚决归还了相印。昭王因为对蔡泽的新政很感兴趣,于是就任命蔡泽担任了国相,并采用蔡泽的计谋向东灭了周室。

蔡泽做了几个月国相后，有人就恶语中伤他，他害怕被杀，便称病送回了相印。秦王此后封他为纲成君。

蔡泽在秦国的十多年时间里，先后侍奉过昭王、孝文王、庄襄王，最后侍奉秦始皇。他为秦国出使燕国，在燕国三年，燕国就让太子丹到秦国作了人质。

太史公说："韩非子曾说：'穿长袖衣服的人跳起舞来分外好看，钱财多的人做起生意来十分潇洒。'这句话说的真好啊！范雎、蔡泽二人不过是世人所说的一般辩士，但却取得了成功，而那些以游说为业的人直至白头到老都没有遇到知音！这并不是这些人的计策谋略不够，而是他们游说时的条件不够。这两人寄居秦国，相继取得相位，功名流传天下，这并不是他们的才能有多么的出众，其根本原因在于当时诸侯各国的国力强弱不同。游说之士也有偶然的机遇，许多像范雎、蔡泽一样贤能的人，由于没有机遇，就不能尽情施展自己的才华，这些人哪能说得尽呢！同时，这二人如果不遭遇困境，又怎么能奋发有为呢？"

乐毅列传第二十
人物像

乐毅

燕昭王

齐湣王

伍子胥

乐毅列传第二十

乐毅的祖先叫乐羊。乐羊在魏文侯时期担任魏国将军，他率领魏军攻下了中山国，魏文侯因此把灵寿封给了他。乐羊去世后就葬在了灵寿，后世子孙们就在灵寿安了家。

中山国复国又被赵武灵王所灭，所以乐家的后代这时又成了赵国人。乐毅就出现在这时候。

乐毅十分贤能，他十分喜好军事，赵国人就举荐他做了官。但赵武灵王沙丘之难后，乐毅离开赵国去了魏国。

当时燕王将王位禅让给了国相子之，子之为政时燕国大乱，齐国就趁机打败了子之。燕昭王即位后十分怨恨齐国，时刻不忘向齐国报仇雪恨。乐毅在魏国听到了这事。

燕国距离中原地区较远，国力又十分弱小，为了战胜齐国，燕昭王于是就低调做人，屈身下士，想以此得到天下贤者的归附。他首先礼遇了郭隗。

乐毅为魏昭王出使燕国，燕王十分谦恭地以宾客之礼接待了乐毅，乐毅谦让推辞。

在燕昭王的请求下，乐毅终于归附了燕国，成了燕昭王的臣下。燕昭王任命乐毅为亚卿，乐毅在这个职位上呆了很长时间。

齐国当时十分强大，齐湣王向南大败楚将唐眜于重丘；向西大败三晋于观津；又联合三晋之国攻打秦国；帮助赵国灭了中山国，攻破了宋国。此时，齐国拓地千里，与秦昭王先后称帝一争高下。

不久，齐、秦两国迫于舆论的压力又先后取消了帝号，但各诸侯国都想背离秦国而归服齐国。齐国称霸的呼声很高。

齐湣王于是十分骄横，他自尊自大，一意孤行，百姓难以忍受他的残暴统治，于是就不断反抗。

燕昭王认为攻打齐国的时机已到，就召来乐毅商议此事。乐毅说："齐国有称霸天下的余威和基础，且地广人多，一个国家很难对付它。如果大王一定要攻打它，那就必须与赵国、楚国、魏国联手一起去攻打它。"

燕昭王采纳了乐毅的意见，开始大搞外交活动，他派乐毅去了赵国，派其他人去了楚国和魏国。乐毅到赵国后不仅与赵惠文王结盟立约，而且还让赵国利诱秦国一起结盟攻打齐国。诸侯们都认为齐湣王骄横残暴，都争着和燕国结盟伐齐。

乐毅把出使的情况向燕昭王作了汇报，燕昭王听后大喜，于是就在全国发布了动员令，让乐毅做了上将军。赵惠文王也把赵国的相国大印交给了乐毅。

赵、楚、韩、魏、燕五国联军统一由乐毅指挥，联合攻打齐国，联军在济水西岸大败齐军。

济西战役结束后，各国都撤军回国，唯独乐毅率领燕国军队乘胜追击。燕军一直攻击到了齐国都城临淄，齐湣王只好逃到了莒城保命。

齐军退守在各地城中坚守，乐毅亲自带着兵马巡视劝降，但各地城中的齐军不肯投降。

乐毅于是集中兵力首先对临淄发起了攻击，并攻破了临淄城。

乐毅命令军队把临淄城内的珍宝财物及宗庙祭器全部运到了燕国，燕昭王看到后大喜。

燕昭王亲自到济水岸边慰问部队，对士兵进行了奖赏、犒劳。把昌国之地封给了乐毅，乐毅从此称为昌国君。

乐毅继续在齐国攻城略地，战利品源源不断地运往燕国。乐毅在齐国境内南征北战，五年时间攻下齐国七十多座城邑。

燕国把攻取的齐国之地都纳入了自己的版图，并在那里设置了郡县。这时，齐国的国土仅剩下了莒和即墨两地了。

但燕昭王却在这时去世了，他的儿子燕惠王即位。惠王做太子时就对乐毅很有看法，两人关系很不融洽。

齐国的田单了解此事后，就使用反间计离间燕国。他派人到燕国造谣说："齐国如今只剩下两座城邑了，但燕军迟迟不能攻破，其原因是乐毅与新即位的燕惠王有矛盾，因此乐毅就打打停停地拖延时间，目的是最终留在齐国称王，因此齐国很担忧燕国派别的将领来代替乐毅。"

燕惠王本来就对乐毅不满，受到齐国的挑拨后就更加怀疑乐毅，于是就派骑劫到齐国代替了乐毅，让乐毅立即回国。

乐毅知道燕惠王怨恨自己，害怕回国后被杀，于是就向西去投奔了赵国。

赵国把乐毅封在了观津，封号为望诸君。赵国对乐毅如此尊宠，其目的是想借助乐毅来震慑燕国和齐国。

燕将骑劫猛攻即墨，田单故意示弱麻痹燕军，燕军果然上当，田单便抓住时机反击，在即墨城下使用"火牛阵"大败燕军。齐军斗志昂扬，乘胜追杀，一直把燕军赶到了黄河岸边，收复齐国的全部失地，把齐襄王从莒邑迎回了临淄。

燕军损兵折将，失去了已经占领的齐国土地，这使燕惠王十分懊丧。同时乐毅投靠了赵国，燕惠王既气愤又害怕，十分担心赵国任用乐毅又来攻打燕国。

为了燕国的安全，燕惠王不得不派人去赵国见乐毅。他派人对乐毅说："先王把燕国托付给了将军，将军不负重托，为燕国打败了齐国，报了先王的大仇，天下无不震动，我岂敢忘记将军的功劳！但先王不幸辞世，我即位后被身边的人所误，所以派骑劫接替了将军。"

使臣接着说："其实，让骑劫接替将军，我本人的想法是将军在外征战数年，风餐露宿十分辛苦，想让将军回来休息、议事。不料将军却误解了我的意思，认为我们之间有隔阂，于是就背弃了燕国，投靠了赵国，将军为自己做打算是能理解的，但这么做怎能对得起先王对您的知遇之恩呢？"

乐毅于是写信给惠王说："臣下愚钝，不能理解您的用意，顺从您左

右那些人的心愿，担心回国后有损先王的英明，有害于您的仁义，所以才逃到了赵国。现在您派人指责我误解了您的意思，辜负了先王的心意，我担心您身边的人不能洞察先王接纳、重用我的用意，也不明白我之所以事奉先王的原因，所以就给您写信说明。

"我听说贤明的君主奖惩分明，不任人唯亲，功劳多的就奖赏，能力强的就任用，所以量才录用，任人唯贤的君主能成就功业；观察品行，择友而交的贤士就能成名。我私下观察先王的言行，发现他有超乎寻常君主的心志，所以就寻找机会为魏国出使燕国，目的是想接受先王的考察。

"先王不嫌弃我才智短浅，让我做了他的宾客，又使我位列群臣之上，进而又不与父兄们商议而任命我为亚卿。我缺乏自知之明，自以为只要依令而行，按旨意办事，就可以幸免灾难，所以接受任命时就未推辞。

"先王对我说：'我和齐国积怨已深，对齐国十分痛恨，不管燕国的国力是强是弱，我都想去攻打齐国。'

"我说：'齐国有称霸天下的余威和基础，有多次作战的经验，士兵们训练有素，战略战术高明，攻打它并非易事。大王如果一定要攻打它，那就必须联合天下诸侯，借用诸侯之力来攻打它。大王应首先结盟赵国，只要赵国同意，楚国和魏国就一定会同意的。因为齐国占领着原来宋国的淮北之地，而淮北这个地方对楚国和魏国太重要了，两国都想得到它。大王只要给他们许诺淮北，他们就一定会和

大王结盟的,这样齐国就可以被打败了。'

"先王认为我说的办法切实可行,就派我南去出使赵国,我很快就归国复命,随即发兵攻打齐国。依仗上天和大王列祖列宗的庇佑,燕、赵、魏三国军队在济水岸边大败齐军。盟国的部队撤退后,燕国的精锐部队乘胜追击,士兵们直捣齐国国都,齐王只好逃到了莒邑才免于一死。

"这时,齐国的珠玉财宝、战车盔甲、珍玩重器等全部运回燕国。齐国的祭器摆设在了宁台,齐国的宗庙乐器陈列在了元英殿,被齐国抢去的原燕国宝鼎又运回了燕国,放回了磨室,齐国汶水的竹子种植在了燕国的国都蓟丘。先王的功业辉煌到了极点,自五霸以来,诸侯各国无人能比。先王也因此给我赏赐了封地,使我也能和小国诸侯相比。

"我听说圣明的君主功成名就后而不荒废,所以就被《春秋》一类的书所记载;有远见的贤士建立功业后而不懈怠,所以就被后人所称颂。像先王这样报仇雪耻,灭万乘之强国,缴其八百多年之贮藏,辞世之日还念念不忘国家的兴衰,遗言大臣们修整法令,慎待庶出子弟,施恩惠于百姓等,这样的人和事迹足可以流传后世了。

"我听说领头开创事业的人,并不一定是最后成功的人;有好的开头并不一定有好的结尾。过去伍子胥给吴王阖闾出谋划策,吴军便长驱直入,攻破了楚国郢都。但吴王夫差不仅不听信伍子胥的劝谏,还怀疑伍子胥,赐给他宝剑逼他自杀,并把伍子胥的尸体装进皮囊扔进了江中。

"伍子胥之所以被逼自杀,沉尸江中,其原因有两点,一是吴王夫差不能感悟伍子胥的主张为什么能够建立功业;二是伍子胥不能及早明白君主的气量和抱负,以致于被沉入江中后而死不瞑目。

"勉励自己建功立业,彰显贤王的英明,这是我的心愿;遭到侮辱和诽谤,毁坏先王的名声,这是我最担忧的;身临不测之祸,有幸逃脱后就一门心思想着自己,这是道义所不能容忍的。

"我听说古代的君子绝交时不说别人的坏话;忠臣离开国家时不需要为自己的名声去辩解。我虽然没有才德,但也经常受到君子们的教诲,这点道理还是知道的。我担心大王周围的人有不同的看法,不能体察被疏远的人的行为,所以就写了这封信,请大王明察。"

燕惠王看完这封信后很受启发,就让乐毅的儿子乐间继承了昌国君的爵位。乐毅重新与燕国交好,此后便频繁往来于赵国和燕国之间。燕、赵两国都任用乐毅做了客卿,他最终在赵国去世。

乐间在燕国生活了三十多年,当时燕王十分宠信国相栗腹。栗腹提议攻打赵国,燕王就准备出兵。

燕王就此事又去问询乐间,乐间说:"赵国由于无险可守,经常受到别国的攻打,百姓们对战事习以为常,很有作战经验,攻打它并不容易,请不要去攻打。"燕王不听,执意发兵去攻打赵国。

赵国派大将廉颇迎击燕军，廉颇在鄗地大败燕军，俘虏了燕国的栗腹和乐乘。

乐乘是乐间的宗亲，这时他就投奔了赵国。赵国又去攻打燕国，包围了燕军，燕国只好割让了大片土地向赵国求和，赵军才解围而去。

乐间这时也在赵国，燕王悔恨当初没听取乐间的劝谏，就写信给乐间说：殷纣王虽不任用箕子，但箕子还是屡屡直言进谏，不惜冒犯纣王，希望纣王能听取他的良言；商容因劝谏纣王而身受侮辱，但他仍希望纣王能够有所改变。等到民心丧失，囚徒暴乱，国家不可救药时两位先生才辞官隐居。纣王因此背上了残暴的恶名，两位先生却不失忠贞之义。这是因为两位先生不到最后不罢休，已经尽到了他们的全部责任了。

信中继续说：我虽然愚钝，但还不像殷纣王那么残暴；燕国虽乱，但还不像殷纣时期那样民怨沸腾。家中有什么话一时争论不清，就出去对别人讲，这有什么益处呢？我认为这是不应该的。

乐间、乐乘两人对燕王不听取他们的意见很气愤，就没有再理会燕王的信件，终于留在了赵国。赵国封乐乘为武襄君。

第二年，乐乘、廉颇带领赵军围攻燕国，燕国用厚礼向赵国求和，赵军解围而去。

五年后（前245年），赵孝成王去世。赵悼襄王派乐乘去接替廉颇的职位，廉颇大怒，率兵攻打乐乘，乐乘战败逃跑。廉颇这时也趁机逃奔到了魏国大梁。十六年后（前228年），秦国灭掉了赵国。

赵国灭亡二十年之后，汉高帝经过赵国故地时问当地居民说："这里还有乐毅的后人吗？"回答说："有，他叫乐叔。"汉高帝就封他为乐卿（汉武功爵名），封号为华成君。华成君就是乐毅的孙子。

乐氏家族的后人还有乐瑕公、乐臣公，他们在赵国灭亡时逃到了齐国的高密。乐臣公擅长黄老学说，他当时在齐国很有名气，人们称他为贤师。

太史公说："当初齐人蒯通和主父偃读乐毅给燕王的书信时，都不禁掩卷沉思，泪流满面。乐臣公研究黄老学说，他的宗师的大号叫河上丈人。河上丈人是什么地方人我还不清楚，但我知道河上丈人教过安期生，安期生教授过毛翕公，毛翕公教过乐瑕公，乐瑕公是乐臣公的老师。乐臣教授了盖公，盖公在齐地高密、胶西一带执教，他是曹相国曹参的老师。"

廉颇蔺相如列传第二十一
人物像

廉颇

蔺相如

廉颇蔺相如列传第二十一

廉颇是赵国杰出的军事将领，以作战勇猛名闻诸侯。赵惠文王十六年（前283年），他率领赵军大败齐军，攻占了阳晋，被赵国封为上卿。蔺相如是赵国人，当时是赵国宦官头目缪贤的门客。

赵惠文王得到了楚国的和氏璧，这事被秦昭王知道了，秦昭王就写信给赵王，想用十五座城邑交换和氏璧。

赵王看完信后十分懊丧，就召集廉颇等诸大臣商议此事。大臣们十分担忧，害怕给了和氏璧后而秦国食言不给城邑；不给和氏璧又怕得罪秦国引来战祸。究竟该怎么办，一时还拿不定主意。尤其是派谁出使秦国去解决这个问题，更是难以找到人选。正当大家束手无策时缪贤说："我的家臣蔺相如可以出使秦国。"赵王说："您说他可以出使可有根据？"

缪贤回答说："我曾经在赵国获罪，准备逃往燕国，门客蔺相如劝我说：'燕王会收留您吗？'我说：'大王曾在赵国边境与燕王会晤，我跟从前往，燕王私下握着我的手说愿意和我交朋友，我因此认为燕王会收留我的。'"

缪贤继续说："蔺相如劝阻我说：'当时赵强燕弱，您又受宠于大王，所以燕王想和您结交，如今您在赵国获罪逃奔燕国，燕王一定不敢留您，而且还会把您捆绑起来送回赵国的。您不如向大王负荆请罪，兴许还能得到大王的宽赦。'我听从了他的意见，大王果然赦免了我，我因此知道蔺相如贤能，可以出使秦国。"

赵王召见蔺相如问："秦王要用十五座城邑换寡人的和氏璧，您认为可以给璧吗？"相如说："秦强赵弱，不可不给啊。"赵王说："秦得璧而不给城怎么办？"相如说："秦以城换璧而赵国不允，理亏在赵；秦得璧而不给城，理亏在秦。权衡二者的利弊，我认为赵国应该给璧，让秦国去面对这个难题吧。"赵王问："派谁出使秦国好呢？"相如说："大王如果真的无人

廉颇蔺相如列传第二十一

可派,臣愿奉璧出使秦国。秦国给了城邑,璧就留给秦国;秦国不给城邑,臣请完璧归赵。"赵王于是派蔺相如带着和氏璧去了秦国。

秦王在章台宫接见蔺相如,相如给秦王献上了和氏璧。秦王非常高兴,把璧传给妃嫔及左右侍从们观赏,群臣欢呼"万岁"。蔺相如见秦王此刻只有拿到璧的欢喜,却没有给赵国城邑的诚意,于是心生一计,走上前去说:"和氏璧上其实也有斑点,请让我指给大王看。"于是秦王把璧交给了蔺相如。

蔺相如持璧退后,压抑在他心中的、被愚弄的怒火此刻再也无法抑制了,他背靠柱子,大声对秦王说:"大王为了得到和氏璧,派人送信给赵王,赵王为此与群臣商议,群臣认为秦国贪婪,是在倚仗强势夺璧,秦国给赵国城邑的说辞,只不过是一句漂亮话而已,其实根本没有想给赵国城邑的意思,他们都劝赵王不能把和氏璧给秦国。"

蔺相如继续说："当时我却认为普通人之间的交往尚且不能相欺，何况两个国家之间呢！如果仅仅为了一块璧而惹得强秦不高兴，这也太不值得了。赵王于是斋戒五日，修好国书，虔诚地拿出和氏璧，派我西去秦国来拜见您。赵王为什么要这样呢？还不是为了维护大国的尊严，特意用庄重的礼节来表示对您的尊重吗？"

蔺相如说："现在我来到秦国，大王却在很普通的宫殿接见我，用傲慢的礼节对待我，拿到和氏璧后让妃嫔们传看，以此戏弄于我，根本没有把赵国放在眼里！我观察到大王无意给赵国城邑，所以就把璧取回来了。大王如果逼迫我，我一定会把自己的头和和氏璧一起撞碎在柱子上。"

相如说着就手持和氏璧，把目光投向了大厅中间的柱子，做着撞向柱子的准备。秦王担心他撞碎和氏璧，就急忙道歉阻止，坚决请求他不要做出过激的动作，同时下令有关官吏打开地图，在地图上指划着从某地到某地的十五座城邑归赵国所有。

蔺相如清楚地知道，秦王此时此刻的一举一动都是做给他看的，目

的是要他不要撞碎和氏璧,但并不打算给赵国城邑。他于是对秦王说:"和氏璧是全天下人心目中的至宝,赵王畏惧大王才把它献了出来。赵王送璧的时斋戒了五日,现在大王也应斋戒五日,然后设"九宾"之礼于宫廷,我才敢献出和氏璧。"秦王盘算着和氏璧无论如何都不可强夺,于是就答应了相如的要求,让相如住在广成客舍等待。

相如住进客舍后,考虑到秦王虽然答应斋戒,但最终必不会拿出城邑给赵国,于是就让人怀揣和氏璧,身穿葛布粗衣,从小路逃回赵国。秦王斋戒五日后,按"九宾"之礼隆重接待了相如。相如对秦王说:"秦国自从穆公以来的二十多位君主,没有一位能够信守承诺,按约定办事,我因此担心被大王欺骗而对不起赵国,所以就派人带璧从小路回到了赵国。不过秦强赵弱,大王若派使臣去赵国,先割去十五座城给赵国,赵王哪敢不奉送和氏璧给大王呢?"

相如接着说:"我深知欺骗大王是要被处死的,我愿受烹煮之刑,请大王三思。"秦王和群臣们听后十分惊讶,有人就建议把相如拉出去用刑,秦王说:"杀了蔺相如不但得不到和氏璧,而且还损害了秦、赵两国的关系。不如厚待于他,再放他回去,赵王怎会以一块璧的缘故而欺骗秦国呢?"于是继续按礼仪接见相如。仪式完毕后,蔺相如回国了。

相如兑现了他出使秦国前的诺言,赵王认为他贤能,做为外交使臣不受辱于诸侯，于是任命他为上大夫。此后，秦国也再没有提过给赵国城邑的事，赵国也没有把璧给秦国，此事就这样不了了之。

后来秦军攻占了赵国的石城，第二年又出兵攻打赵国，斩杀赵国将士两万余人。在这种背景下，秦王派使臣到赵国，要赵王到西河外的渑池和他会晤通好。

赵王因为害怕秦国而不想前往，廉颇、蔺相如谋划说："大王如果不去，就表明赵国势弱而怯懦。"赵王于是前往，蔺相如随行。廉颇一直把他们送到了国境边，临别时对赵王说："大王这次出行，各种礼仪和来回路程加在一起，时间不会超过三十天。若三十天后大王不归，请允许我立太子为王，从而打消秦国的恶念。"赵王同意了廉颇的建议，前往渑池与秦王会晤了。

秦王和赵王入席饮酒，秦王饮至半醉时对赵王说："我听说赵王精通音律，请鼓瑟为乐。"赵王不好意思推却，就鼓起了瑟。不料，秦国史官却上前铺开竹简写道:"某年某月某日,秦王与赵王会饮,秦王令赵王鼓瑟。"

蔺相如十分气愤,随手拿起殿内的瓦缶上前说:"赵王听说秦王擅长秦地乐曲,请秦王敲击演奏,相娱为乐。"秦王大怒,不予答应。

相如于是走到秦王面前跪下,双手举起瓦缶坚决请求秦王敲击,秦王仍不肯击缶。相如说:"五步之内,我请求抹颈自杀,血溅大王!"

秦王的侍从要杀相如,相如怒目圆睁,厉声呵斥,侍从们无不颤栗。秦王于是很不情愿地敲了一下瓦缶。相如便回头对赵国史官说:"请写上某年某月某日秦王为赵王击缶。"

秦国众臣怒气冲冲,他们威胁说:"请赵王用十五座城邑给秦王祝寿!"蔺相如回击道:"请用秦国都城咸阳为赵王祝寿!"直到宴会结束,秦王始终未能占到上风。此后，赵国陈兵边境，做好了防御秦国进攻的准备，秦军一时不敢轻举妄动。

由于蔺相如在渑池之会中的突出表现，赵王就封他为上卿，列位在廉颇之上。廉颇说："我本是赵国大将，攻城野战，冲锋陷阵建有大功，而蔺相如仅凭口舌之劳反而位居我上，我很不甘心啊。况且蔺相如本是卑贱之人，我身居其下感到羞耻！"并扬言遇见蔺相如后一定要狠狠地羞辱他。

相如听到这些话后就有意回避廉颇，每每上朝之时，他总是推说有病告假，其实是不愿在朝堂与廉颇争位次。过了一段时间后，相如外出办事远远看见了廉颇，就毫不犹豫地掉转车头避让。

门客们对蔺相如的举动很不理解，便相约对相如说："我们之所以离开亲人来投奔您，就是因为羡慕您的大义和名节，现在您与廉颇同为上卿，廉将军口出恶言伤害您，您却十分害怕，处处躲避，普通人尚且感到羞耻，何况将相呢？我们见识浅薄，请让我们离去吧。"

蔺相如坚决挽留，并问他们说："你们认为廉将军与秦王相比谁更厉害？"回答说："廉将军比不上秦王。"相如于是说："秦王如此威严，相如却当廷呵斥他，羞辱了他的群臣，我虽然愚钝，难道就独怕廉将军不成？我认为强秦之所以不敢轻易加兵于赵国，就是因为赵国有我和廉将军在，今两虎相斗必不能共存，我之所以这样做，是以国家之急为重啊。"

廉颇听了蔺相如的话后羞愧难当，就袒露上身背着荆棘，在宾客的引导下来到了蔺相如的门前请罪。廉颇说："卑贱之人廉颇，不知将军胸怀宽广到了如此地步。"于是两人相互谦让和好，成了生死之交。

两人和好的当年，廉颇向东攻打齐军，将齐国的一路军队打败。两年后，廉颇又带兵攻占了齐国的几城。其后三年，廉颇又先后攻下了魏国的防陵、安阳。四年后，蔺相如率兵攻齐，一直攻击到了齐国的平邑才收手。第二年，赵奢在阏与（今山西和顺县西北）城下大败秦军。

赵奢原是赵国的田税官，在收田税时，平原君家不愿缴纳，赵奢就依法办事，杀了平原君家九个抗交粮税的当事人，平原君大怒，要杀死赵奢。赵奢说："您身为赵国公子，公然纵容家臣不奉公守法，这样下去赵国的法律威力就会被消弱。法弱则国弱，国弱就会受到诸侯的侵略，如果没有赵国，哪里还有公子的富贵？"

赵奢接着说："以公子的身份和地位，如果能带头奉公守法，那么百姓就会效法，国家就会安定。国家安定则国力强盛，国力强盛则政权稳固，您身为国君的近亲，那时还会被天下人轻视吗？"平原君听后认为赵奢很有才干，于是就把他推荐给了赵王。赵王让赵奢管理国家的赋税，赵奢使赵国的赋税公平合理，民富而国实。

秦国进攻韩国时，把军队驻扎在了阏与，赵王问廉颇是否可以到阏与救援？廉颇说："那一带道路遥远而险狭，很难援救。"赵王又去问乐乘，乐乘也如是回答。赵王又召见了赵奢，赵奢回答说："在地险路狭处作战，就好比两只老鼠在洞穴之中争斗，勇猛者就会取胜。"赵王于是派赵奢率兵救援阏与。

军队离开邯郸城三十里时，赵奢下令道："敢为兵事进谏者斩！"秦军在武安西扎营，士气十分旺盛，武安城中的屋瓦被秦军演练时的鼓噪呐喊之声震落了大半。赵军中的一名侦察员请求急救武安，赵奢立即将他斩首。赵军坚守营垒不出，不但不以二十八天来未向前推进一步而着急，而且还继续加固营垒做防守准备。

秦军间谍潜入赵军营地后被抓，赵奢不但款待他，还把他放了回去。间谍把赵军的情况报告给了秦军将领，秦将大喜说："离开国都三十里就不敢前进了，而且还加固营垒防守，看来阏与不会为赵国所有了！"

赵奢放走间谍后突然转变策略，命令士兵丢掉铠甲轻装向阏与前线急进，仅两天一夜时间部队就到达了阏与地界。赵奢命令弓弩手距离阏与五十里扎营,军营刚刚筑成,秦军就向赵军营地赶来。

赵军中有一个军士叫许历,他就当前的军事问题来求见赵奢。赵奢说:"让他进来吧。"许历进来后说:"秦人没有料到赵军会如此神速地来到这里,因此来势异常凶猛,想趁赵军立足未稳之际打败赵军,将军必须集中兵力严阵以待,否则就会失败。"赵奢说:"建议很好,我一定接受。"许历说:"请按军令处死我吧。"赵奢说:"回到邯郸后再说吧。"

许历又建议说:"从目前的态势看,谁先占领北面的山头谁就会取胜。"赵奢表示赞同,随即派出一万人的部队迅速占领了北面的山头。秦军此后也意识到了北山阵地的重要性,就立刻发兵向山上攻击。赵军居高临下打击,秦军无法攻上山头。山上交战正酣之时,赵奢在山下命令士兵发起攻击,一举解除了阏与之围。

赵军得胜而归,赵惠文王封赵奢为马服君,任命军士许历为国尉。赵奢的官职级别这时已与廉颇、蔺相如相同了。

阏与之战四年后,赵惠文王去世,太子孝成王即位。孝成王七年(前259年),秦、赵两国的矛盾焦点聚集在了长平,双方主力都在长平集结。

当时赵奢已经去世,蔺相如病危,赵王派廉颇率军到长平前线对抗秦军。秦军不断出击赵军,赵军不断失利,廉颇于是坚守营垒固守。

秦军不断挑战,廉颇置之不理。秦军对廉颇无可奈何,就派间谍到赵国散布谣言说："秦军最害怕的人是马服君的儿子赵括,他要是做了赵国将军,秦军必败无疑。"赵王听信了秦国间谍的谣言,让赵括代替了廉颇。

蔺相如就此事对赵王说:"大王只凭名声来任用赵括,就如同用胶粘住了调弦的柱去鼓瑟,必然不能知道其它音符的美妙。赵括只会读他父亲的书,没有实战经验,不知道战场上的灵活应变。"赵王听不进去蔺相如的劝告,坚决任用赵括为将军。

赵括从小就学习兵法,经常与人谈论兵事,自认为天下无人能与他相比。他曾与父亲赵奢谈论兵事,赵奢也不能难倒他,但赵奢却并不认为儿子赵括是一个将才。赵括的母亲就此去问赵奢,赵奢说:"每一场战争都

是你死我活的争斗,而赵括谈论兵事时总是不假思索,轻松自若,所以我不看好他。赵国将来不用赵括则已,若用赵括,赵军就一定会败在赵括手里。"

赵括即将起身去长平时,其母上书赵王说:"不能任用赵括为将。"赵王问:"为什么?"赵母说:"当初赵奢为将时,他供养的食客就有几十人,被他当做朋友的人就有好几百人,他把大王及王族宗室赏赐的财物全都分给了将士,他一旦接受命令就不会再过问家事。"

赵母接着说:"但赵括和他父亲很不一样,做了将军后立即东面接受朝拜,军吏无人敢抬头仰视,大王赏赐的财物他全部带回家里收藏,整天关心的只是购买便宜的田宅。大王认为他哪一点还像他父亲呢?父子二人心志不同,处事方法很不一样,请大王不要让他做将军。"

赵王说:"您老人家就别操这份心了,这事我已经决定了。"赵母于是说:"大王一定要派他去,他如果有什么事做的不好,请不要让我受到牵连。"赵王答应了赵母的要求。

赵括代替了廉颇的职位，改变了廉颇原来的策略和规章，更换了廉颇的旧将。秦将白起听到这些情况后大喜，立即发兵攻击，然后佯装败逃，又派骑兵截断了赵军的粮道，把赵军分割成两段，赵军首尾不能相顾，将士人心惶惶。

赵军断粮已经四十多天了，士卒饥饿难耐，赵括就带着精兵亲自搏杀，妄想冲出重围自救。秦军抓住机会乱箭齐发，射死了赵括，赵军大乱，几十万大军纷纷向秦军投降。面对如此多的俘虏，秦将白起担心哗变，于是就将他们全部活埋。长平之战中，赵国前后损失共计四十五万余人。

长平之战的第二年，秦军又包围了赵国都城邯郸，一年多时间，赵国几乎不能自保。后来，楚、魏两国军队前来救援，邯郸之围才得以解除。由于赵括的母亲和赵王约定在先，所以她没有受到牵连。

邯郸之围解除后的第五年，燕国采纳栗腹的计谋，认为赵国的壮丁已全都战死在长平，他们的遗孤还未长大，便发兵攻打赵国。赵王派廉颇率兵反击，廉颇在鄗城大败燕军，杀死了燕将栗腹，包围了燕国都城。燕国割让了五座城邑请求讲和，赵王答应后撤军。燕赵战争结束后，赵王把尉文之地封给了廉颇，封号为信平君，并让廉颇代理了相国职务。

廉颇当初在长平被免职，回乡后失去了权势，宾客们就纷纷离开了他。廉颇后来又被任用为将军，宾客们又都回来归附。廉颇生气地说："你们都回去吧！"宾客们说："唉，您的见识也太落后了，天下的人际交往，就如同市场上的买卖，有利则来，无利则去，您为什么要抱怨呢？"六年后，赵国派廉颇攻打魏国的繁阳，廉颇很快将繁阳攻占。

赵孝成王去世后，太子悼襄王即位。悼襄王派乐乘去接替廉颇的职位，廉颇大怒，率兵攻打乐乘，乐乘狼狈逃跑。廉颇为此也逃到了魏国，他到大梁的第二年，赵国任命李牧为将军进攻燕国，李牧先后攻下了燕国的武遂和方城。

廉颇久居大梁，并不能得到魏王的重用，因而很想回赵国去。赵国由于不断遭到秦国的攻打，也想让廉颇回国为将。赵王派人去探望廉颇，想观察他是否还能胜任，廉颇的仇人郭开知道此事后，就用重金收买了赵王的使者，让他想办法在赵王面前诋毁廉颇。

赵国使臣见到廉颇后，廉颇为了表示他还有能力担当重任，就当着使者的面，一顿饭吃了一斗米、十斤肉，还披甲上马演练一番给使者看。使者回去后给赵王报告说："廉将军虽已年老，但饭量不减当年，可就是肚子不争气，陪我坐了一会儿就去大解了三次。"赵王于是认为廉颇已老，便不再召用。

楚国听说廉颇在魏国，就暗中派人劝说廉颇去楚国。廉颇在楚国做了将军，但一直没有战功，郁郁不得志时便说："我真想为赵国

出力啊。"廉颇最终死在了楚国的都城寿春。

李牧是赵国北部边境的良将,长期驻守在代地和雁门关一带,其主要职责是防守匈奴的入侵。他在这里有权根据需要设置官吏,征收和支配辖区内的财税。这里的田税一般先征收到李牧的幕府(将军府),然后作为军费由李牧支配。

李牧每天都要宰杀几头牛犒劳士兵,严格训练士兵射箭、骑马,重视烽火台的看管和敌情的侦察与间谍工作,关注士兵的饮食起居,雁门关一带的守备工作非常出色。

李牧在军中规定:"匈奴如果入侵、或有入侵的苗头,所有士兵必须赶快进入营垒防守,任何人不得擅自出击,胆敢离开营垒捕捉敌人者一律斩首!"匈奴每次入侵,烽烟就立即燃起,士兵就马上退入营垒,没有一个人敢擅自出战。李牧用这套办法对付匈奴,匈奴毫无办法,边关的财物因此几年来没有任何损失。

赵军固守不战,不但匈奴人认为李牧胆怯,就连赵国官兵也认为李牧过于怯懦和谨慎,赵王就此责备李牧,但李牧置之不理,仍然我行我素。赵王十分气愤,就撤换了李牧。

李牧被解职后,赵军改变了作战策略,匈奴人一旦进攻,赵军就立即出击。但这样一来,赵军不断被打败,匈奴人不断骚扰,仅仅一年多时间,北部边境上的农田就无法耕种,牛羊就无法放牧。赵王只好请李牧再度出山,但李牧声称有病闭门不出。赵王坚决要求李牧领兵,李牧说:"大王一定要用我,就不能干涉我的用兵策略,否则我还是不敢奉命。"赵王答应了李牧的要求。

李牧重新任职后,仍然按照以前老办法对付匈奴,匈奴人几年间竟无一所获。但他们却固执地认为李牧胆怯,经常肆无忌惮地在赵军的防线前游荡。赵军方面,士兵们每天都能得到李牧的赏赐,但一直没有打仗立功的机会,都愿意和匈奴人痛痛快快地打一仗。

李牧看到作战时机已经成熟，就准备了一千三百辆精良战车，一万三千名敢死队员，五万名优秀弓弩手，十万名民兵，准备对匈奴实施反击。

于是李牧让边民把大批牲畜驱赶到边境附近的山上放牧，匈奴人看到后就派小股人马掠夺，李牧佯装败退，故意让匈奴人抢走了牧民和牲畜，以此麻痹匈奴人。

单于果然上当，率兵大举入侵，可李牧早已作好准备，布下奇兵将他们团团包围，然后与单于军队展开大战。李牧率兵消灭了十多万匈奴士兵，匈奴的襜褴（chān lán）部被灭，东胡被打败，林胡投降，单于狼狈逃跑。此后十多年时间，匈奴再也不敢入侵赵国了。

赵悼襄王元年（前 244 年），廉颇已经逃到了魏国，赵国派李牧进攻燕国，李牧攻下了燕国的武遂和方城。两年后，庞煖又率军打败燕军，杀死了燕将剧辛。又过了七年，秦军在武遂打败并杀死赵将扈辄，斩杀赵国士兵十万人。

赵国派李牧率军抵抗秦军，李牧在宜安大败秦军，秦将桓齮战败逃跑。李牧由此被封为武安君。三年后，秦军进攻番吾，李牧又率军抵抗，将秦军打退。此后，李牧又向南抵御韩国和魏国去了。

赵王迁七年（前 229 年），秦将王翦率兵进攻赵国，赵国派李牧、司马尚迎敌。秦国贿赂了赵王的宠臣郭开，郭开在赵王面前诽谤李牧和司马

尚,说他们谋反,赵王不辨忠奸,听信谗言,派赵葱和齐国将军颜聚接替李牧和司马尚的职务。李牧不接受命令,赵王便派人暗中逮捕并杀死了李牧,司马尚此后也被解职。三个月之后,王翦便大败赵军,杀死了赵葱,俘虏了赵王迁和颜聚,赵国灭亡。

太史公说:"面对着死亡的危机,人们的勇气就会被无限地激发。死亡并非难事,如何去死才是难事。当蔺相如手捧宝璧,斜视庭柱,呵斥秦王左右侍从的时候,最终结局不过是被处死,但一般人却往往因为怯懦而不敢如此。相如发作奋起,威压敌国,然后又委屈其身,礼让廉颇,使自己的名声重比泰山,他不愧是一个智勇双全的人!"

田单列传第二十二
人物像

田单

骑劫

乐毅

田单列传第二十二

田单和齐国田氏王族同宗，但血亲关系较远。齐湣王时，他只是都城临淄市政官署的一名小吏，当时并没有什么名气。

燕国大将乐毅率兵攻打齐国时，齐湣王首先撤离了临淄，向南逃跑，退守莒城。

燕国军队长驱直入，对齐国各地进行平定，田单和许多难民从都城临淄逃到了安平。他让族人把车轴两端的突出部位锯下，然后箍上了铁轴头。

燕国军队很快攻破了安平，安平城墙倒塌，人们纷纷奔逃，争相夺路，车子相互碰撞，轴断车毁，被燕军俘虏。只有田单和他的族人们的车辆都箍上了铁轴，车辆完好无损，所以才得以逃脱，向东退守即墨。

燕国军队拿下了齐国大小城市七十余座，齐国仅据守着莒城和即墨两城与燕军对抗。

燕军听说齐湣王在莒城，就集中兵力攻打莒城。齐国大臣淖（nào）齿杀死了齐湣王，然后坚守城池抗击燕军，燕军数年不能攻破莒城。燕军不能攻破莒城，于是就向东围攻即墨。即墨守将出城与燕交战，但不幸战败被杀。

即墨军民誓死不降，推举田单为首领与燕军作战。他们都说："安平城破时，田单和他的族人因更换了铁车而得以保全，可见他很会用兵。"于是，大家就拥立田单为将军。

不久，燕昭王去世，燕惠王即位。由于燕惠王和燕将乐毅的关系很不融洽，所以田单听到这个消息后就抓住时机，施行了反间计。

田单派人到燕国进行离间，使者在燕国四处说："齐湣王被杀，齐国仅仅剩下了两座城池，但燕军却迟迟不能攻下，其原因是乐毅害怕被杀而不敢回国。他现在齐国故意打打停停拖延时间，实际上是在等待时机，想在齐国南面称王。因此，齐国人目前不担心乐毅，只担心燕王派其他人代替乐毅，一旦有人接替了乐毅，那莒城和即墨就必破无疑了。"

燕惠王认为这些话说的很在理，于是就坚定信心，派大将骑劫去代替乐毅。

乐毅被免职后就逃往了赵国,燕军官兵对这突如其来的决定很茫然,都为此事感到气愤。

田单再出一计,命令城中的百姓在吃饭之前都要在庭院中摆出食物,先祭祀自己的祖先。这样,鸟儿为了觅食,就一群一群的飞到城市上空盘旋。城外的燕军看到后觉得非常奇怪。

田单于是就打起了心理战,命令城中人制造舆论说:"将有神仙下凡教齐国人打仗。"

有一个调皮的士兵见到田单说:"我可以当您的老师吗?"说完拔腿就走。田单连忙站起来拉住那个士兵,请他面东而坐,然后用侍奉老师的礼节来侍奉他。

那个士兵说:"我欺骗了您,我哪有本事教您呢。"田单说:"请您不要再说了。"这样,田单就有了天师,他每次发号施令都说这是天师的主意。

田单又暗中让人对燕军说:"田单最害怕燕军割去齐国俘虏的鼻子,然后把他们放在阵前和我们交战,那样,即墨就会被攻破的。"

燕军听到这话后果然割去了齐国俘虏的鼻子,然后把他们放在队伍前叫阵。齐国人看到后十分气愤,都摩拳擦掌要坚守住城池,害怕燕国人

割去自己的鼻子。

田单又派人暗中对燕军说："我十分担心燕国人在城外挖齐国人的祖坟，侮辱了齐人的祖先，齐国人会为此痛心的。"燕军听说后果然挖了齐国人的坟墓，并焚烧了齐国先人的尸骨。即墨人从城上看到后痛哭流涕，怒火中烧，勇气大增，人人请求出城拼杀。

田单看到出战的时机已经成熟，于是就亲自拿着工具和士兵们一起夯筑工事，把自己的妻妾编在队伍中服役，把全部食物拿出来犒劳士兵。

田单让精锐部队都埋伏起来，让老弱妇幼上城防守，又派人向燕军请降，燕军官兵都高呼万岁。

田单向民间征集钱财，得金千镒。然后他找来即墨城中的一个富人，让他拿着这些钱财去见燕国将军骑劫。这人对骑劫说："即墨就要投降了，请你们进城后不要掳掠我们家族的妻妾儿女，让我们能够平安地生活。"骑劫大喜，答应了他的请求。燕军于是更加麻痹大意。

田单暗中找来了一千多头牛，让士兵给这些牛披上了绛色绸衣，绸衣上画着五彩龙纹，再给牛角上绑好锋利的尖刀，牛尾上绑着淋了油脂的芦苇。

田单让士兵在城墙上凿开了几十个洞，夜深人静时，他命令齐军突然发动进攻。士兵们点燃了牛尾上

的芦苇,把牛从城墙的洞中赶出,火牛狂奔着冲入燕军阵营,燕军大为惊骇。

牛尾上的火光将夜空照得通亮,被装饰过的火牛发疯般的狂奔,牛身上的龙纹在燕军眼前晃动,好似一条条火龙从天而降,所触及到的人非死即伤。齐军五千名士兵随后掩杀,百姓紧随其后擂鼓呐喊。即墨城里的老弱之人都上了阵,他们用力敲击着手中的铜器,响声震动天地,燕军如临天兵,惊慌失措。

燕军的军营被火点燃,燕军大乱,齐国士兵在乱军之中斩杀了燕国主将骑劫。

燕军丢盔弃甲狼狈逃窜,齐军乘胜追击,所过城邑都奋起反击,归顺田单。田单军力大增,军威大振,很快就把燕军追赶到了黄河岸边,收复了被齐国占领的七十多座城邑。

田单胜利而归,把齐襄王(名法章)从莒城迎接到了都城临淄。齐襄王对田单进行了封赏,封号为安平君。

太史公说:"战争的形式是正面交锋,但要取胜,就必出奇兵。善于用兵的人总能不断地使用奇兵,奇正相互转化,变化无穷,就像扣接在一起的钩环,永远没有终结。用兵之初,要像处女那样娇弱、沉静,诱使敌人失去防备,敞开门户。敌人中计时,就要像狡兔逃脱那样快速、敏捷地进出,使敌人来不

及反应而失败。这正是田单用兵的谋略啊。"

齐国大臣淖齿当初在莒城杀死齐湣王的时候，湣王的儿子法章改名换姓后出逃，在太史嫩（jiǎo）家里做了佣人。莒城人想立他为王，当找到他的时候，他正在太史嫩家中担水浇灌花园。

当时太史嫩的女儿喜欢上了他，他也把自己的身世告诉了她，两人后来就私通了。莒城人拥立了法章为齐王，太史嫩的女儿就被立为王后，她就是"君王后"。

燕军当初攻入齐国时，听说画邑人王蠋很贤能，就给军队下令道："画邑周围三十里之地为保护区，任何人不得入内。"这是因为王蠋是画邑人的缘故啊。

燕国此后派人对王蠋说："齐国人都称赞您的品德，燕军想让您做将军，给您封赏一万户食邑。"王蠋坚决推辞。

燕国使者说："如果您不接受，燕国大军就会对画邑进行屠戮！"王蠋说："忠臣不侍二君，烈女不嫁二夫。我不可能为燕国做事的。齐王不听从我的劝谏，所以我才还乡耕田。齐国已经破亡，我对此无能为力，您们用武力要挟我做将军，我怎能助纣为虐？与其无节气地生，倒不如受烹刑而死！"他随后便把绢缠在树枝上自缢而死。

田单列传第二十二

329

齐国逃亡的大夫们听到这件事后说:"一个平民百姓尚且能操守大义,不向燕国称臣,我们这些享受着国家俸禄的官员怎能无动于衷呢!"于是他们聚集起来赶赴莒城,寻求齐湣王的儿子,拥立他为齐襄王。

鲁仲连邹阳列传第二十三
人物像

鲁仲连

邹阳

鲁仲连邹阳列传第二十三

　　鲁仲连是齐国人。他思维敏捷，善于谋划，经常出奇计、大计，而且秉持着高尚的气节，不愿出仕作官。这时正客游在赵国。

　　赵孝成王时，秦赵两国在长平展开大战，秦将白起率军坑杀了四十万赵军后，秦军围困了赵国都城邯郸，赵王十分害怕。诸侯国的救兵都不敢攻击秦军，魏安釐王派将军晋鄙营救赵国，魏国就因为畏惧秦军，驻扎在汤阴不敢前进。

　　魏王派客籍将军新垣衍从小路进入邯郸，新垣衍想通过平原君见到赵王，他就对平原君说："秦军急围赵国，其原因是想重新称帝。当初秦昭王和齐湣王先后称帝而争高下，不久双方又取消了帝号。现在齐国已经被削弱，只有秦国有称霸天下的势力，赵国如果能尊奉秦昭王为帝，秦国就会撤兵离去。"平原君对此犹豫不决。

　　鲁仲连听说了这件事后就去赵见平原君，他说："您将怎样决断赵国的大事？"平原君说："我哪里还有资格决断赵国的大事！前不久赵国四十万大军被坑杀于外，现在邯郸之围又不能解除，魏王派客籍将军新垣衍来劝说赵国尊奉秦王称帝，他现在还在这儿，我不敢妄加决断。"

鲁仲连说："我以前还认为您是天下的贤明公子，今天看来并不是这么回事。大梁的客人新垣衍在哪儿？请让我替您去责问他，让他赶快回去！"平原君说："好的，我这就去让他见您。"

平原君见到新垣衍说："齐国有位叫鲁仲连的先生，他现在就在这儿，请让我给您们介绍，让您们俩结识。"新垣衍说："我听说过鲁仲连先生，他是齐国的民间高士，而我身为人臣，奉命出使赵国，有要务在身，不方便去见鲁先生。"平原君说："可我已经把您在这儿的情况给他说了。"新垣衍只好答应了。

鲁仲连见到新垣衍后却一言不发，闷了一会儿后，新垣衍首先开口说："我看到居住在这个被围困的城市中的人，都是有求于平原君的，但我发现先生却坐在这儿仪表堂堂，不像是有事来求平原君的，那为什么久居在此而不离开呢？"

鲁仲连于是不无挖苦地说："世人都认为隐士鲍焦心胸不够宽阔而死，其实这种看法是错误的，因为人们都无法理解他不愿苟活于浊世的内心世界，所以误认为他是为个人私利而死。"

鲁仲连接着转入正题说："秦国是个不顾礼仪只讲战功的国家，士人游斗于权诈之中，百姓生活在奴役之下，如果让它肆意称帝而统治天下，我一定会纵身跳进东海而死，绝不做秦国之民！我之所以见将军，就是想帮助赵国啊。"

新垣衍问:"先生将如何帮助赵国?"鲁仲连说:"我将请魏国和燕国来帮助赵国,齐国和楚国本来就会帮助赵国的。"新垣衍说:"燕国方面我不敢多说什么,至于魏国,我就是魏国人,请先生说说您如何能使魏国帮助赵国?"鲁仲连说:"魏国当前还没有看到秦国称帝的祸患,如果让魏国看清楚秦国称帝的祸患,魏国就一定会帮助赵国的。"新垣衍说:"秦国称帝后会有怎样的祸患?"

鲁仲连说:"当初齐威王奉行仁义,率天下诸侯尊奉周室。但周室当时已经十分衰弱,诸侯们都不去朝拜,唯有齐国遵守礼仪不忘朝拜周天子。但一年多后,周烈王驾崩,齐国奔丧有点迟,新继位的周显王就发怒了,派人到齐国发讣告说:'天子逝世,如天崩地裂,新天子尚且跪于草席守丧,而东方藩属齐国居然迟到,按律当斩!'齐威王听后随即怒骂:'呸!你妈原来还是个奴婢呢!'于是,这事便被天下耻笑。"

他接着说:"周天子在世时齐威王朝拜他,他去世后齐威王就骂他,因为齐威王确实无法忍受新天子的苛求。其实做天子的都是这个样,这没什么奇怪的。"新垣衍说:"先生没有见过奴仆吗?十个奴仆侍奉一个主人,这并不是奴仆的力气和智力赶不上主人,是因为他们害怕主人。"

鲁仲连听到这话后惊叹道:"哎呀!那魏王在秦王面前像个仆人吗?"新垣衍说:"像。"鲁仲连说:"那我就让秦王把魏王烹煮后做成肉酱?"新垣衍快快不快地说:"哼,先生说话太过分了!您如何让秦王把魏王做成肉酱?"

鲁仲连说:"好,我说给您听。当初商纣王任命姬昌(周文王)、九侯、鄂侯为三公。九侯后来把家中的美女献给了纣王,可纣王却认为这个女子长得丑,于是就把送美女的九侯剁成了肉酱。鄂侯为此事净谏,纣王又把鄂侯杀死后做成肉干。文王听到这件事后暗自叹息,纣王就把文王在羑里拘禁了百日，还想把他处死。为什么和人家同样称王，却会落到如此地步呢？

"齐湣王前往鲁国，夷维子为他赶车随从。夷维子问鲁国的官员说：'你们将如何接待我们的国君？'鲁国官员说：'我们用十副太牢（祭礼中最隆重的祭品）的礼仪接待您的国君。'夷维子却说：'你们这是那门子礼仪？我们的国君是天子啊。天子巡察各地，诸侯应迁出宫殿，交出钥匙，然后扎好衣襟，亲自收拾餐桌，并站在堂下伺候天子用膳。'鲁国官员听后就锁上了关门，不让齐湣王入境。"

"齐湣王没有能够进入鲁国，就向邹国借道前往薛地。当时邹国国君逝世，齐湣王想去吊丧，夷维子对邹国国君的遗孤说：'天子前来吊丧，丧主家必须转换灵枢的方向，把灵位安放在南面，让天子面南背北吊丧。'邹国大臣们说：'如果这样，那我们就拔剑自杀！'齐湣王因此也没有进入邹国。邹、鲁两国的国君生前不能得到臣子们很好的侍奉，死后也没有享受完备的丧仪，但夷维子要邹、鲁两国行天子之礼，邹、鲁两国的臣子们却坚决拒绝。

"秦国是万乘之国，魏国也是万乘之国，同样是万乘大国，且各自都有王名，看到人家打了一场胜仗，就想尊人家为帝，这势必使人觉得三晋的大臣们比不上邹、鲁两国的奴婢，从而贻笑天下诸侯。

"如果这样下去让秦国称帝，那么这个皇帝会首先更换诸侯各国的大臣，会以自己的标准罢免不肖的，换上贤能的，铲除憎恶的，任用喜爱的；其次让秦国女子和搬弄事非的小妾给诸侯做妃姬，住进魏国的宫殿。这样一来，魏王还能安宁吗？

将军您还能得到原先的宠信吗?"

听完这番话后新垣衍立即站了起来,连连向鲁仲连拜谢说:"当初我还认为先生不过是个平庸的人,今天才知道先生是天下的高士啊。我将离开赵国,绝不再谈秦王称帝的事了。"

秦将听到了鲁仲连的言论后,就命令军队向后撤离了五十里。这时,恰好魏公子无忌夺了将军晋鄙的军权,率领魏军前来援救赵国,秦军见势不妙就撤离了邯郸。

邯郸之围解除后,平原君要封赏鲁仲连,但鲁仲连坚决推辞,最终也没有接受平原君的封赏。平原君于是设宴招待鲁仲连,酒酣之时,平原君起身又要以千金酬谢鲁仲连。

鲁仲连笑着说:"士人之所以被人称道,就在于他们为人排忧解难而不索取报酬。索取报酬的行为,是生意人的行为,我鲁仲连不忍心那样做。"于是辞别平原君而去,终身不再相见。

十多年后,燕军攻占了聊城。聊城有人在燕王面前谗言了聊城的燕将,燕将害怕被诛杀,就据守聊城不敢回去。田单率齐军反攻聊城时,燕将固守城池不肯投降。田单连续攻打了一年多,伤亡了很多士兵,但终归攻不下聊城。鲁仲连就写了一封信,系在箭上射进了聊城。

燕将集中精力认真地读鲁仲连写的这封信，信中说："我听说智者为了不失时机就会放弃小利；勇者为了建立功业就会回避死亡；忠臣应先顾及君主而后顾及自己。如今，您却发一时之愤，不顾及燕王不能驾驭臣下的苦衷是不忠；战死聊城，不能名扬齐国是不勇；功败名灭，得不到后世的称赞是不智！您违反了这三条原则，当世的君主就不会以您为臣，游说之士是不会为之称颂的。

"这种情况下，聪明的人是不再犹豫的，勇敢的人是不会怕死的。现在正是决定您生死荣辱、贵贱尊卑的关键时刻，您如果这时还不能决断，那么时机就不会再来了。希望您认真考虑，不要抱俗人之见。

"如今楚国已攻占了齐国的淮北和泗水之地,魏国攻取了齐国的平陆,而齐国并没有向南反击的迹象。这表明,损失了这些地方对齐国来说并不是心腹之患,夺回济北才是齐国的战略重心,所以齐国才集中力量来攻打您。

"现在秦国也出兵东进了,这对魏国形成了很大的威胁,魏国因此而不敢再向东进攻齐国了。秦国一旦进攻魏国得手,它贯通东西的连横局面就会形成,那时楚国也将受到极大的威胁,因此楚国现在也不敢再深入齐国了。所以齐国不救西南而攻济北是一个大策略,它夺回聊城的决心是不会动摇的,请您不要再犹豫了。

"现在楚、魏两国的军队都先后从齐国撤走了,燕国的救兵又迟迟不能到来,齐国对天下别无谋求,将会用全部的兵力去攻打聊城,您如果还要固守已经被围困了一年多的聊城,那结果是可想而知的。

"现在燕国又发生了动乱,君臣无计可施,上下迷惑不解;栗腹的十万大军又接连在赵国吃了五次败仗,万乘之国的燕国却被赵国包围,割让土地,国君受困,遭诸侯耻笑,这些都是您面临的大环境。

"国弱祸多,民心不附,在这种情况下,您却用聊城疲惫之兵抵御了整个齐军的进攻,如此擅于防守,您的名声将和墨翟一样名扬天下;城中居民以人肉充饥,以人骨为柴,士兵却没有叛离之心,即使孙膑再世也不过如此啊。

"虽然如此,但从长远考虑,您还是不如保全势力,报效燕国。当您兵马无损地回到燕国时,燕王一定会很高兴;当您身体无损地回到燕国时,燕国百姓会把您当做父母一样看待。您的朋友会以夸赞您为荣,您的功业将会在国中彰显。对上,您可以辅佐国君统率群臣;对下,您可以抚恤百姓资助游士。当您整治好了国政,教化好了百姓,您的不朽功业就建立了。

"如果您不打算回燕国,那就向东投靠齐国吧,这也不失为一种好的选择。齐国将会给您赐爵封邑,使您富比魏冉、商鞅,世代称孤道寡,和齐国共日月。这两种办法都能使您扬名而立业,愿您仔细考虑,审慎地选择其中一条吧。

"我听说斤斤计较小节的人不能成就大功名,以小耻为耻的人不能建立大功业。一般人都认为,管仲曾射中齐桓公(公子小白)的衣带钩是犯上,不能随公子纠去赴死是怯懦,身遭捆绑、带着刑具,这是耻辱。具有这三种情形的人,国君不会任用他作臣子,相邻的人们也不会和他往来。

"假使当初管仲真的长期被囚禁而不出,身死牢狱而不能返回齐国,那他落下耻辱、卑贱的名声就在所难免了。如果这样,那奴婢一样的人也会为他感到羞耻,更何况世人对他的看法呢?但管仲不计较个人得失,不以自身之耻为耻,而以天下不能治为耻;不以未能随公子纠赴死为耻,而以齐国不能扬名天下为耻。最终他辅佐齐桓公称霸诸侯,终于名扬天下,光耀邻国。

"鲁国将领曹沫,屡战屡败,丢掉了五百里大好河山。如果他以此为耻,一气之下刎颈自杀,那他一定会落下战败被擒的窝囊名声。但曹沫承受着败军之将的巨大耻辱,回国继续与鲁君谋事。齐桓公在柯地会盟诸侯,曹沫一把短剑直逼齐桓公心窝,使战败丢失的土地复归鲁国,天下为之震动,诸侯为之惊骇,鲁国的威名从此力压吴、越。

"管仲和曹沫并不是不顾全小名节和小廉耻的人,他们之所以忍辱负重,苟活于世,是因为他们知道就此了此一生,将会身败名灭,毫无建树,这不是明智的选择。所以他们才敢于忍受一时的屈辱,成就一世的功名;不顾一时的小节,追求万世的功业。这是多么明智的选择啊!只有这样,您的功业才能与三王同辉,与天地共存!请您认真选择,赶快行动吧。"

燕将看了鲁仲连的信后一连哭了好几天,但最终还是不能决断。因为他和燕国已经有了隔阂,回到燕国后害怕被杀;这些年来他又杀死和俘虏了太多的齐人,所以害怕归附齐国

后遭受侮辱。于是他喟然叹息道:"与其让别人杀死我,倒不如让我自行了断吧。"说完就拔剑自杀了。聊城立刻大乱,田单残忍地进行了屠城。

田单占领聊城后,把鲁仲连劝说燕将的事告诉了齐王,齐王就想封给鲁仲连爵位。但鲁仲连听后却逃到海滨隐居了起来,他说:"与其为了富贵而屈身于人,倒不如贫贱一点而自由自在地生活啊。"

邹阳是西汉齐国人,与原吴国人庄忌、淮阴人枚乘都是当时著名的文学之士,且私人关系较好。他们一起离开吴国,客游到了梁国,做了景帝少弟梁孝王的门客。在梁孝王门下,他和著名学士羊胜、公孙诡经常上书,他的书辞介于这两人之间。

羊胜等人妒嫉他,就在梁孝王面前诋毁他。孝王很生气,便拿他下狱问罪,并准备杀死他。邹阳在梁国客游,因为遭到诽谤被抓,他担心死后会累及无辜，就在牢房里给梁孝王写信申辩。信中写道："我听说忠诚的人都会得到回报，讲信用的人从不被人怀疑。以前我总认为这句话十分正确，但今天看来并不是这回事。"

"当初荆轲仰慕燕太子丹之义，不顾生命安危去刺杀秦王，荆轲的壮烈之举感动了上天，上天便出现了白虹贯日的预兆。但太子丹看到白虹贯日不彻底，因而就担心此举不能成功。秦赵长平之战后，卫先生给秦国策划攻取赵国之事，天空也出现了太白星侵蚀昴星的预兆，但秦昭王看到太白星没有彻底掩盖昴星，于是便起了疑心。两人的忠义能感动上天，但却不能取信于主上，这实在是悲哀啊！

"我竭力效忠，尽其计议，想让大王了解我的心意，但大王周围的人不明事理，突然把我拘捕刑讯，致使我的一片忠心被世人所疑。这真是荆轲、卫先生之事重演啊！望大王明察。

"卞和献玉，楚王砍掉了他的双脚；李斯竭力尽忠，胡亥却对他处以极刑。箕子装疯,接舆避世,他们都是害怕遭此大祸啊。希望大王仔细考察卞和、李斯的诚意,不要像楚王、胡亥那样偏听,更不要使我被箕子、接舆所笑。我还听说比干被剖心,伍子胥被抛尸江中之事,我原来并不相信这些事,现在才知道这些事是真的啊。请大王仔细考察,稍赐怜悯之情!

"谚语说:'有的人一生相处,但却好像是刚刚结识;有的人偶然相遇,但却是一见如故。'为何会这样呢?因为人和人之间的交往,关键是看是否相知,而不是看相处的时间长短。樊於期从秦国逃往燕国,把头颅借给荆轲完成燕丹的使命;王奢离开齐国到魏国,屹立城头自刎,退去齐兵保全魏国。王奢和樊於期两人与齐、秦并非初交,与燕、魏并非故旧,他们逃离齐秦两国,为燕、魏两君而死,就是因为他们有着共同的道义追求。

"苏秦不为天下人所信任,但却独独守信于燕国,白圭在中山国为将,连战连败丢掉了六座城池,但却为魏国夺取了中山。这又是什么原因呢?这是因为他们遇到了知己啊!苏秦在燕国为相,燕国有人在燕王面前诽谤他,燕王发怒,亲手杀了一匹马给苏秦吃;有人在魏文侯面前谗言白圭,文侯却拿出夜光璧赏给白圭。这是因为他们君臣之间肝胆相照,深信不疑,根本听不进去流言蜚语啊!

"女子不论美丑,进入宫廷就会被妒嫉,士人不论贤愚,入朝做官就会被嫉恨。当初司马喜在宋国被挖掉膝盖,但在中山国却做了国相,范睢在魏国被折断肋骨,打掉牙齿,但却被秦国封为应侯。因为这两个人都坚信正义大道,不搞结党谋私,他们孤守正义,所以难免受小人迫害。

"申徒狄跳进黄河自尽,徐衍抱着石头沉海,他们都是因为不肯结党于朝,不肯迎合世俗,不肯苟且偷生以乱朝政。百里奚一路乞讨来到秦国,秦穆公就以国政相托;宁戚在车下喂牛自荐,齐桓公就任命他为国相。这两个人难道是靠宦官的推荐、朝臣的赞誉才博得穆公、桓公重用吗?不是的。只要心意相通,志趣相投,便能亲密如胶,像亲兄弟一样永不分离。岂能为众口所疑惑?偏听只会滋生邪恶,独用个别人便会酿成祸乱。

"从前鲁君听信季孙氏之言赶走了孔子,宋君听信子罕之言囚禁了墨子。孔子、墨子这样的旷世辩才都不能幸免谗言的伤害,鲁、宋两国怎能不出现危机?众口铄金啊,毁谤的人多了,亲骨肉也会被离间而散的。

"秦穆公任用了戎人由余而称霸中原,齐国任用越人子臧而使威王、宣王两代强盛。这是因为这两国不被世俗所束缚,不为世人所牵制,不为片面之辞所左右。他们名扬当世的原因,就是能听取不同意见,有全局观念和意识。

"志趣相投,心意相通,即使胡人和夷人也可以成为兄弟,由余和子臧便是例子;心意不合,各抱其志,就是至亲骨肉也会分离,丹朱、虞象、管叔、蔡叔就是例子。如果国君您能效法齐、秦之君,摒弃宋、鲁之君的偏见和错误,那么五霸的功名就没有什么好称颂的,三王的功业也是很容易实现的。

"因此,圣明的君主时刻都在提醒自己,绝不能重蹈燕王被国相子之蒙骗,齐简公被田常所杀的覆辙,一定要效法周武王分封比干的后代,为被商纣剖腹的孕妇修墓的做法,这样才能建功立业于天下。为什么呢?因为他们追求仁政的欲望是没有满足的。

"晋文公亲近他的仇人勃鞮而称霸诸侯;齐桓公任用他的仇人管仲而一匡天下。他们为什么会这样做呢?因为他们内心充满了宽厚和仁慈,从不以虚假的言辞掩饰他们的真实想法。

"秦国任用商鞅变法,商鞅使秦国东攻韩、魏,威逼天下,但商鞅却最终被秦国车裂而死;越国采纳大夫文种的计谋攻灭了吴国,称霸了中原,但文种却在越国遭到了杀身之祸。所以孙叔敖三次离开相位而无悔意;楚国的子仲辞去三公之位应愿为人担水浇园。

"如今国君果真能去掉骄傲之心,不忘感恩报德之情,推心置腹,与诚换诚,肝胆相照,厚德待人,那么,即是夏桀的狗也可以让它咬尧舜,盗跖的门客可以让他行刺许由;何况大王拥有万乘之国的权威,身怀圣明之王的天资呢?果真如此,那么在您的臣子眼中,荆轲为了燕太子而甘愿被诛灭七族,要离为吴王效命而不惜烧死妻儿,这些又能算得了什么!

"我听说把明月之珠,夜光之璧,在黑夜里投向道路,路人则会怒目拔剑相向。因为这宝物来的太无端了。盘曲奇特的树根,做成器物后却能被国君御用,这是因为周围的人事先对它进行了加工和修饰。所以无缘无故前来,尽管献上明月之珠,夜光之璧,也只会引来愤怒和不解;事先有人推荐,尽管是枯木朽株,也能有其所用而不被忘掉。

"如今天下的百姓和贫穷的士人,即是有尧、舜之德,伊尹、管仲之才,龙逢、比干之志,并打算尽忠于当世之君,但由于没有根基,无人推荐,即使他绞尽脑汁,想献出自己的忠信,辅佐国君治国安邦,但国君一定会像路人对待突如其来的宝物一样对待他,他怎能起到枯木朽株的作用呢?

"圣明的君主驾驭国家,就如同熟练的陶工转动着陶轮那样均匀自如,表面谦卑假象不能使他迷惑,众人的言辞不能使他失去心志。秦始皇听信了中庶子蒙嘉的话,荆轲才得以图穷匕见;周文王在泾、渭之地游猎,车载姜尚以归,得到姜尚的辅佐而拥有了天下。秦王偏听了近臣之言险些送命;文王任用陌路之人而成就大业。所以只有圣明的君主才能不拘泥于世俗之语,放眼域外之议,俯瞰世事大道啊。

"如今国君周围被谄谀之辞充塞,国君的行动被近臣妻妾牵制,倜傥不羁之士与牛马为伍,这就是鲍焦为什么愤世嫉俗,而不留恋富贵的原因啊。

"我听说上朝时着装整洁,这样的人不会因为私利而辱没道义;发奋励志,抱负远大,这样的人不会放纵私欲而玷污自己的品行。因此,里名叫'胜母',而至孝的曾子就不进去;城邑的名字叫'朝歌',节俭的墨子就回车离去。

"如今,天下有志之士被淫威的权势所震慑,被高官显贵所压制,他们有意用邪恶的手段、肮脏的品行来侍奉阿谀奉承的小人,以求得大王左右人的亲近。因此,有志之士只有老死在岩穴之中了,哪里还有追随大王,竭诚尽忠的人呢?"

梁孝王看完这封信后，就立即派人把邹阳从监牢中放了出来。从此，邹阳就成了梁孝王的贵宾。

太史公说："鲁仲连的论述虽然不合大义，但他不屈服于诸侯，抨击卿相权贵，从平民百姓的角度评论当世之事，淋漓痛快地抒发自己的见解，我对这点十分赞赏。邹阳的言词虽然不够谦逊，但他善于对同类事物进行归纳比较，文辞时而让人伤悲，时而让人振奋，确实有感人之处，所以我就把这两封信件附在传记之中了。"

屈原贾生列传第二十四
人物像

屈原

张仪

秦惠王

郑袖

屈原贾生列传第二十四

屈原,名平,是楚国王族,担任楚怀王的左徒。

屈原学识渊博,强于记忆,深明治国之道,擅长辞令。在内,他和楚怀王一起讨论国家大事,制订政令;在外,他代表楚怀王接待各国使节,处理与各诸侯国之间的外交事务。楚怀王对他非常信任。

上官大夫和屈原职位相当,他为了争得楚怀王的宠信,很嫉妒屈原。有一次,楚怀王指派屈原制订法令,屈原刚起草完,还没有最后定稿。上官大夫见了,想据为己有,屈原不肯给他。上官大夫因此在楚怀王面前毁谤屈原说:"大王委派屈原制订法令,上下没有人不知道。朝廷每颁布一项法令,屈原就当众夸耀自己的功劳,说什么'除过我之外,朝野没有人能够胜任这件事!'"楚怀王因此而恼怒,疏远了屈原。

屈原痛惜楚怀王不能明察真伪,让谗言与谄媚蒙蔽了眼睛,致使邪恶伤害了公道,正直的人不能为朝廷所用,内心忧愁苦闷,沉郁深思而写成《离骚》。

所谓"离骚",就是遭遇忧患之

意。上天，是人类的起源；父母，是生命的根源。人在走投无路的时候，就会追念根本。故而，人在劳累困苦到极点时，没有不呼叫上天的；在受到病痛折磨无法忍受时，没有不呼叫父母的。

屈原品行正直，竭尽所能侍奉国君，他一片忠心，却因受到小人的挑拨离间而遭受排挤，其处境可以说是困窘到极点了。一个人诚心为国而为君王所疑，忠心事主却遭小人诽谤，怎能不产生悲愤之情呢？屈原写作《离骚》，大概就是为了抒发这种悲愤之情吧。

《国风》中虽然有许多描写男女恋情之作，但却不至于淫乱；《小雅》虽然也抒发了百姓对朝政的幽怨讥讽之情，但却不至于暴乱。而像屈原的《离骚》，可以说是兼有以上两者的优点。

屈原在《离骚》中，上则追述帝喾的事迹，下则颂扬齐桓公的伟业，中则叙说商汤、周武的功绩，以此来批评时政。它在阐明道德的广博高深，治乱兴衰的因果必然联系方面，讲得非常详尽透彻。

屈原心志高洁，品行端正。他的《离骚》文字简约，言辞含蓄，虽叙写的都是细小平凡之事，但旨意却极其博大，看似列举的都是些眼前常见的事例，但它所寄托的思想内涵却极其深远。

屈原心志高洁，所以喜欢用香草来作比喻；品行廉正，所以宁死也不愿与世俗同流合污。他虽然置身污泥浊水之中，却能够像蝉一样从混浊污秽中蜕变出来。在尘埃之外浮游,不沾染世俗的污垢,清白高洁,出污泥而不染。这种崇高的心志,可与日月争辉。

屈原被贬之后,秦国想发兵攻打齐国,可是齐与楚之间有合纵盟约,秦惠王对此很头痛,于是就派张仪离开秦国,带着丰厚的礼物假意来到楚国表示臣服,说:"秦国很憎恨齐国,但齐国和楚国有合纵之盟,若是楚国能跟齐国断交,那么秦国愿意献出商、於一带的六百里土地。"

楚怀王贪图得到土地而轻信了张仪,于是就和齐国断绝了关系,并派使者到秦国去接受土地。张仪欺骗楚国的使者说:"我和楚王约定的是六里,没听说过有什么六百里地之说。"

楚国使者愤怒地离开秦国,回来报告楚怀王。怀王大怒,大肆起兵攻打秦国。秦国出兵迎击,在丹水、淅水一带大破楚军,斩杀楚军八万人,俘虏了楚将屈匄,乘势攻取了楚国汉中一带。

楚怀王于是动员全国的军队,深入秦地,两军在蓝田展开决战。魏国得到消息,发兵偷袭楚国,一直深入到邓(今河南偃师古蔡)地。楚国军队恐惧,不得已从秦国撤军回国。而齐国终因恼怒而不肯出兵救助,楚国因此陷入困境。

第二年，秦国提出割让汉中之地与楚讲和。楚怀王说："我不希望得到土地，只要得到张仪就甘心了。"张仪听到这话，就说："用我一个张仪来抵汉中之地，请大王答应我去楚国。"

张仪来到楚国之后，又用厚礼贿赂楚国的当权大臣靳尚，并用花言巧语欺骗怀王的宠姬郑袖，怀王竟然听信了郑袖的话，将张仪给放了。

这时屈原已被疏远，不再担任重要官职，被派去出使齐国，等到他回国之后，就向怀王进谏说："大王为什么不杀了张仪呢？"怀王感到很后悔，赶忙派人去追赶，但是已经来不及了。

这之后，各诸侯国联合攻打楚国，大败楚军，斩杀了楚国大将唐眜（mò）。

当时秦昭王和楚国结为姻亲，想和楚怀王会晤。楚怀王想要前往，屈原劝谏说："秦国乃虎狼之国，不可相信，还是不去为好。"怀王的小儿子子兰劝怀王前去，他说："为什么要拒绝秦王的好意呢？"怀王最终还是去了。

楚怀王刚进武关，秦国的伏兵就斩断了楚王退路，将他扣留，要求他答应割让土地。怀王大怒，不肯应允，逃到赵国，但赵国不肯接纳。怀王又来到秦国，最终死在秦国，尸体运回楚国安葬。怀王的大儿子顷襄王继位，任命他的弟弟子兰为令尹。楚国人都责怪子兰劝楚怀王到秦国去而不得生还。

屈原早就痛恨子兰，他虽然被放逐，但仍然眷恋楚国，怀念怀王，时刻惦记着能重返朝廷,期望国君能够觉悟,不良习俗为之改变。他心怀存君兴国、扭转局势之志,在一篇作品中多次流露出此种心情。然而终究无可奈何,没能再返朝廷,于此可见,怀王最终也没有醒悟。

作为国君,不管他是聪明还是愚蠢,是有才还是无才,没有谁不想找忠臣和贤士来辅佐自己治理国家,然而国亡家破的事却不断发生。而圣明之君和太平之国许多世代都不曾出现,其根本原因就在于国君所认为的忠臣其实并不忠,所认为的贤才并不贤啊!

怀王由于不明了忠臣之职分,所以在内为郑袖所迷惑,在外被张仪所欺骗,疏远屈原,而信任上官大夫和令尹子兰。结果军队遭受惨败,国土被侵占,失去了六郡之地,自己也流落他乡,客死秦国,被天下人所耻笑,这是由于不"知人"所造成的灾祸。

《易经》上说:"水井疏浚干净,却没人来饮用,这是令人难过的事,因为这水是可以汲用的哟。国君若是圣明,上下都可以享受到他的恩惠。"而怀王是如此不明,哪里配得到幸福啊!

令尹子兰听到以上情况后大为恼怒,指使上官大夫在顷襄王面前说屈原的坏话,顷襄王一气之下把屈原放逐得更远了。

屈原披头散发来到江边,在荒泽上一边走,一边悲愤长吟。他容貌憔悴,形体枯槁。一位渔翁看见了,就问道:"您不就是三闾大夫吗?为

什么会到这里来呢?"屈原回答说:"世道污浊不堪而只有我是干净的,大家都昏沉如醉而唯独我是清醒的,所以我才被放逐了。"

渔翁又说:"有圣德的人,不拘泥于事物,而能顺应世道。世人都污浊,你为什么不随波逐流?大家都昏醉,你为什么不跟着分几杯残羹剩酒?为什么非得要保持美玉一般的品德,而落得个被流放的下场呢?"

屈原回答说:"我听说刚洗过头的人一定要弹去帽子上的灰尘,刚洗过身躯的人一定会把衣服上的尘土抖干净,有谁愿意让清白之身去接触污垢的玷染呢?我宁愿投身于江水长流,葬身鱼腹之中,也不让自己高洁的品德蒙受世俗的污染!"

于是,屈原写下《怀沙》赋。赋辞说:

炎炎夏日呀,草木茂盛地生长。悲伤充满了胸膛啊,我急匆匆奔向南方。眼前一片渺茫啊,四周静得毫无声响。心情沉郁悲慨啊,这令人伤心的日子实在太长。抚心反省无过错啊,蒙冤自抑而无惧。

削方木成圆木,正常法度不可改。弃正道而走斜径,将为君子鄙夷。铭记规则与法度啊,往日的初衷决不改变。品性忠厚心地端方,常为君子称赞。巧匠不挥动斧头啊,谁能看出是否合乎标准?

黑色的花纹投于暗处啊,盲人说它不鲜见。离娄一瞥就能明了,盲人反说他失明无光。黑白混淆啊上下颠倒,凤凰被关进竹笼子里啊,野鸡却在那里乱飞。美玉顽石分不清,帮派小人真鄙陋。

任重道远负载多啊,沉陷阻滞不能前。空怀美玉般品德啊,身处境窘境向谁献?城中群犬乱吠啊,只因为少见又多怪。诽谤才俊疑豪杰啊,这本就是小人之丑态。外表粗疏内心朴实啊,众人不知我之异彩。未加雕饰就遭丢弃啊,谁人了解我的才学?

我注重仁义修养啊,一刻不忘恭谨与忠厚。圣明的虞舜不可再遇啊,又有谁知道我的志向?古代的圣贤也难得同世啊,又有谁能了解这其中的缘由?商汤夏禹距今何其远兮,渺茫无际难以追攀。

强压怨恨愤怒兮,压抑身心图自强。遭受忧患不易志啊,望能成为后人楷模。我又顺路北行啊,迎着昏暗将尽的阳光。含忧虞哀兮,死亡就在前面不远的地方。

浩荡的沅江和湘江水啊,不停地翻涌着波浪。道路漫长而又昏暗啊,前程遥远又渺茫。怀着悲伤歌吟不止啊,慨然叹息终此残生。世上无人知我啊,谁能听我诉衷肠?

情操高尚品质美兮，独立特行世无双。伯乐早去啊，千里马谁人鉴赏？人生受着命运的捉弄啊，各人有不同的归向。内心坚定心胸广啊，我还有什么值得畏惧！

重重忧伤长感慨啊，永世长叹无尽哀。世道混浊知音少啊，人心叵测不可猜。人生在世终须死，对生命何必太怜惜？光明磊落的君子啊，我将以你为榜样！吟罢，屈原怀抱石头，投入汨罗江自杀而死。

屈原死后，楚国出了宋玉、唐勒、景差等人，他们都爱好文学并以擅长辞赋著名。但是他们只知道学习屈原辞令委婉含蓄的一面，却不敢像屈原那样直言劝谏。此后楚国一天比一天弱小，几十年之后终于为秦国所灭。

自从屈原沉江而死一百多年之后，汉朝有个姓贾的年轻人，在担任长沙王太傅时，经过湘水，写了一篇辞赋投入江中，以此祭吊屈原。

这个姓贾的年轻人名叫贾谊，他是洛阳人，在十八岁时就凭借诵诗作文而闻名当地。当时，吴廷尉尚在河南担任郡守，听说贾谊才学优异，就把他召到衙门任职，并非常器重。

汉文帝刚即位，听说河南郡守吴公政绩卓著，为全国第一，而且和李斯同乡，又曾向李斯学习过，于是就征召他担任廷尉。吴廷尉就向汉文帝推荐贾谊年轻有才，能精通诸子百家的学问。汉文帝征召贾谊，授予他博士之职。

屈原贾生列传第二十四

时贾谊二十有余，在同僚中最为年轻。每次汉文帝下令让博士们讨论一些问题，那些年长的老先生们都对答不上，而贾谊却能一一回答，人人都觉得他说出了他们自己想说的话。大家都认为贾谊才能杰出，自己无法比肩。汉文帝也非常喜欢他，对他破格提拔，在一年之内就升任太中大夫之职。

贾谊认为从西汉建国到汉文帝时有二十多年了，天下太平，应当改订历法、变易服色、完善法令制度、确定官职名称、振兴礼乐。于是他草拟了上述各种仪法，崇尚黄色，采用五行之说创设官名，完全改变了秦朝的旧法。

汉文帝刚刚即位，为政谦让无暇顾及变法改制。但此后各项法令的更改，以及诸侯王必须到封国就任等规定都是贾谊的主张。于是汉文帝就和大臣们商议，想提拔贾谊担任公卿之职。

绛侯周勃、灌婴、东阳侯张相如、冯敬这些人嫉妒贾谊，就诽谤他说："这个洛阳人，年纪轻学识浅，一心只想独揽大权，把政事弄得一团糟。"于是汉文帝渐渐疏远了贾谊，不再采纳他的意见，派他去作长沙王的太傅。

贾谊向汉文帝告辞之后，前往长沙赴任，他听说长沙地势低洼，气候潮湿，自认为寿命不会长久，又因为是被贬到此，内心非常不痛快。在渡湘水的时候，他写了一篇辞赋凭吊屈原，辞赋说：

我恭奉天子诏命，带罪来到长沙任职。听说屈原是自沉汨罗江长逝的，今天我来到湘江边上，托江水来敬吊先生的英灵。遭遇纷乱无常的社会,才逼得你自杀失去生命,哎呀呀,你赶上了那不幸的年代! 鸾凤潜伏,鸱枭乱飞,庸才显贵,谗谀得志;圣贤受迫,方正反遭耻笑。

世人竟称伯夷贪鄙,反说盗跖廉洁;莫邪宝剑变成了钝铁,铅刀反倒成了利刃。哎呀呀! 你默默无闻,却平白遭此横祸! 丢弃了周代传国的宝鼎,反把破瓠当奇货。驾着疲惫的老牛和跛驴,却让骏马奔拉着两耳去拉盐车。将华贵的礼帽当作鞋垫,这样怎能长久? 哎,先生真是悲苦啊,遭受这等祸殃!

罢罢罢,算了吧! 既然国人不了解我,抑郁不快又与谁说? 凤凰飘飘而高飞,我本应就此引退。效法神龙隐渊底啊,深藏避祸自爱惜。韬光晦迹隐居啊,岂可与蚁蛭为朋? 圣人品德诚可贵啊,远离浊世自隐匿。

倘若良马可拴系,怎说它不同于犬羊? 世态纷乱遭此祸,先生自己也有错处。游历九州择君而事兮,何必对故都恋恋不舍? 凤凰飞翔在千仞之上,看到有德之君再下来归附,一旦发现危险征兆,便振翅高飞远离而去。狭小污浊的小水坑,怎能容得下吞舟巨鲸? 搁浅江边的大鱼,必将受制于蝼蚁。

贾谊在担任长沙王太傅的第三年,一天有一支鵩鸟飞进他的房间,落在了座位旁边。楚国人把鵩叫做"服"。贾谊本是贬居长沙,长沙地势低洼潮湿,他自认为寿命不长,悲痛伤感,就写了一篇赋来宽慰自己。那赋辞说:

在丁卯这一年四月初夏,庚子日太阳西斜时分,有一支服鸟(猫头鹰一类的鸟)飞进我的住所,栖息在座位角落处,样子是那样的安闲自在。怪鸟突然来栖息啊,疑心其中必有因。打开卦书来占卜,策辞说出那定数："野鸟飞入住舍兮，主人将会离家去！"请问服鸟啊："我离开这里将去何方？是吉，就请告诉我；是凶，也请告诉我是什么祸殃。生死迟速有定数啊，请把期限对我说端详！"服鸟听罢长叹息，抬头振翅似会意。服鸟嘴巴不能言，只能以动作自推度。

万物变化无穷尽啊，本来就未曾见静止，如涡流旋转，反复循环。外形内气转化相续，演变如蝉蜕化一般。其道理深微无穷啊，言语哪能说得清？祸兮福所倚，福兮祸所伏，忧和喜同聚一起，吉和凶也附在一起。那吴国是何等的强大，但吴王夫差却以此而败亡。越国被困在会稽，但勾践却以此称霸于世。李斯游秦得成大功，却终于遭受五刑。傅说原是一刑徒，后来却成为武丁国（商代国王名）的相国。

祸福相伏啊，就像那绳索缠绕。天命无法详解说啊，谁能预知它的究竟？水成激流来势猛，箭遇强力射得远，万物往复长激荡，云升雨降错综变。天地造化无边际，天道高深不可测。生死由命啊，谁能预知它的到来？

天地是个巨炉啊，造化如同铸工。阴阳二气是炉炭，世间万物皆为铜。事物的聚散生灭，哪有一个定数可寻？千变万化啊，未曾见过有终极。偶然为人兮，有什么值得珍爱？死后化为异物兮，又何足哀痛！

浅薄的人重己轻人，通达的人心胸宽广容万物。贪夫为财丧命啊，烈士为名舍身。喜好虚名的人为权势而死啊,平民百姓又怕死贪生。人困于名利贫贱啊,为了钻营而奔走西东。清高的人皆很超脱,愚人囿于世俗如同囚徒一般。至德者遗世弃俗,有真德的人恬淡无为。舍弃智慧忘记形骸,超然物外不知有己。

在那空旷恍惚的境界里,和大道一起翱翔。顺着流水向前行啊,碰上小洲就停止。将身躯托付给命运啊,不把它看作私有之体。活着如浮寄尘世啊,死了是长久地休息。内心宁静如无波的深渊,浮游如不系缆绳的小舟。不因活着而自贵啊,培养灵性不拘泥。至德之人无俗累,乐天知命复何忧!鸡毛蒜皮一类的小事,哪里还值得挂齿?

一年多之后,贾谊被召回京城进见皇帝。汉文帝在宣室接见了他,顺带向贾谊询问鬼神的本原。贾谊向文帝周详地讲述了鬼神形成的种种情形。时值半夜时分,文帝听得入神,不知不觉移动座席坐到了贾谊身边。听完之后,文帝慨叹道:"我好长时间没有见贾谊了,自认为超过了他,现在看来还是不如他。"过了不久,文帝任命贾谊为梁怀王太傅。梁怀王是汉文帝的小儿子,受文帝宠爱,又喜欢读书,因此就让贾谊当他的老师。

汉文帝又封淮南厉王的四个儿子为列侯,贾谊劝谏,认为国家的祸患会由此而起。贾谊又多次上书皇帝,说有的诸侯封地太多,甚至多达几郡之地,和古制不相符,应该逐渐削弱他们的势力,但是汉文帝不肯听从。

又过了几年,梁怀王在骑马时从马上掉下来摔死了,没有留下后代。贾谊认为这是自己做太傅的没有尽到责任,非常伤心,哭泣了一年多,也死去了。他死的时候年仅三十三岁。后来汉文帝去世,汉武帝即位,提拔贾谊的两个孙子担任郡守。其中贾嘉最为好学,继承了贾谊的家业,

屈原贾生列传第二十四

曾和我（太史公）有过书信往来。到汉昭帝时，他担任九卿之职。

太史公说："我在读了屈原的《离骚》《天问》《招魂》《哀郢》之后，深受感染，内心悲愤不已。来到长沙，我特意去看了屈原投江自沉的汨罗江，不禁潸然泪下，对他耿直的品性念念不忘。后来读了贾谊的《吊屈原赋》，又私下责怪屈原为何不凭着自己超人的才华，去游事诸侯，随便哪一个国家容不下他呢？可是他竟然落到了如此悲惨的境地！直到读了《服鸟赋》，方明白人之生死，官场进退，所有这些常人斤斤计较的东西，其实都是那么的无足轻重，不足挂齿，心下不由茫然若失。"

吕不韦列传第二十五
人物像

吕不韦

子楚

华阳夫人

华夫人之姐

吕不韦列传第二十五

吕不韦是阳翟的大商人,他往来各地,以低价买进,高价卖出,由此积累的家产有上千金之多。

秦昭王四十年(前267年),太子死了。两年后,昭王立次子安国君为太子。安国君有二十多个儿子,他有个非常宠爱的妃子,立为正夫人,号称华阳夫人。

华阳夫人没有儿子。安国君有个排行居中的儿子名叫子楚,他的母亲夏姬不受宠爱。子楚作为秦王子孙被派到赵国去作人质。

秦国多次攻打赵国,赵国对子楚也不以礼相待。

子楚是秦王庶出的孙子,在赵国当人质,他的车乘和日常的资用都不富足,生活困窘,很不得意。

吕不韦到邯郸去做生意,见到子楚后非常怜惜,说:"子楚就像一件奇货,可以屯积居奇,以待高价售出!"

　　吕不韦前去拜访子楚,对他游说道:"我能光大你的门庭!"

　　子楚笑着说:"你暂且先光大自己的门庭,然后再来光大我的门庭吧!"

　　吕不韦说:"你不知道啊,我的门庭要等待你的门庭光大了才能够光大!"

　　子楚明白吕不韦话中所指的意思,就拉他一起到席上坐下,深入交谈起来。

　　吕不韦说:"秦王已经老了,安国君被立为太子。我私下听说安国君宠爱华阳夫人,虽然华阳夫人没有儿子,但能够立嫡嗣的只有华

阳夫人一个。现在你的兄弟有二十多人,你又排行中间,不受秦王宠幸,长期留在诸侯国当人质,即使是秦王老去,安国君继位为王,你也没有机会与长兄和早晚都在秦王身边的其他兄弟们争夺太子之位!"

　　子楚叹息说:"是这样的,但又有什么办法呢?"

　　吕不韦说:"你很困窘,又寄居赵地,也拿不出什么来献给亲长和结交宾客。我吕不韦虽然不富有,但愿意拿出千金来为你西去秦国游说侍奉安国君和华阳夫人,让他

们立你为继承人。"

子楚于是叩头拜谢道:"如果你的计划能够成功,我愿意将秦国的土地和你分享!"

于是吕不韦拿出五百金送给子楚,作为日常生活和交结宾客之用;又拿出五百金购买了些珍奇玩物,带着这些东西西去秦国游说。

吕不韦通过华阳夫人的姐姐,把带来的东西全部献给了华阳夫人。

吕不韦在华阳夫人面前夸子楚聪明贤能,所结交的诸侯宾客遍及天下,他常常说:"我子楚把夫人看成天一般,日夜哭泣思念太子和夫人!"

华阳夫人大为高兴。吕不韦乘机又让华阳夫人的姐姐劝说华阳夫人扶立子楚为太子的继承人。

华阳夫人姐姐的话大概包含两层意思,其一是说:"我听说凭借美色侍奉别人的,一旦色衰宠爱也会随之减少。现在夫人甚被宠爱却没有儿子,不如早一点在太子的儿子中结交一个有才能而且孝顺的人,扶立他为继承人,认作亲生儿子。"

其二曰："如果扶立子楚作为太子的继承人，这样的话，丈夫在世时受到尊重，丈夫死后所认的儿子继位为王，最终也不会失势，这就是人们时常所说的凭一句话就能得到的万世好处啊！如果不在容貌美丽之时树立根本，等到容颜不再，失去宠爱后，再想进言，还有可能吗？"

华阳夫人认为事情确实如姐姐说的这样，就在奉承太子的时候，委婉地谈到在赵国做人质的子楚非常有才能，来往的人都称赞他。华阳夫人流着泪说："我有幸能填充后宫，但非常遗憾的是没有儿子，我希望能立子楚为继承人，以便日后有个依靠。"

安国君答应了华阳夫人，与她刻下玉符，约定立子楚为继承人，安国君和华阳夫人因此送了好多财物给子楚，并且请吕不韦当他的老师来辅导他。因此，子楚的名望在诸侯中间越来越大。

吕不韦选娶了一位姿色非常漂亮而又能歌善舞的邯郸女子，他已与这女子同居，并且知道她有了身孕。

子楚有一次同吕不韦一起饮酒，看到此女后非常喜欢，因此站起身来向吕不韦祝酒，请求把此女赐给他。

吕不韦非常生气，但转念一想，已经为子楚破费了大量家财，为的就是用这种手段钓取奇货，于

吕不韦列传第二十五

是就忍痛割爱,献出了这个女子。

赵女隐瞒了自己怀孕在身的事,到了产期之后,生下了个儿子,取名政。子楚于是立赵姬为夫人。

秦昭王五十年(前257年),秦国派大将王齮(yǐ)围攻邯郸,情况非常危急,赵国就想杀死子楚,以此要挟秦军。

子楚和吕不韦秘密商议,拿出六百金送给守城的官吏,从邯郸脱身,逃到秦军大营,这才得以顺利回国。

赵国见子楚逃了,就想杀死他的妻子和儿子,却因为子楚的夫人是赵国富豪家的女子,侥幸能够藏身,因此母子二人竟得活命。

秦昭王在位五十六年,于公元前251年离世,太子安国君继位为王,华阳夫人当了王后,子楚成为太子。赵国也护送子楚的夫人和儿子政回到秦国。

秦王继位一年之后去世,谥号孝文王。太子子楚继位,他就是庄襄王。庄襄王尊奉华阳王后为华阳太后,生母夏姬为夏太后。

庄襄王元年（前 249 年），任命吕不韦为丞相，封为文信侯，将河南洛阳的十万户作为他的食邑。

庄襄王即位三年之后也死了，太子政继位为王，尊奉吕不韦为相国，号称"仲父"。秦王年纪还小，太后常常和吕不韦私通。吕不韦位高权重，仅他的家僮（旧时对私家奴仆的统称）就多达万人。

那时，魏国有信陵君，楚国有春申君，赵国有平原君，齐国有孟尝君，他们都礼贤下士，喜欢结交宾客，并在这方面都要争个高低上下。

吕不韦深为秦国如此强大，自己却不如他们而羞愧，所以他也招来了文人学士，给他们优厚的待遇，门下的食客有三千人。

那时各诸侯国有许多才辩之士，像荀卿那班人，个个著书立说，流行天下。吕不韦就命他的食客将各自所见所闻记下，汇集编排成为八览、六论、十二纪，共二十多万字。吕不韦认为其中包罗了天地万物和古往今来的事理，因而称之为《吕氏春秋》。

吕不韦将它刊布在咸阳的城门上，并在上面悬挂着一千金的赏金，遍请诸侯各国的游士宾客，若有人能增删书上的一个字，就给予一千金的奖励。

秦始皇逐渐长大成人了，但太后仍然淫乱不止。吕不韦唯恐事情败露，灾祸降临到自己头上，就暗地找到了一个阴茎特别大的人嫪毐(lào ǎi)作为门客，时常放纵淫乐。

吕不韦故意在嬉乐时命嫪毐用他的阴茎拨动桐木车轮使之转动而行，并想方设法让太后知道此事，以此来引诱她。

太后听说之后，果真想得到嫪毐。吕不韦就将他进献给太后，然后又让人告发嫪毐犯下了该受宫刑的罪行。

吕不韦暗中对太后说："你可以让嫪毐假装受了宫刑，然后就可以让他在宫中供职并得到他。"

于是，太后暗中送了许多东西给主持宫刑的官吏，假装治嫪毐的罪，拔去他的胡须假充宦官，嫪毐因此得以侍奉太后。

太后暗中和嫪毐通奸，非常喜爱他。后来太后有了身孕，生怕别人知道，遂假称算卦不吉，需要躲避一段时间，搬迁到雍地的宫中居住。

嫪毐经常跟随太后左右，所受的赏赐非常优厚，太后身边的事务也都由嫪毐来决断。嫪毐的家中有奴仆几千人，单是那些为求官来嫪毐家做门客的就有一千余人。

秦始皇七年(前240年)，庄襄王的生母夏太后去世。

孝文王后、华阳太后和孝文王合葬在寿陵。夏太后的儿子庄襄王则安葬在芷阳，因此夏太后单独埋葬在杜原之东。夏太后生前曾说，将她安葬在此，"向东可以看到我的儿子，向西可以看到我的丈夫。百年之后，这一带会成为有上万户人家的城邑"。

秦始皇九年（前238年），有人告发嫪毐实际并不是宦官，暗中与太后（赵女）淫乱私通，并生下两个儿子，都把他们藏匿起来了。

告发的人还说，嫪毐还和太后谋议说："若是秦王死去，就让他们的儿子继位！"秦始皇下令严查此事，弄清了事情的真相，案子牵连到相国吕不韦。

这年九月，秦始皇下令夷嫪毐三族，又处死了太后所生的两个儿子，并把太后迁到雍宫。

嫪毐的食客们都被没收家产，迁往蜀地。

秦王想杀掉相国吕不韦，但因他侍奉先王功劳极大，又有许多宾客辩士为他求情，秦王不忍心将他绳之以法。

第二年（前237年）十月，秦始皇免去了吕不韦的相国职务。

直到齐人茅焦劝说秦王，秦王这才从雍地迎回太后，让她重新回到咸阳，同时遣发文信侯吕不韦到他河南的封地去就职。

一年多之后，各诸侯国的宾客使者仍然络绎不绝，前来问候吕不韦。秦王恐怕他发动叛乱，就写信对吕不韦说："你对秦国有多大功劳？秦国封你在河南，食邑十万户。你对秦王有什么血缘关系，却号称仲父？你与你的家属一起迁移到蜀地去居住吧！"

吕不韦眼看自己一步步受到逼迫，害怕日后被杀，就喝下酖酒自杀而死。

秦王所痛恨的吕不韦、嫪毐皆已死去，这才让迁徙到蜀地的嫪毐门客都迁回到京城居住。

秦始皇十九年（前 228 年），太后去世，谥号帝太后，与庄襄王合葬在芷阳。

太史公说："吕不韦带及嫪毐贵显的时候封号文信侯。有人告发嫪毐，嫪毐也听说了。秦始皇向左右查验此事，但事情还远未败露。

"秦王到雍地去祭天，嫪毐害怕大祸临头，就和亲信同党密谋，盗用太后的玉玺调集士兵在蕲年宫造反。秦王调动官兵攻打嫪毐，嫪毐失败逃走。官兵追到好畤（即今陕西乾县东）将嫪毐斩首，并将其满门抄斩，而吕不韦也由此被罢黜了。

"孔子所说的'欺世盗名'之人，大概指的就是吕不韦这种人吧！"